司法鉴定理论与实践多维研究

魏子顺　贾吉仙　倪秀荣　著

辽宁大学出版社　沈阳
Liaoning University Press

图书在版编目（CIP）数据

司法鉴定理论与实践多维研究/魏子顺，贾吉仙，倪秀荣著. --沈阳：辽宁大学出版社，2024.6.

ISBN 978-7-5698-1671-6

Ⅰ.D918.9

中国国家版本馆 CIP 数据核字第 20247B0466 号

司法鉴定理论与实践多维研究

SIFA JIANDING LILUN YU SHIJIAN DUOWEI YANJIU

出 版 者：	辽宁大学出版社有限责任公司
	（地址：沈阳市皇姑区崇山中路 66 号　邮政编码：110036）
印 刷 者：	沈阳市第二市政建设工程公司印刷厂
发 行 者：	辽宁大学出版社有限责任公司
幅面尺寸：	170mm×240mm
印　　张：	17.5
字　　数：	250 千字
出版时间：	2024 年 6 月第 1 版
印刷时间：	2024 年 6 月第 1 次印刷
责任编辑：	李珊珊
封面设计：	徐澄玥
责任校对：	吴芮杭

书　　号：	ISBN 978-7-5698-1671-6
定　　价：	98.00 元

联系电话：024-86864613

邮购热线：024-86830665

网　　址：http://press.lnu.edu.cn

前　　言

在当今法治社会，司法鉴定作为司法活动中的重要环节，其科学性、准确性和公正性对于维护社会公平正义具有不可替代的作用。随着科技的飞速发展和法律体系的不断完善，司法鉴定领域也面临着前所未有的机遇与挑战。《司法鉴定理论与实践多维研究》一书的撰写，旨在深入探讨司法鉴定的理论与实践，以期对司法鉴定工作的发展和创新提供有益的参考。

随着社会的进步和科技日新月异的发展，法治社会对于公正、公平、公开的要求日益增强，这也使得司法鉴定的重要性日益凸显。司法鉴定作为司法活动中至关重要的环节，其结论往往直接关系到案件的判决结果和当事人的切身利益，因此人们对司法鉴定的准确性、科学性和公正性提出了更高的要求。然而，传统的司法鉴定方法和技术在面对复杂多变的现代司法实践时，逐渐暴露出其局限性。一方面，随着科技的飞速发展，新的犯罪手段和方式层出不穷，对司法鉴定技术提出了更高的要求；另一方面，传统的鉴定方法往往依赖于鉴定人员的经验和主观判断，存在一定的主观性和不确定性。正是在这样的背景下，本书应运而生。通过对司法鉴定的多维研究，深入探讨司法鉴定的理论与实践，旨在推动司法鉴定领域的科学化和规范化发展。本书从多个角度对司法鉴定进行全面而深入的研究，包括司法鉴定的科学原理、文书鉴定程序、文书鉴定的技术与方法、各种具体鉴定技术的实践应用以及司法鉴定的发展趋势等。希望通过这些研究，能够为司法鉴定领域的发展和创新提供有益的参考，为推动法治社会的进步贡献我们的力量。

本书的研究意义深远而广泛，主要体现在以下几个方面：

司法鉴定是一项高度专业化的工作，要求鉴定人员具备深厚的专业知识和丰富的实践经验。本书通过对司法鉴定理论与实践的深入探讨，不仅梳理了司法鉴定的基础理论和方法论，还详细阐述了各种鉴定技术的实践应用。这将有助于提升司法鉴定人员的专业素养和技能水平，使他们能够更加准确、公正地进行鉴定工作，从而提高司法鉴定的准确性和公正性。对于维护司法公正、保护当事人权益具有重要意义。随着社会的发展和科技的进步，司法鉴定工作面临着新的挑战和机遇。本书的研究成果可以为司法鉴定机构的改革和创新提供有益的参考。通过借鉴本书中的理论和实践经验，司法鉴定机构可以不断完善自身的工作流程和管理制度，推动司法鉴定工作的科学化和规范化。这将有助于提高司法鉴定机构的工作效率和服务质量，更好地满足社会对司法鉴定的需求。法学研究和法律实践是相互促进、相辅相成的。本书不仅为法学研究者提供了宝贵的资料和案例，也为法律从业者提供了实用的参考和指导。通过对本书中案例的分析和研究，法学研究者和法律从业者可以深入了解司法鉴定的实际运作和问题所在，从而提出有针对性的改进建议和创新思路。将促进法学理论的深入发展和法律实践的不断创新，为法治社会的进步贡献力量。

本书的研究目的涵盖了多个层面，具体体现在以下几点：一是系统梳理司法鉴定的基础理论和方法论，构建完善的司法鉴定理论体系；二是深入分析科学技术在司法鉴定中的应用，探讨科技进步对司法鉴定实践的影响；三是研究法律与科学的交叉点，揭示法科交叉的现代趋势及其在法律实践中的应用价值；四是通过对具体鉴定技术的详细阐述和案例分析，提升读者对司法鉴定实践的认识和理解；五是展望司法鉴定的发展趋势，提出应对未来挑战的策略和实践建议。

在撰写本书的过程中，我们力求做到理论与实践相结合、历史与现实相贯通、国内与国外相参照，以期为读者呈现一部全面、深入、系统的司法鉴定理论与实践研究著作。我们相信，《司法鉴定理论与实践多维研究》一书的出版将对推动司法鉴定领域的发展和创新产生积极的影响。此外，我们也希望这本书能够引起更多学者和专家的关注和讨论，共同推动司法鉴定理论与实践的不断进步和完善。

衷心希望这本书能够引起更多学者和专家的关注和讨论，通过共同的探讨和研究，我们可以不断推动司法鉴定理论与实践的进步和完善。同时也期待广大读者能够从中受益，深化对司法鉴定的认识和理解。只有不断提升司法鉴定的专业水平和实践能力，才能更好地维护社会的公平正义，为法治社会的建设贡献自己的力量。

作　者

2024 年 5 月

目　录

前　言 …………………………………………………………………………… 1

第一章　司法鉴定的科学原理 …………………………………………… 1

第一节　司法鉴定的基础理论与方法论 ……………………………… 1
第二节　科学技术在司法鉴定中的应用 ……………………………… 7
第三节　法律与科学的交叉点 ………………………………………… 15

第二章　文书鉴定程序 …………………………………………………… 24

第一节　鉴定程序的启动 ……………………………………………… 24
第二节　鉴定程序的实施 ……………………………………………… 33
第三节　鉴定的特殊环节 ……………………………………………… 42
第四节　鉴定意见的质证与认证 ……………………………………… 48

第三章　文书鉴定的技术与方法 ………………………………………… 54

第一节　文书鉴定的基本概念 ………………………………………… 54
第二节　文书鉴定的规范与标准 ……………………………………… 62
第三节　文书鉴定意见的规范与标准 ………………………………… 70
第四节　实务挑战 ……………………………………………………… 78

第四章　笔迹鉴定的实务操作 ·········· 83

第一节　笔迹鉴定的基础理论 ·········· 83
第二节　笔迹鉴定的步骤与方法 ·········· 88
第三节　伪装、摹仿、变化笔迹检验 ·········· 94
第四节　笔迹鉴定案例分析 ·········· 103

第五章　印章鉴定的技术与应用 ·········· 110

第一节　印章鉴定的基本原理 ·········· 110
第二节　伪装、变造印章印文的鉴定 ·········· 117
第三节　印章鉴定的操作实践 ·········· 125
第四节　印章鉴定的法律意义 ·········· 128

第六章　朱墨时序鉴定技术 ·········· 135

第一节　朱墨时序鉴定的原理 ·········· 135
第二节　朱墨时序鉴定的现有技术 ·········· 146
第三节　朱墨时序鉴定在案件审判中的应用 ·········· 156

第七章　伪造与变造文件的鉴定技术 ·········· 167

第一节　伪造证书、证件、票据的鉴定方法 ·········· 167
第二节　变造文件的技术分析 ·········· 178
第三节　伪造与变造文件案例分析 ·········· 187

第八章　文书制作时间的鉴定 ·········· 194

第一节　时间鉴定的原理与方法 ·········· 194
第二节　文书制作时间鉴定在审判中的应用 ·········· 203
第三节　时间鉴定在法律中的作用 ·········· 208

第九章 鉴定意见的评估与证据运用 …………………… 216

第一节 鉴定意见的评估标准 …………………………… 216
第二节 鉴定意见在法律中的应用 ……………………… 225
第三节 鉴定人的责任与义务 …………………………… 232

第十章 文书司法鉴定的发展趋势 …………………… 239

第一节 新技术在鉴定中的应用 ………………………… 239
第二节 鉴定过程中的伦理与法律问题 ………………… 248
第三节 应对未来挑战的策略 …………………………… 256

结　语 ……………………………………………………… 265

图 目 录

图 3-1　文书详细分类 ……………………………………… 57
图 4-1　鉴定笔迹 …………………………………………… 105
图 4-2　样本笔迹 …………………………………………… 105
图 4-3　检材 1 ……………………………………………… 106
图 4-4　检材 2 ……………………………………………… 106
图 4-5　实验样本 3 ………………………………………… 107
图 4-6　检材笔迹 …………………………………………… 108
图 4-7　样本笔迹 …………………………………………… 108
图 5-1　检材印章 …………………………………………… 127
图 5-2　样本印章 …………………………………………… 127

表 目 录

表 1−1　各方法论在司法鉴定中的适用与范围 ………………… 6
表 2−1　简化的文书司法鉴定流程与时间表 …………………… 38
表 2−2　几种常见的质证实施方式及应用举例 ………………… 51
表 3−1　文书鉴定范围 …………………………………………… 56
表 3−2　现有文书鉴定的部分方法与技术及其应用实例 ……… 66
表 3−3　倾向性鉴定意见的特点 ………………………………… 74
表 4−1　不同笔迹的特点和鉴别方法 …………………………… 102
表 6−1　朱墨时序鉴定的技术与方法特点 ……………………… 138
表 7−1　伪造证书、证件、票据的常见手段 …………………… 171
表 7−2　劳动合同篡改痕迹检验 ………………………………… 191
表 8−1　文字书写形成时间鉴定结果 …………………………… 205

第一章 司法鉴定的科学原理

第一节 司法鉴定的基础理论与方法论

一、基础理论框架

司法鉴定作为法律与科学技术的结合点，在现代司法体系中扮演着举足轻重的角色。它不仅关乎案件的公正裁决，更是法治社会维护公平正义的重要手段。随着科学技术的不断进步，司法鉴定的方法和手段也在日益丰富和完善，为司法实践提供了更为科学、准确的证据支持。

（一）司法鉴定的定义与性质

司法鉴定指的是在各类诉讼活动中，由具有专业资质的鉴定人，利用科学技术手段或者其专门领域的知识，对案件中涉及的具有专业技术性的问题进行详细的分析、鉴别和判断，并据此给出专业的鉴定意见。这一活动在现代司法体系中具有极其重要的地位，它能够为法庭提供科学、准确的证据，从而帮助法官做出公正的裁决。

司法鉴定具有三大显著特点，即专业性、科学性和法律性。专业性是司法鉴定最为基础也最为重要的特性。进行司法鉴定的人员，必须在其专业领域内拥有深厚的理论基础和丰富的实践经验。他们不仅需要掌握精湛的专业知识和技能，还需对相关的法律法规有深入的了解，以确保鉴定意见的准确性和权威性。科学性是司法鉴定的另一大特点，在进行鉴定的过程中，鉴定人必须严格遵循科学原理和方法，确保每一个步骤都经过科学论证和实践检验。不仅包括对物证、痕迹的科学分析，还涉及到对现场环境的科学评估，以及利用先进的技术手段进行模拟实验等，科学性是确保司法鉴定准确性和公正性的基石。法律性也是司法鉴定不可或缺的一部分，鉴定意见作为法庭证据的一种，必须符合法律规定，才能在诉讼活动中被采纳。这意味着鉴定人在进行鉴定时，不仅要遵循科学原理，还需时刻关注法律规定的变化，确保自己的鉴定意见符合法律要求。同时鉴定意见的法律效力也决定了它在诉讼活动中的重要作用。一旦鉴定意见被法庭采纳，将对案件的裁决结果产生直接影响。

（二）司法鉴定的发展历程与现状

司法鉴定的发展历程具有深厚的历史渊源，它的起源可以追溯到古代。在古代社会，虽然科学技术尚未发达，但人们已经开始运用一些基本的观察和判断方法对案件中的某些专门性问题进行鉴别，这可以说是司法鉴定的雏形。然而受到时代和科技水平的限制，古代的司法鉴定在方法、准确性和可靠性上都存在较大的局限。

随着科学技术的飞速发展和法律体系的不断完善，司法鉴定也迎来了革命性的变革。从最初的简单观察和判断，到后来依托先进的科学技术进行精确分析，司法鉴定逐渐走向专业化、科学化和规范化。特别是在现代社会，司法鉴定已经成为法律体系中不可或缺的重要一环，为各类案件的公正裁决提供了有力的科学支持。谈及我国司法鉴定行业的现状，可以说已经形成了一个较为完善的体系。体系涵盖了法医类、物证类、声像资料等多个重要领域，为各类案件提供了全方位的司法鉴定服务。法医类鉴定主要涉及人身伤害、死亡原因等方面的鉴定；物证类鉴定则包括对物证的真伪、来源等进行科学分析；而声像资料鉴定则主要针对视听资料的真实性和完整性进行验证。随着人工智能、大数据等前沿技术的不断发展，司法鉴定行业也在不断创新和进步。这些新技术的引入，不仅提高了司法鉴定的准确性和效率，还为司法实践带来了更多的可能性。例如通过大数据分析技术，对大量案件数据进行深度挖掘和关联分析，为案件侦破提供更多线索；而人工智能技术的应用，则可以实现自动化、智能化的鉴定流程，减轻鉴定人员的工作负担。

(三) 司法鉴定的方法论及其应用

司法鉴定方法论是一个深入且专业的理论体系，它为鉴定人提供了在进行鉴定活动时所需遵循的基本原理、方法和技术指导。这一方法论的形成，不仅融合了法学、科学和技术等多个领域的知识，还体现了对司法鉴定准确性和公正性的不懈追求。在司法鉴定实践中，方法论的应用具有举足轻重的地位。采用正确的鉴定方法，可以显著提高鉴定的准确性和可靠性，从而为案件的公正裁决提供坚实支撑。以下司法鉴定中的几种主要方法论及其应用。

(1) 观察法：这是司法鉴定中最基础且常用的方法之一。鉴定人通过对物证或现场进行细致的观察，捕捉并记录关键细节。这种方法要求鉴定人具备敏锐的观察力和丰富的实践经验，以便能够准确地识别并解读物证或现场所蕴含的信息。例如在痕迹检验中，观察法可以帮助鉴定人发现不易察觉的指纹、鞋印等线索。

(2) 实验法：在司法鉴定中，实验法扮演着验证和推断的重要角色。通过实验，鉴定人可以模拟案件中的某些条件或现象，从而验证物证的真实性或确定其某些物理、化学性质。例如在毒物分析中，实验法可以帮助确定检材中是否含有某种有毒物质，以及该物质的种类和浓度。

(3) 对比法：对比法在司法鉴定中具有广泛的应用场景，通过对比不同物证或不同时间段的物证，鉴定人可以发现它们之间的差异或联系。这种方法在指纹、DNA等物证的比对和分析中尤为常见。在DNA鉴定中，通过对比嫌疑人的DNA样本与现场遗留的DNA样本，确定两者是否匹配，从而为案件侦破提供关键线索。

(4) 统计分析法：面对大量的物证数据和信息，统计分析法展现出其强大的处理能力。通过对数据进行统计分析，鉴定人可以揭示出其中的规律或趋势，进而分析物证之间的关联性或推断某些未知信息。在犯罪数据分析中，统计分析法可以帮助警方发现犯罪热点和犯罪模式，为预防和打击犯罪提供有力支持。

司法鉴定作为法律与科学技术的桥梁，在现代司法体系中具有举足轻重的地位。随着科学技术的不断进步和法律体系的日益完善，我们有理由相信司法鉴定将会在未来发挥更加重要的作用，为法治社会的建设和发展提供更为科学、准确的证据支持。

二、方法论的适用与范围

在司法鉴定领域，方法论不仅是指导鉴定活动的理论基础，更是确保鉴定结果准确性和公正性的关键。不同的方法论适用于不同类型的鉴定案例，正确选择和应用方法论对于司法鉴定至关重要。

（一）观察法的适用与范围

观察法作为司法鉴定中最基本的方法之一，主要适用于对物证或现场的初步检查和细节捕捉。这种方法要求鉴定人具备敏锐的观察力和丰富的经验，以便在第一时间发现关键线索。观察法的应用范围广泛，包括但不限于痕迹检验、物证识别以及现场勘查等。

在痕迹检验中，观察法可以帮助鉴定人发现指纹、足迹、工具痕迹等细微特征，为后续的实验室分析提供重要线索。在物证识别方面，观察法可以协助鉴定人快速判断物证的种类、来源和使用情况；在现场勘查中，观察法能够帮助鉴定人全面了解案发现场的环境、布局和物证分布情况，为案件的重建和推理提供有力支持。观察法也存在一定的局限性，它主要依赖于鉴定人的主观判断和经验积累，因此会受到个人因素（如疲劳、情绪等）的影响。此外观察法对于复杂或隐蔽的物证难以发现，需要结合其他方法进行深入分析。

（二）实验法的适用与范围

实验法在司法鉴定中主要用于验证物证的真实性、确定物理或化学性质以及模拟案件中的某些条件或现象。这种方法要求鉴定人具备扎实的科学知识和实验技能，以确保实验结果的准确性和可靠性。实验法的应用范围主要集中在物证分析、毒物检测以及痕迹检验等领域。在物证分析中，通过实验法可以确定物证中的成分、结构或性质，为案件的定性和定量分析提供关键数据；在毒物检测方面，实验法可以检测检材中是否含有有毒物质以及确定其种类和浓度；在痕迹检验中，实验法还可以帮助鉴定人模拟案件中的某些条件（如温度、湿度等），以复现痕迹的形成过程。

需要注意的是，实验法的应用也受到一定条件的限制。实验条件必须严格控制以消除外界干扰因素对实验结果的影响，实验方法的选择应合理且符合科学原理以确保实验结果的准确性和可信度，对于某些复杂或特殊的物证类型（如生物样本中的 DNA 分析），需要采用更为先进的实验技术和方法进行深入研究。

（三）对比法的适用与范围

对比法在司法鉴定中广泛应用于指纹、DNA 等物证的比对和分析。这种方法通过对比不同物证或不同时间段的物证来发现差异或联系，为案件的侦破提供关键线索。在指纹鉴定中，对比法可以帮助鉴定人快速准确地判断指纹是否匹配，从而确定嫌疑人的身份。在 DNA 鉴定方面，通过对比嫌疑人的 DNA 样本与现场遗留的 DNA 样本可以确定两者之间的关联性为案件侦破提供有力支持；在物证比对中如字迹、印章等也可以通过对比法进行分析和鉴别。

在使用对比法时需要注意以下几点：对比的样本应具有可比性和代表性以确保比对结果的准确性；比对过程中应遵循科学原理和方法以消除主观因素的影响；对于复杂或疑难案件需要结合其他方法进行综合分析以提高鉴定的准确性和可靠性。

（四）统计分析法的适用与范围

统计分析法在司法鉴定中主要用于分析物证之间的关联性或推断某些未知信息。这种方法通过对大量数据进行统计分析来揭示其中的规律或趋势为案件的深入调查提供有力支持。在犯罪数据分析中，统计分析法可以帮助警方发现犯罪热点和犯罪模式为预防和打击犯罪提供重要参考。在物证分析中通过统计分析法可以确定物证之间的关联性或共同特征为案件的定性和定量分析提供关键数据支持。在使用统计分析法时应确保数据的真实性和完整性以避免误导鉴定结果,同时对于复杂或多元的数据类型可能需要采用更为高级的统计模型和方法进行深入挖掘和分析。

结合实际与上文内容,总结各方法论在司法鉴定中的适用与范围,见下表1-1:

表1-1　　　　各方法论在司法鉴定中的适用与范围

方法论	适用案例	范围与描述
观察法	案例一:交通事故痕迹分析	适用于现场勘查,痕迹检验等。通过直接观察车辆损坏情况、碰撞痕迹等,为事故责任判定提供初步线索。
	案例二:物证识别	适用于快速判断物证的种类、来源。如通过观察涉案物品的特征、标记等,确定其与案件的关系。
实验法	案例一:毒物检测	适用于确定检材中是否含有有毒物质,种类和浓度。通过实验室分析,为毒物相关案件提供科学证据。
	案例二:DNA分析	适用于生物样本的DNA检测。通过实验室实验,确定DNA样本的来源,用于身份确认或亲子鉴定等。
对比法	案例一:指纹比对	适用于指纹鉴定。通过比对现场指纹与嫌疑人指纹,确定身份或排除嫌疑。
	案例二:字迹比对	适用于文件真伪鉴定。通过比对文件中的字迹与已知样本,判断文件的真实性。

续表

方法论	适用案例	范围与描述
统计分析法	案例一：犯罪数据分析	适用于大量犯罪数据的分析。通过统计分析，揭示犯罪模式、热点等，为警方提供预防和打击犯罪的参考。
	案例二：物证关联性分析	适用于分析物证之间的关联性。通过统计分析，确定物证之间的共同特征或联系，为案件的定性和定量分析提供支持。

司法鉴定方法论是确保鉴定结果准确性和公正性的关键所在，不同的方法论具有不同的适用范围和优势，在实际应用中应根据案件的具体情况和需求进行合理选择和应用。通过深入探讨各种方法论的适用与范围，可以为司法鉴定实践提供更为明确和科学的理论指导从而提高鉴定的准确性和可靠性为法治社会的建设和发展贡献力量。

第二节 科学技术在司法鉴定中的应用

一、技术发展对鉴定的影响

司法鉴定作为法律领域的一项重要实践活动，其准确性和公正性直接关系到司法公正与社会正义。随着科学技术的迅猛发展，特别是现代科技手段的广泛应用，司法鉴定领域正经历着前所未有的变革。技术进步不仅改变了传统鉴定方法的局限性，还为司法鉴定提供了更为精确、高效的工具和手段。

（一）提高鉴定的准确性与效率

随着科学技术的日新月异，司法鉴定领域也迎来了翻天覆地的变化。传统的鉴定方法，虽然有其独特的价值和意义，但在准确性和效率方面往往存在一定的局限。而现代科学技术的引入，特别是 DNA 分析技术、痕迹检验技术、图像处理技术等先进手段的应用，为司法鉴定带来了革命性的进步。

DNA 分析技术：DNA，作为生命的遗传物质，具有极高的个体特异性和稳定性。通过对 DNA 的精确检测，可以为身份识别提供确凿无疑的科学证据。在司法鉴定中，DNA 分析技术的应用已经变得越来越广泛。例如，在刑事案件中，通过提取现场遗留的生物样本，如血液、唾液、毛发等，进行 DNA 检测和比对，可以迅速锁定或排除嫌疑人，大大提高了案件侦破的效率。同时 DNA 技术的精确性也有效避免了传统鉴定方法中可能出现的主观性和误差，使得鉴定结果更加客观、公正。除了 DNA 分析技术外，痕迹检验技术也是司法鉴定中不可或缺的一环。痕迹检验技术主要是对各种痕迹，如指纹、足迹、工具痕迹等进行检验和分析。这些痕迹往往蕴含着丰富的信息，是案件侦破的重要线索。通过先进的痕迹检验技术，可以准确地提取和分析这些痕迹，为案件侦破提供有力的支持。与传统的痕迹检验方法相比，现代技术不仅提高了检验的准确性，还大大缩短了检验时间，提高了司法鉴定的效率。图像处理技术也在司法鉴定中发挥着越来越重要的作用，在案件调查中，往往会遇到各种图像资料，如监控视频、照片等。这些图像资料中可能蕴含着关键的线索和证据。然而由于拍摄条件、设备性能等因素的影响，这些图像资料往往存在模糊不清、质量不佳等问题。此时图像处理技术就派上了用场。通过对图像进行增强、去噪、锐化等处理，可以使得图像中的关键信息更加清晰可见，为司法鉴定提供有力的支持。

除了上述几种技术外，还有许多其他科学技术也在司法鉴定中发挥着重要作用。这些技术的应用不仅提高了鉴定的准确性，还大大缩短了鉴定周期。在传统的鉴定方法中，往往需要耗费大量的时间和精力进行样本的采集、处理和分析。而现在，借助先进的仪器设备和技术手段，这些步骤变得更加迅速和高效，无疑为司法程序的顺利进行提供了有力保障。科学技术在提高司法鉴定准确性和效率的同时，也为鉴定人员提供了更为便捷的工作方式。例如通过电子化的鉴定管理系统，鉴定人员可以更加方便地管理和查询案件信息、鉴定结果等数据。不仅提高了工作效率，还使得鉴定过程更加透明和公正。

（二）拓展鉴定的范围和深度

科学技术的发展对司法鉴定带来的变革，不仅仅局限于提高鉴定的准确性和效率，更重要的是，它在不断地拓展鉴定的范围和深度。这一进步意味着，司法鉴定已经从传统的宏观物证鉴定向更加微观、精细化的领域进军，从而为司法公正提供更全面、更有力的支持。

在过去，一些难以检测的物证，如微量物证、生物物证等，常常因为技术限制而无法进行有效的分析和鉴定。微量物证，如纤维、毛发、土壤等，由于其数量极少，对检测技术的灵敏度要求极高；而生物物证，如体液、组织等，其检测不仅要求高精度，还需要确保样本的完整性和无污染性。随着科学技术的进步，特别是化学分析技术、显微镜技术、分子生物学技术的发展，这些难题已逐一被攻克。现在可以利用高灵敏度的化学分析方法，精确地检测出微量物证中的化学成分，从而确定其来源和性质。显微镜技术的进步，使得能够观察到物证中的微观结构，甚至可以对单个细胞进行分析；而分子生物学技术，如PCR扩增、DNA测序等，更是为生物物证的检测提供了前所未有的可能。这些技术的应用，不仅拓展了鉴定的范围，还使得鉴定结果更加精确和可靠。除了传统的物证鉴定外，科学技术的发展还将司法鉴定的触角延伸到了新的领域。随着大数据、人工智能等技术的引入，司法鉴定开始涉及到电子数据、网络行为等新型证据的分析和挖掘。在数字化时代，电子数据已经成为案件侦破和审判的重要线索。通过对电子数据的深入分析，可以追踪犯罪嫌疑人的网络活动轨迹，揭露其犯罪动机和手段。同时人工智能技术的应用，使得能够处理海量的数据，快速筛选出有价值的线索，大大提高了侦查效率。

大数据技术的运用，使得司法鉴定可以对大量数据进行深度分析，发现隐藏在数据背后的规律和模式。例如在涉及经济犯罪或贪污腐败的案件中，大数据分析可以帮助鉴定人员追踪资金流向，揭示犯罪网络，甚至预测犯罪行为。这种基于数据的鉴定方法，不仅提高侦查的精确性，还为预防犯罪提供新的思路。人工智能技术在司法鉴定中的应用也日益广泛，通过机器学习、深度学习等算法，人工智能可以自动识别和分析物证、电子数据等，为鉴定人员提供有价值的线索和建议。人工智能还可以模拟人类的推理过程，对复杂案件进行智能分析，帮助鉴定人员理清案件脉络，提高鉴定的深度和广度。

（三）推动司法鉴定体系的完善与创新

技术的发展也在推动司法鉴定体系的完善与创新，一方面，科学技术的引入使得司法鉴定更加标准化、规范化，减少了人为因素的干扰，提高了鉴定的公信力和可信度；另一方面，新技术的不断涌现也在推动司法鉴定领域的创新。例如虚拟现实技术、3D打印技术等在司法鉴定中的应用，为案件重建、现场模拟等提供了新的可能。然而技术发展对司法鉴定也带来了一定的挑战，新技术的引入需要大量的资金投入和人才培养，对于一些资源有限的鉴定机构来说是一个不小的负担。其次随着技术的不断进步，一些传统的鉴定方法和手段会被淘汰，这就要求鉴定人员不断更新知识结构，适应新技术的发展。技术的双刃剑效应也需要引起关注，即在提高鉴定效率的同时，也会带来数据泄露、隐私侵犯等风险。

综上所述，技术发展对司法鉴定产生了深远的影响。它不仅提高了鉴定的准确性和效率，拓展了鉴定的范围和深度，还在推动司法鉴定体系的完善与创新方面发挥了重要作用。然而也应看到技术发展带来的挑战和风险，并采取相应的措施加以应对。随着科学技术的不断进步和创新应用的不断涌现，司法鉴定将会更加科学、公正、高效地为法治社会建设贡献力量。

二、科技进步与鉴定实践的关系

科技进步与司法鉴定实践之间存在着密切的联系。随着科学技术的不断发展，司法鉴定领域也迎来了翻天覆地的变化。新的科技手段和方法的应用，不仅提高了鉴定的准确性和效率，还拓展了鉴定的范围和深度。

（一）科技进步推动了司法鉴定技术的革新

随着科学技术的飞速发展，司法鉴定技术也在经历着一场深刻的变革。传统的鉴定方法，虽然在过去的岁月里发挥了重要的作用，但在面对日益复杂、多变的案件时，其局限性也愈发显现。而科技的进步，为司法鉴定领域注入了新的活力，推动了鉴定技术的不断革新。

DNA，作为生命的遗传密码，具有高度的个体特异性和稳定性。自从DNA分析技术被引入到司法鉴定中，它便以其极高的准确性和可靠性，成为了身份识别的金标准。通过DNA检测，可以精确地确认嫌疑人的身份，为案件的侦破提供强有力的科学证据。与传统的身份识别方法相比，DNA分析技术无疑具有更高的准确性和可信度，使得司法鉴定在身份识别方面迈上了一个新的台阶。举个例子，在一起刑事案件中，如果现场遗留了犯罪嫌疑人的生物样本，如血液、唾液等，鉴定人员就可以利用DNA分析技术进行检测。通过提取样本中的DNA，与已知嫌疑人的DNA进行比对，从而迅速锁定或排除嫌疑人。这种方法不仅大大提高了案件侦破的效率，还避免了传统鉴定方法中可能出现的主观性和误差。

除了DNA分析技术外，图像处理技术也在司法鉴定中发挥着越来越重要的作用。随着数字图像技术的不断发展，图像处理技术已经广泛应用于物证检验、指纹识别、监控视频分析等领域。通过图像处理技术，可以对模糊的图像进行清晰化处理，提取出关键的信息和线索；对指纹进行自动识别和比对，快速锁定嫌疑人；还可以对监控视频进行逐帧分析，还原案发现场的真实情况。这些应用不仅提高了物证检验的准确性和效率，还为案件的侦破提供了有力的技术支持。例如在一起交通事故案件中，由于事故现场复杂且瞬息万变，通过监控视频可以记录事故发生的全过程。然而由于拍摄角度、光线等因素的影响，视频中的关键信息可能模糊不清。此时图像处理技术就派上了用场，通过对视频进行增强、去噪、锐化等处理，可以使得视频中的关键信息更加清晰可见，如车牌号码、车辆颜色等。这些信息对于确定肇事车辆和肇事者具有重要的价值。

　　大数据分析技术也在司法鉴定中发挥着越来越重要的作用，随着信息化时代的到来，数据已经成为了一种重要的资源。在司法鉴定中，大数据分析技术可以帮助处理海量的数据，挖掘出隐藏在数据背后的规律和线索。通过对案件相关数据的深入分析，发现嫌疑人之间的关联、犯罪行为的模式等关键信息，为案件的侦破提供有力的数据支持。举个例子，在一起经济犯罪案件中，涉案金额巨大且交易记录繁多。通过大数据分析技术，可以对这些交易记录进行逐一梳理和分析，找出其中的异常交易和可疑账户。这些分析结果可以为侦查人员提供有价值的线索和方向，帮助他们迅速锁定犯罪嫌疑人并追回赃款。除了上述几种技术外，还有许多其他科学技术也在司法鉴定中发挥着重要作用。如痕迹检验技术、毒物分析技术等都在不断地推动着司法鉴定技术的进步和发展。这些新技术的应用不仅提高了鉴定的准确性和效率还为司法鉴定实践带来了新的思路和方法。科技进步对司法鉴定人员的专业素养也提出了更高的要求。鉴定人员不仅需要掌握传统的鉴定方法和技能还需要不断学习和掌握新的科技手段以适应科技发展的需要。同时他们还需要具备严谨的科学态度和求真务实的精神以确保鉴定结果的客观性和公正性。

　　科技进步对司法鉴定带来的影响远不止于此。新的科技手段不仅改变了传统的鉴定方式，还在逐步改变对司法鉴定的认知和期待。随着技术的进一步发展，未来的司法鉴定将更加智能化、自动化和精确化，这将极大地提高司法鉴定的效率和公信力。人工智能（AI）技术的应用正在逐步渗透到司法鉴定领域，AI技术可以通过机器学习和深度学习算法，对大量的案件数据进行自动分析和模式识别，从而为鉴定人员提供更加精准和有价值的线索。AI技术还可以辅助鉴定人员进行复杂的物证检验和指纹识别等工作，提高鉴定的准确性和效率。物联网（IoT）技术的发展也为司法鉴定带来了新的机遇，通过物联网技术，可以实时监控和追踪物证的状态和位置，确保物证的完整性和真实性。物联网技术还可以帮助构建一个智能化的司法鉴定管理系统，实现案件信息的实时更新和共享，提高司法鉴定的工作效率和协作能力。

（二）科技进步促进了司法鉴定流程的规范化

随着科技的日新月异，司法鉴定领域也正在经历一场深刻的变革。科技的进步不仅改变了传统鉴定手段，还为司法鉴定流程的规范化和标准化提供了强大的推动力。

一方面，科技手段的广泛应用，如DNA检测技术、图像处理技术、大数据分析等，使得鉴定过程更加客观、准确。这些技术能够深入到案件的细微之处，揭示出传统手段难以发现的线索，从而大大提高了鉴定的精确度和可靠性。更重要的是，科技的介入减少了人为因素的干扰，让鉴定结果更加公正、无私。在过去或许会因为鉴定人员的经验、技能甚至个人偏见而影响鉴定结果，但如今，科技成为了一个公正的"第三方"，确保了鉴定过程的客观性和公正性。另一方面，科技的进步也推动了司法鉴定管理体系的完善。随着信息化的深入，电子化的鉴定管理系统应运而生。这种系统不仅可以方便地管理和查询大量的案件信息、鉴定结果等数据，更能够实时监控鉴定流程，确保每一个环节都符合既定的标准和规范。这不仅大大提高了工作效率，减少了纸质文档的使用，降低了环保压力，还使得鉴定过程更加透明和公正。无论是鉴定人员、法官还是当事人，都可以通过系统实时查看鉴定进度和结果，这无疑增强了司法鉴定的公信力和权威性。

科技的进步还直接推动了司法鉴定标准的制定和完善。随着新技术、新方法的不断涌现，原有的鉴定标准可能已经不再适用。而科技的进步为制定更加科学、合理的鉴定标准提供了技术支撑。这些新的标准不仅为鉴定实践提供了更加明确、具体的指导，还确保了鉴定结果的统一性和可比性。

(三) 科技进步拓展了司法鉴定的应用领域

科技的迅猛发展，尤其是大数据、云计算、人工智能等前沿技术的革新，极大地推动了司法鉴定应用领域的扩展。传统的司法鉴定，比如物证鉴定和法医鉴定，虽然在刑事侦查和司法审判中起着举足轻重的作用，但其应用范围和手段相对有限。随着新技术的引入和融合，司法鉴定正在突破传统的界限，向更广阔的领域进军。

电子数据鉴定就是一个典型的例子，在过去，电子数据往往被视为辅助证据，但在今天的数字化时代，电子数据已经渗透到我们生活的方方面面。智能手机、电脑、云存储等设备的普及，使得电子数据成为了犯罪侦查和司法审判中不可或缺的证据类型。通过专业的电子数据鉴定技术，可以精确地提取、分析和呈现这些数据，从而为案件提供关键线索。网络行为分析也是一个新兴的应用领域，随着网络犯罪的日益猖獗，如何有效地追踪和识别网络犯罪嫌疑人的活动轨迹，成为了司法鉴定面临的新挑战。借助大数据分析和人工智能等技术，现在的司法鉴定能够深入剖析犯罪嫌疑人的网络行为模式，揭示其背后的犯罪动机和手段。这不仅提升了侦查的精确性和效率，还为打击网络犯罪提供了新的有力武器。

值得一提的是，这些新技术的应用还带来了司法鉴定方法和流程的革新。传统的鉴定方法往往依赖于鉴定人员的经验和技能，而现在通过引入先进的技术手段和算法，司法鉴定可以更加客观、准确地分析和解读证据。这不仅提高了鉴定的可信度和公正性，还为司法审判提供了更加坚实和科学的依据。

综上，科技进步与司法鉴定实践之间存在着密切的关系。科技的进步推动了司法鉴定技术的革新、促进了鉴定流程的规范化、拓展了鉴定的应用领域，为司法鉴定的发展带来了新的机遇和挑战。未来随着科学技术的不断发展和创新应用的不断涌现，司法鉴定将会更加科学、公正、高效地为法治社会建设贡献力量。同时也应看到科技进步带来的挑战和风险，并采取相应的措施加以应对，以确保司法鉴定实践的准确性和公正性。

第三节 法律与科学的交叉点

一、法律框架与科学原理的结合

在当代社会,司法鉴定已经成为法律程序中不可或缺的一环。它不仅涉及到科学技术的运用,更关乎法律原则的实现和司法公正的维护。法律框架与科学原理在司法鉴定中的结合,可以更好地理解司法鉴定的本质和作用具有重要意义。

(一)法律框架为司法鉴定提供指导与规范

在现代法治社会中,司法鉴定作为法律程序的重要环节,其活动必须在明确的法律框架内进行。法律框架为司法鉴定提供了坚实的指导和规范,确保其科学性、公正性和权威性。这不仅关系到司法鉴定的质量,更关乎整个法律体系的稳定和公正。法律框架明确了司法鉴定的基本原则,包括公正、科学、准确等,是司法鉴定活动的根本遵循。公正原则要求鉴定人员在鉴定过程中保持中立,不受任何外部因素的影响,确保鉴定结论的客观性和公正性;科学原则则强调鉴定方法和技术的科学性,要求鉴定人员运用先进的科学技术手段进行鉴定,确保鉴定结论的准确性。这些原则的确立,为司法鉴定活动提供了明确的方向和准则。

法律框架规定了司法鉴定的具体程序和标准,从鉴定的启动、实施到结论的出具,每一步都有严格的法律程序和标准要求。在鉴定的启动阶段,法律规定了哪些情况下需要进行司法鉴定,以及如何选择和委托鉴定机构。在实施阶段,法律则对鉴定方法、技术标准和操作流程进行了详细规定,确保鉴定过程的科学性和规范性。在结论出具阶段,法律要求鉴定结论必须明确、具体,并附有相应的科学依据和解释。这些程序和标准的规定,不仅保障司法鉴定的有序进行,也提高了鉴定结论的可信度和权威性。法律框架还为司法鉴定提供了必要的监管和约束机制，通过对鉴定机构和鉴定人员的资质认证、监督管理和法律责任追究等方面的规定，确保司法鉴定活动的合法性和规范性。法律规定了鉴定机构和鉴定人员的资质要求和认证程序，确保其具备从事司法鉴定工作的能力和资格。同时法律还对鉴定过程中的违法行为进行了明确界定，并规定了相应的法律责任和处罚措施。这些监管和约束机制的存在，有效地防止了权力滥用和不当行为的发生，维护了司法鉴定的公正性和权威性。

在法律框架的指导下，司法鉴定得以有序、规范地进行。不仅有助于保障当事人的合法权益，也有助于维护司法体系的稳定和公正。同时法律框架还为司法鉴定与科学技术的结合提供了有力的支持和保障，推动了司法鉴定领域的科学发展和技术创新。

（二）科学原理为司法鉴定提供技术支持与保障

在科学日新月异的今天，司法鉴定领域对科学技术的依赖越来越深。科学原理不仅为司法鉴定提供了坚实的技术支持与保障，还是确保鉴定结果准确、公正的关键所在。

科学原理为司法鉴定提供了先进的技术手段，随着科技的发展，越来越多的高科技手段被引入到司法鉴定中，如DNA检测技术、物证分析技术、图像处理技术等。这些技术手段的运用，大大提高了司法鉴定的准确性和效率。在刑事侦查中，DNA检测技术可以通过对遗留在现场的生物样本进行分析，准确地锁定犯罪嫌疑人；在交通事故鉴定中，物证分析技术可以帮助鉴定人员精确地分析事故原因，为事故责任的划分提供科学依据。科学原理为司法鉴定提供了标准化的操作流程和方法，司法鉴定是一项严谨的工作，需要遵循科学的操作流程和方法，以确保鉴定结果的可靠性和准确性。科学原理为司法鉴定提供了一套标准化的操作流程和方法，包括样本的采集、保存、检测和分析等环节。这些标准化的操作流程和方法，不仅提高司法鉴定的规范性和可操作性，还降低人为因素对鉴定结果的影响。科学原理还为司法鉴定提供了持续创新的动力，随着科学技术的不断进步，司法鉴定领域也在不断探索新的方法和手段，以适应社会发展的需要。科学原理的深入研究和应用，为司法鉴定领域带来了新的思路和方法，推动了司法鉴定技术的不断创新和发展。科学原理的严谨性和可重复性也为司法鉴定的公信力提供了有力支持。在科学原理的指导下，司法鉴定结果不再是主观臆断或经验判断，而是基于科学实验和数据分析得出的客观结论。这种基于科学原理的鉴定结果更具有说服力和公信力，能够被社会各界广泛接受和认可。

然而也应意识到，科学原理在司法鉴定中的应用并非万能。在面对复杂多变的案件时，仍需要鉴定人员结合实际情况进行综合判断和分析。此外随着科学技术的不断发展，新的科学原理和技术手段也将不断涌现，司法鉴定领域需要不断学习和掌握这些新技术，以适应时代发展的需要。

（三）法律框架与科学原理的相互促进与融合

在司法鉴定的实践中，法律框架与科学原理之间展现了一种相互促进与融合的关系。这种关系不仅深化了对司法鉴定的认识，还推动了司法鉴定领域的持续发展与创新。法律框架为科学原理的应用提供了广阔的舞台，司法鉴定作为法律程序的一部分，必须在法律的框架内进行。任何科学技术和方法的应用都必须符合法律的规定和要求。在这一过程中，法律框架不仅为科学技术提供了应用的场景，还为其提供了标准化的操作流程和规范化的管理要求。这使得科学技术在司法鉴定中的应用更加规范、有序，从而提高了鉴定的准确性和公信力。

科学原理的应用也在不断地推动法律框架的完善和发展，随着科学技术的进步，越来越多的新方法和技术被引入到司法鉴定中。这些新方法和技术不仅提高了鉴定的准确性和效率，还对现有的法律框架提出了新的挑战和要求。为了适应这些变化，法律框架必须不断地进行调整和完善，以更好地容纳和应用这些新的科学技术。这种互动过程使得法律框架更加科学、合理，更能够适应社会发展的需要。法律框架与科学原理的相互促进与融合还体现在对人才培养的要求上，随着司法鉴定领域对科学技术的依赖越来越深，对鉴定人员的专业素养和技术能力也提出了更高的要求。为了满足这种要求，法律教育和科学教育必须相互结合，共同培养出既懂法律又懂科学的复合型人才。这种人才的培养不仅有助于推动司法鉴定领域的发展，还能够提高司法鉴定的质量和效率。

法律框架与科学原理的相互促进与融合并非一蹴而就的过程，在实践中，二者之间会存在矛盾和冲突。例如某些新的科学技术不符合现有的法律规定和要求，需要进行相应的法律调整。科学技术的发展也对现有的法律体系产生冲击，需要重新审视和定位法律的作用和价值。因此必须保持开放的心态和前瞻性的视野，不断地调整和完善法律框架和科学原理的结合方式，以更好地适应社会发展的需要。

综上，法律框架与科学原理在司法鉴定中的结合具有深远的意义和影响。法律框架为司法鉴定提供了指导和规范，确保了鉴定的合法性和有效性；而科学原理的运用则为司法鉴定提供了技术支持和保障，提高了鉴定的准确性和可靠性。二者相互促进、相互融合，共同推动了司法鉴定领域的发展和创新。在未来的发展中，应该进一步加强法律框架与科学原理的结合，不断提高司法鉴定的质量和效率，为维护司法公正和社会稳定作出更大的贡献。

二、法科交叉的现代趋势

在当今社会，随着科技的飞速发展和全球化的深入推进，法律领域正面临着前所未有的挑战与机遇。传统的法学教育模式已难以适应这一快速变化的时代，因此，法学与其他学科的交叉融合成为了一种必然的发展趋势。这种交叉不仅有助于拓宽法学的视野，还能为解决复杂的社会问题提供更全面的法律支持。

（一）跨学科的法律人才培养

在当今快速发展的社会中，法律问题日益复杂化，传统的法学教育已难以满足社会的需求。因此，跨学科的法律人才培养显得尤为重要。这种培养模式旨在打破学科壁垒，通过引入其他学科的知识和方法，培养出既具备扎实的法律基础，又拥有跨学科视野和创新能力的复合型人才。

跨学科的法律人才培养意味着法学与其他学科的深度融合。例如法学与经济学的交叉可以培养出懂经济的法律人才，他们能够更好地理解市场动态，为企业的经济活动提供法律支持。法学与政治学的结合则有助于培养出具备政治敏感性和政策分析能力的法律人才，他们能够在政策制定和执行过程中发挥重要作用。法学与社会学的交叉可以培养出具备社会调查和研究能力的法律人才，他们能够从社会角度深入剖析法律问题，为社会政策的制定提供有力支持。这种跨学科的法律人才培养模式不仅有助于拓宽学生的知识视野，提高他们的综合素质，还能为他们未来的职业发展奠定坚实的基础。在当今社会，具备跨学科背景的法律人才在就业市场上更具竞争力，能够更好地适应复杂多变的法律环境，为各类法律问题提供全面的解决方案。

然而跨学科的法律人才培养也面临一些挑战，不同学科之间的知识体系和研究方法存在差异，如何有效地融合这些学科成为了一个难题。其次跨学科的法律人才培养需要更加灵活和开放的教育体系，以适应不同学科之间的交叉融合。这种培养模式需要更多的教育资源和师资力量，以确保教学的质量和效果。为了克服这些挑战，高校和教育机构需要采取一系列措施。他们应该建立完善的跨学科课程体系，确保学生能够全面系统地学习法学和其他相关学科的知识。高校应加强师资队伍建设，引进具备跨学科背景的优秀教师，为学生提供高质量的指导。高校还应加强与企业和社会的联系，为学生提供更多的实践机会，帮助他们将理论知识与实践相结合。在实施跨学科的法律人才培养过程中，高校还应该注重学生的个性化发展。每个学生都有自己的兴趣和特长，高校应根据学生的特点制定个性化的培养方案，帮助他们发挥自己的优势，实现自我价值。

（二）科技法学的新兴发展

科技法学，作为法学与科技领域深度结合的产物，近年来呈现出蓬勃的新兴发展态势。随着科技的飞速进步，尤其是信息技术、人工智能、大数据等前沿科技的广泛应用，传统的法律体系正面临着前所未有的挑战和机遇。科技法学就是在这样的背景下应运而生，旨在探索科技与法律的交汇点，为科技创新提供法律保障，同时也对科技活动进行规范和引导。

科技法学的新兴发展，表现在对科技活动中法律问题的深入研究。随着科技的不断进步，诸如数据隐私保护、知识产权归属、技术转让与许可等法律问题日益凸显。科技法学通过深入研究这些新问题，为科技创新提供了法律层面的解决方案。在数据隐私保护方面，科技法学不仅关注个人数据的收集、存储和使用是否合法合规，还致力于探索如何在保护个人隐私的同时，促进数据的合理利用和流通。科技法学在推动科技与法律的结合方面发挥了重要作用，传统的法律体系在面对科技创新时，往往存在滞后性和不适应性。科技法学通过不断引入科技领域的最新成果，对法律进行创新和完善，使法律更好地适应科技发展的需要。例如在人工智能领域，科技法学通过研究人工智能技术的法律地位、责任归属等问题，为人工智能技术的合法应用提供了法律支持。科技法学还促进了国际间的法律合作与交流，随着科技的全球化趋势加强，跨国科技合作日益频繁。科技法学通过研究和解决跨国科技合作中的法律问题，推动了国际法律体系的完善和发展。例如在知识产权保护方面，科技法学通过协调不同国家的法律制度，促进了国际知识产权的保护和合作。

然而科技法学的新兴发展也面临一些挑战，一方面，科技的快速发展使得法律制度的更新难以跟上步伐，这就需要科技法学不断进行研究和创新，以适应科技发展的需要；另一方面，科技法学作为一门新兴的交叉学科，其理论体系和研究方法还有待进一步完善和发展。为了应对这些挑战，需要加强科技法学的研究和教育。加大对科技法学研究的投入，鼓励学者进行深入研究，推动科技法学理论的发展和创新；加强科技法学的教育普及，培养更多的科技法律人才，以满足社会对科技法律服务的需求。

(三) 环境法学的崛起

全球环境问题的日益突出，环境法学作为一门新兴的法律学科，近年来迅速崛起并引起了广泛关注。环境法学的出现，是人类社会应对环境问题日益严峻的挑战，通过法律手段保护环境、实现可持续发展的必然选择。

环境法学的崛起，源于全球环境问题的严峻性。随着工业化的快速发展，环境污染、生态破坏等问题日益严重，全球气候变化也加剧了环境问题的紧迫性。这些问题不仅对人类健康和生存环境构成了严重威胁，也制约了经济和社会的可持续发展。因此人们开始寻求法律手段来解决这些问题，环境法学应运而生。环境法学的崛起也反映了人类社会对环境问题的认识深化和环保意识的提高，随着环境问题的日益突出，人们逐渐认识到环境保护的重要性，开始倡导绿色、低碳、可持续的发展方式。这种环保意识的提高，为环境法学的崛起提供了社会基础。环境法学主要研究如何运用法律手段来保护环境、防治污染、合理利用和保护自然资源。它涉及环境保护的方针政策、法律制度、行政管理体制、权利和义务等多个方面。环境法学的目的是通过建立和完善环境法律体系，规范人类活动对环境的影响，实现人与自然的和谐共生。

在环境法学的崛起过程中，各国政府和国际社会也发挥了重要作用。许多国家纷纷制定和完善环境法律法规，加强环境执法力度，推动环境保护事业的发展。同时国际社会也加强合作，共同应对全球环境问题。各国签署的《巴黎协定》就是全球共同应对气候变化的重要举措。环境法学的崛起对于推动环境保护事业的发展具有重要意义，它为环境保护提供了法律保障和支持。通过制定和完善环境法律法规，明确各方权利和义务，为环境保护提供有力的法律武器。环境法学也促进了环保意识的普及和提高，通过研究、宣传和教育等活动，推动社会各界对环境保护的关注和参与。环境法学还推动了可持续发展理念的深入人心，它强调经济发展与环境保护的协调与平衡，为实现可持续发展提供了法律层面的支持和保障。

（四）交叉学科研究方法的创新

交叉学科研究方法的创新是当代学术研究的重要趋势，它不仅为复杂问题的解决提供了新的思路，还推动了不同学科之间的交流与融合。随着科学技术的不断进步和社会问题的日益复杂化，传统的研究方法已经难以满足学术研究的需求，交叉学科研究方法的创新显得尤为重要。

交叉学科研究方法的创新体现在对传统研究方法的融合与改进，不同学科有着各自独特的研究方法和理论体系，通过交叉学科的研究，可以将这些方法和理论相互融合，形成新的研究方法。在环境法学研究中，可以借鉴生态学的调查方法，对环境问题进行定量和定性的综合分析，从而更准确地评估环境问题的严重性和提出解决方案。这种融合不仅丰富了研究方法，还提高了研究的科学性和准确性。交叉学科研究方法的创新还体现在对新技术的引入和应用，随着信息技术、大数据技术、人工智能等新技术的不断发展，这些技术为交叉学科研究提供了新的工具和手段。在法学研究中，可以利用大数据技术对相关法律数据进行挖掘和分析，揭示法律现象背后的规律和趋势。在经济学研究中，可以利用人工智能技术对经济运行进行模拟和预测，为政策制定提供科学依据。这些新技术的应用不仅提高了研究的效率，还拓展了研究的深度和广度。交叉学科研究方法的创新还推动了学术研究的跨学科合作与交流，在传统的研究模式下，不同学科的学者往往各自为政，缺乏有效的交流与合作。而通过交叉学科的研究方法创新，可以打破学科壁垒，促进不同学科之间的合作与交流。例如在环境法学与经济学的交叉研究中，环境法学者和经济学者可以共同探讨环境问题与经济发展的关系，提出综合性的解决方案。这种跨学科的合作与交流不仅有助于解决复杂问题，还推动了学术研究的创新与发展。

法科交叉的现代趋势表明了法学领域正积极与其他学科进行深度融合，以适应社会的快速发展和复杂问题的解决需求。跨学科的法律人才培养、科技法学的新兴发展、环境法学的崛起以及交叉学科研究方法的创新等方面，共同构成了法科交叉的现代画卷。这一趋势不仅有助于推动法学的创新发展，还将为社会培养出更多具备跨学科视野和综合素质的法律人才，以更好地服务于法治社会的建设与发展。

第二章 文书鉴定程序

第一节 鉴定程序的启动

一、单方申请鉴定

在民事诉讼或刑事诉讼过程中,当一方当事人对涉案文书的真实性、合法性或关联性存在争议时,会选择单方申请文书鉴定。这种鉴定方式的特点是由一方当事人自主决定并承担相应费用,其结果在法庭上具有一定的证明力。

(一) 单方申请鉴定的法律依据

单方申请鉴定的法律依据体现在我国《民事诉讼法》中,根据《民事诉讼法》的规定,当事人在诉讼过程中有权申请鉴定,以查明案件的专门性问题。这一规定为当事人单方申请鉴定提供了明确的法律依据,保障了当事人在诉讼中的举证权利。《刑事诉讼法》也对单方申请鉴定做出了相应规定,在刑事诉讼中,当事人同样有权申请对案件中的专门性问题进行鉴定。这不仅有助于查明案件事实,还能为当事人的辩护提供有力支持。除了民事诉讼法和刑事诉讼法,最高人民法院的相关司法解释也为单方申请鉴定提供了具体的操作指南。例如《最高人民法院关于民事诉讼证据的若干规定》中明确规定了当事人申请鉴定的条件和程序,以及鉴定结论的审查与认定等问题。这些规定为单方申请鉴定提供了更加细化的法律依据，确保了鉴定程序的公正性和合法性。司法部发布的《司法鉴定程序通则》也对单方申请鉴定做出了详细规定，该通则明确了司法鉴定的程序、标准和要求，为单方申请鉴定提供了行业规范和操作标准。同时通则还强调了司法鉴定机构的独立性和公正性，要求鉴定机构在接受单方申请时，必须严格遵守法律法规和职业道德规范，确保鉴定结论的客观性和公正性。

从更深层次的法律理念来看，单方申请鉴定的法律依据也体现了我国法律对当事人诉讼权利的尊重和保障。在诉讼过程中，当事人有权通过合法手段收集证据、证明自己的主张。单方申请鉴定作为当事人举证的一种方式，其法律依据的确立和完善，不仅有助于保障当事人的诉讼权利，还能促进司法公正和效率的实现。

（二）单方申请鉴定的程序要求

1. 提出申请

单方申请鉴定的首要步骤是由一方当事人向具有司法鉴定资质的机构正式提交书面鉴定申请。申请书应明确阐述鉴定的目的、要求和所依据的事实与理由。同时申请人需附上相关证据材料和涉案文书，以供鉴定机构进行全面审查。

2. 选择鉴定机构

在提交申请之前，申请人需要选择一家具有合法资质且信誉良好的鉴定机构。通常涉及到对鉴定机构的专业能力、技术设备、历史业绩以及社会信誉等方面的综合考量。选择合适的鉴定机构是确保鉴定结果准确性和公正性的关键。

3. 提交必要材料

除了鉴定申请书外，申请人还需提供与鉴定相关的所有必要材料。这些材料包括涉案文书的原件或复印件、相关证据、背景资料等。提交的材料应真实、完整，并经过适当认证，以确保鉴定机构能够基于准确的信息进行鉴定。

4. 鉴定机构审查

鉴定机构在收到申请和相关材料后，应进行全面审查。这一步骤旨在确认申请的合法性、材料的真实性以及鉴定的可行性。如果材料不全或存在疑问，鉴定机构有权要求申请人补充材料或进行进一步说明。

5. 组织专家进行鉴定

一旦申请和材料通过审查，鉴定机构将组织具有相关专业知识和经验的专家进行鉴定。这些专家将依据科学的方法和标准进行细致的分析和评估，以确保鉴定结论的准确性和客观性。

6. 出具鉴定意见

在完成鉴定后，鉴定机构将出具正式的鉴定意见。这份意见将详细阐述鉴定的过程、方法、结论以及相关的依据。鉴定意见应具有明确性、客观性和科学性，以便法院或其他相关机构能够依据其作出公正的裁决。

7. 提交鉴定意见

鉴定机构完成鉴定后，应将鉴定意见及时提交给申请人或法院。在提交时，鉴定机构应确保意见的完整性和保密性，以防止任何可能影响鉴定结果公正性的因素。

8. 对鉴定意见的审查和质证

在收到鉴定意见后，申请人或对方当事人有权对意见进行审查和质证。这一步骤旨在确保鉴定过程和结论的透明度和公正性。如果当事人对鉴定意见有异议，他们可以在法庭上提出质疑，并要求鉴定机构或专家进行解释和说明。

（三）单方申请鉴定的注意事项

1. 选择合法合规的鉴定机构

当事人在选择鉴定机构时，必须确保其具备从事司法鉴定业务的资质。在中国，合法的鉴定机构需要得到司法行政部门的认证，并持有有效的司法鉴定许可证。因此在选择鉴定机构时，应查验其相关资质证明，确保其合法性和专业性。

2. 确保材料的真实性和完整性

当事人提交给鉴定机构的材料必须真实、完整，不得有任何篡改或伪造。因为鉴定结论的准确性很大程度上取决于提交材料的真实性。如果材料存在虚假，不仅会导致鉴定结论的失真，还会涉及法律责任。

3. 明确鉴定目的和要求

在申请鉴定前，当事人应明确自己的鉴定目的和要求。这有助于鉴定机构更准确地理解委托人的需求，从而进行更有针对性的鉴定工作。模糊或不明确的鉴定要求会导致鉴定结论无法满足当事人的实际需求。

4. 尊重鉴定机构的独立性和专业性

鉴定机构在进行鉴定工作时应保持独立性，不受任何外部因素的干扰。当事人应尊重鉴定机构的独立性和专业性，不得试图通过不正当手段影响鉴定结论。

5. 注意保密义务

在鉴定过程中，当事人和鉴定机构都可能接触到涉及商业秘密或个人隐私的敏感信息。双方都应严格遵守保密义务，确保这些信息不被泄露给无关第三方。

6. 合理预期鉴定结论的局限性

鉴定结论虽然具有重要的证据价值，但其本身也存在一定的局限性和不确定性。当事人在使用鉴定结论时，应充分认识到这一点，并结合其他证据进行综合判断。

7. 准备支付鉴定费用

单方申请鉴定通常需要支付一定的费用，包括鉴定机构的服务费和专家咨询费等。当事人在申请鉴定前，应做好费用预算和准备，以确保鉴定工作的顺利进行。

8. 及时沟通并反馈

在鉴定过程中，当事人应与鉴定机构保持及时有效的沟通，及时反馈问题并寻求解决方案。这有助于确保鉴定工作的顺利进行，并最大限度地满足当事人的需求。

9. 对鉴定结论的异议处理

如果当事人对鉴定结论有异议,应通过合法途径提出质疑或申请重新鉴定。在中国,当事人有权向相关司法机关提出对鉴定结论的异议,并要求进行重新鉴定或补充鉴定。

单方申请鉴定作为司法鉴定程序的一种重要方式,对于查明案件事实、维护司法公正具有重要意义。然而在实际操作中,申请人应严格遵守相关法律法规和程序要求,确保鉴定结果的合法性和有效性。同时司法机关也应加强对单方申请鉴定的监督和指导,以保障司法鉴定工作的顺利进行。

二、法院依职权提出鉴定

法院依职权提出鉴定,在我国法律体系中有着坚实的法律依据。法院作为国家的审判机关,其职责是依法独立公正地行使审判权。在审理案件过程中,为了查明案件事实,法院有权采取各种合法的调查取证手段。而鉴定作为一种科学的证明方法,对于解决案件中的专门性问题具有重要意义。因此赋予法院依职权提出鉴定的权力,是确保其能够全面、客观地审查案件的需要。

(一)法院依职权提出鉴定的法律依据

从具体的法律依据来看,我国《民事诉讼法》以及相关的司法解释都明确规定了法院可以依职权进行鉴定。《民事诉讼法》中明确指出,人民法院认为审理案件需要的证据,包括鉴定意见等,应当调查收集。这就意味着,在民事诉讼中,法院有权根据需要主动提出鉴定。此外《最高人民法院关于适用〈中华人民共和国民事诉讼法〉的解释》也进一步细化了这一规定,明确法院在审理过程中可以依职权委托鉴定机构进行鉴定。

在刑事诉讼中,法院依职权提出鉴定的法律依据同样充分。我国《刑事诉讼法》规定,为了查明案情,在必要的时候,经公安机关负责人批准,可以进行侦查实验或者指派、聘请具有专门知识的人,在侦查人员的主持下进行侦查实验或者对涉案的专业性问题进行鉴定。虽然这一规定主要针对的是侦查阶段，但法院在审理刑事案件时，同样可以借鉴这一原则，依职权提出鉴定以查明案件事实。除了民事诉讼法和刑事诉讼法，其他相关法律和司法解释也为法院依职权提出鉴定提供了支持。例如《最高人民法院关于民事诉讼证据的若干规定》中就明确提到，人民法院认为有必要的，可以根据当事人的申请或者依职权进行鉴定。这一规定进一步强调了法院在鉴定程序中的主导地位和主动性。值得注意的是，法院依职权提出鉴定并非随意而为，而是必须遵循严格的法律程序和原则。法院在提出鉴定时，应当明确鉴定的目的、要求和所依据的事实与理由，并确保鉴定的公正性、科学性和准确性。同时法院还应当尊重当事人的诉讼权利，允许其对鉴定机构和鉴定人进行选择或提出异议。

（二）法院依职权提出鉴定的适用情形

在司法实践中，法院依职权提出鉴定通常是在特定情形下进行的。这些情形多数涉及案件的复杂性、证据的技术性或专业性，以及当事人无法自行获取或理解的专业信息。以下将详细探讨法院依职权提出鉴定的几种主要适用情形。

1. 案件涉及高度技术性或专业性问题

当案件中涉及的技术性或专业性问题超出了普通人的理解范围时，法院会依职权提出鉴定。例如在医疗事故、产品质量、环境污染等案件中，往往涉及复杂的医学、化学、工程学等专业知识。这些专业知识的解读和理解对于案件的公正审理至关重要。此时法院可以依职权委托相关领域的专家进行鉴定，以确保案件得到科学、公正的审理。

2. 当事人无能力或不愿意提出鉴定申请

在某些情况下，当事人由于经济、法律知识或其他原因，无法或不愿意提出鉴定申请。这时为了查明案件事实，确保审判的公正性，法院可以依职权主动提出鉴定。特别是在涉及弱势群体或公共利益的案件中，法院的这一做法更能体现司法公正和人文关怀。

3. 案件涉及重大社会利益或公共利益

当案件涉及重大社会利益或公共利益时，如涉及国家安全、环境保护、食品安全等领域的案件，法院会更加积极地依职权提出鉴定。因为这类案件的审理结果不仅关系到当事人的利益，更关系到整个社会的福祉和安全。通过专业的鉴定，可以更加科学、准确地认定案件事实，从而作出更加公正、合理的判决。

4. 法院认为鉴定对查明案件事实至关重要

在某些复杂或疑难案件中，法院认为鉴定对查明案件事实至关重要。这种情况下，即使当事人没有提出鉴定申请，法院也可以依职权主动提出鉴定。法院的职责是查明案件事实，确保审判的公正性和准确性。而鉴定作为一种科学的证明方法，可以有效地帮助法院查明案件事实，作出公正的判决。

5. 当事人提出的鉴定申请存在争议或不足

当当事人提出的鉴定申请存在争议或不足时，例如当事人对鉴定机构或鉴定人的选择存在分歧，或者鉴定申请的内容不够明确、具体时，法院可以依职权进行补充或重新提出鉴定申请。这样做可以确保鉴定的公正性和准确性，避免由于鉴定问题而导致的审判不公或延误。

（三）法院依职权提出鉴定的程序要求

在司法审判中，当法院认为需要依职权提出鉴定时，必须遵循严格的程序要求，以确保鉴定的公正性、科学性和法律效力。以下将详细阐述法院依职权提出鉴定的程序要求。

1. 鉴定前的准备与审查

在决定依职权提出鉴定之前，法院应对案件进行全面审查，明确鉴定的必要性和可行性。法院需要评估案件中的专业问题是否确实需要通过鉴定来解决，以及是否有合适的鉴定机构和专家能够承担这一任务。此外法院还应审查相关的法律法规，确保鉴定的提出符合法律程序和规定。

2. 确定鉴定机构和鉴定人

法院在依职权提出鉴定时，应慎重选择鉴定机构和鉴定人。鉴定机构应具备相应的资质和认证，确保其具备进行专业鉴定的能力和公信力。鉴定人则应具备相关的专业知识和经验，以保证鉴定结果的准确性和可靠性。在选择过程中，法院可以借鉴先前的案例、咨询专家意见或进行市场调研，以确保选定的鉴定机构和鉴定人具备相应的专业水准。

3. 通知当事人并听取意见

在决定依职权提出鉴定后，法院应及时通知案件当事人，并详细说明鉴定的目的、要求和程序。同时法院应给予当事人合理的时间提出异议或建议。这既体现了对当事人诉讼权利的尊重，也有助于确保鉴定程序的公正性和透明度。

4. 制定详细的鉴定计划和方案

在进行鉴定前，法院应与鉴定机构和鉴定人共同制定详细的鉴定计划和方案。这包括鉴定的具体时间、地点、方法以及所需材料和设备等。通过制定详细的计划和方案，确保鉴定的有序进行，提高鉴定的效率和准确性。

5. 监督鉴定过程并确保其公正性

在鉴定过程中，法院应派遣工作人员或指定专人进行监督，确保鉴定机构和鉴定人按照既定的计划和方案进行操作。同时法院还应确保鉴定的公正性，防止任何形式的徇私舞弊或不当干预，这有助于维护鉴定的公信力和法律效力。

6. 审查并采纳鉴定结果

在鉴定完成后，法院应对鉴定结果进行全面审查。包括对鉴定方法和过程的合理性、鉴定结论的科学性和准确性等方面进行评估。在确认鉴定结果无误后，法院可以将其作为重要证据采纳，并结合其他证据对案件进行综合判断。

7. 保障当事人的救济权利

如果当事人对鉴定结果有异议，法院应提供相应的救济途径。包括允许当事人提出重新鉴定的申请、组织专家对鉴定结果进行复核等。通过保障当事人的救济权利，进一步增强鉴定结果的公信力和可接受性。

（四）对法院依职权提出鉴定的监督与制约

法院依职权提出鉴定是司法程序中的一项重要权力，但这项权力的行使也必须受到严格的监督和制约，以防止权力的滥用和确保司法公正。

1. 内部监督机制

法院系统内部应建立一套完善的监督机制，确保法官在提出鉴定时遵循法律规定和程序要求。法院内部的监察部门应对鉴定程序的启动、实施及鉴定结果的使用进行全程监督，确保法官不滥用职权。上级法院应对下级法院的鉴定活动进行定期检查，对于发现的违规行为及时予以纠正，并对相关责任人进行问责。

2. 外部监督机制

除了法院系统内部的监督外，还应加强外部监督。检察机关作为法律监督机关，有权对法院的鉴定活动进行监督。检察机关可以对法院依职权提出的鉴定进行审查，确保其合法性和合理性。同时社会公众和媒体也应发挥监督作用，对法院的鉴定活动进行关注和报道，提高司法透明度。

3. 法律制约

通过完善相关法律法规，对法院依职权提出鉴定的权力进行明确界定。法律规定应明确鉴定的启动条件、程序要求以及违反规定的法律后果，从而为法官行使权力提供明确的法律指引。同时对于滥用职权、违反程序规定的法官，依法追究其法律责任。

4. 当事人权利保障

当事人在鉴定过程中应享有充分的权利保障，以制约法院的权力。当事人有权对鉴定机构和鉴定人的选择提出建议，对鉴定过程进行监督，并对鉴定结果提出异议。法院应充分尊重当事人的权利，对于当事人的合理诉求应予以采纳。

5. 建立信息共享和公开机制

通过建立信息共享和公开机制，增强法院鉴定活动的透明度。法院应及时向当事人和社会公众公开鉴定的相关信息，包括鉴定的目的、方法、过程和结果等。有助于消除信息不对称，增强公众对法院鉴定活动的信任度。

6. 加强鉴定机构和鉴定人的管理

鉴定机构和鉴定人在鉴定活动中扮演着重要角色，他们的专业素养和职业道德直接影响到鉴定结果的准确性和公正性。因此加强对鉴定机构和鉴定人的管理，提高他们的专业素养和职业道德水平。对于违反规定的鉴定机构和鉴定人，依法进行处罚，甚至取消其鉴定资格。

法院依职权提出鉴定作为文书鉴定程序的一种启动方式，虽然在实践中相对较少见，但在某些特定案件中却具有不可替代的重要作用。通过明确法律依据、适用情形和程序要求等方面的规定，确保这一制度的合理运用和有效实施。同时加强对法院依职权提出鉴定行为的监督和制约也是保障司法鉴定程序公正性和准确性的关键环节。

第二节 鉴定程序的实施

一、明确鉴定事项

在进行文书鉴定之前，需要明确鉴定的具体事项。这是整个鉴定程序的基础，也是确保鉴定结果针对性和准确性的关键。明确鉴定事项不仅可以帮助鉴定人员更好地理解案件背景和需求，还可以为后续的技术应用和结论形成提供明确的方向。

（一）确定鉴定目的和要求

确定鉴定目的意味着要明确鉴定的核心目标和期望达到的效果，在文书鉴定中，目的涉及确认文书的真伪、辨识文书的制作时间、确认文书的制作者等。这些目的的确立，需要综合考虑案件的具体情况和法律程序的需求。例如在涉及合同纠纷的案件中，鉴定目的主要是确认合同文书的真实性，以判断合同是否有效；而在涉及遗产继承的案件中，鉴定目的则更侧重于确认遗嘱的制作时间和制作者，以确定遗嘱的合法性。鉴定要求是对鉴定过程的具体规定和约束，包括鉴定的技术标准、操作流程、时间安排等方面的要求。鉴定要求的明确，有助于确保鉴定过程的规范性和科学性，从而提高鉴定结果的可靠性。例如对于文书真伪的鉴定，要求采用特定的技术手段进行比对分析，或者在规定的时间内完成鉴定工作。这些要求的制定，都是为了保证鉴定结果能够满足法律程序的需要。

　　在确定鉴定目的和要求的过程中，还需要充分考虑案件的具体情况和法律环境。不同的案件类型、不同的法律程序，都对鉴定目的和要求产生不同的影响。因此鉴定人员要具备丰富的法律知识和实践经验，以便能够准确地把握鉴定目的和要求，为后续的鉴定工作奠定坚实的基础。与委托方的充分沟通也是确定鉴定目的和要求的重要环节，鉴定人员要详细了解委托方的期望和需求，以及案件的具体背景和情况。通过充分的沟通，确保双方对鉴定目的和要求有共同的理解，从而避免在后续鉴定过程中出现误解或偏差。在确定鉴定目的和要求的过程中，还要注意遵循科学、客观、公正的原则。鉴定人员不能受到任何外部因素的干扰，必须根据案件事实和法律规定，独立、客观地确定鉴定目的和要求。同时鉴定人员还要不断学习和更新自己的知识，以适应不断变化的法律环境和技术要求。

　　（二）了解案件背景和文书情况

　　了解案件背景对于鉴定人员来说是必不可少的，案件背景通常包括案件的性质、涉案人员、案件发生的时间和地点等关键信息。这些信息能够帮助鉴定人员更好地理解文书的产生环境和可能的动机。例如在一起合同纠纷案件中，了解合同签订的背景、双方当事人的关系以及合同履行过程中的具体情况，有助于鉴定人员判断合同文书的真实性和合法性。深入了解文书情况也是明确鉴定事项的重要一环，文书情况包括文书的种类、格式、内容以及可能的制作方式等。不同类型的文书，如合同、遗嘱、借据等，其鉴定要点和方法可能有所不同。通过仔细阅读和分析文书内容，鉴定人员可以初步判断文书的真实性和制作时间，并发现其中可能存在的疑点或矛盾之处。在了解案件背景和文书情况的过程中，鉴定人员需要保持客观、中立的态度，不受任何外部因素的影响。应该根据案件事实和法律规定，独立地进行分析和判断。同时鉴定人员还需要具备丰富的专业知识和实践经验，以便能够准确地识别文书中的关键信息和潜在问题。此外了解案件背景和文书情况还有助于鉴定人员选择合适的鉴定方法和技术手段，不同的案件和文书类型需要采用不同的鉴定方法，如笔迹比对、墨水分析、纸张分析等。通过充分了解案件背景和文书情况，鉴定人员可以更加有针对性地选择适合的鉴定方法，从而提高鉴定的准确性和效率。

了解案件背景和文书情况的过程并非一蹴而就，需要鉴定人员不断深入研究和探索的过程。在鉴定过程中，鉴定人员要根据新的发现和线索不断调整自己的判断和分析。这一步骤需要鉴定人员具备扎实的专业知识、敏锐的观察力和严谨的逻辑思维能力。

（三）与委托方沟通确认

与委托方进行沟通确认有助于消除双方之间的信息不对称，鉴定人员需要充分了解委托方的具体需求和期望，以便更好地为其提供定制化的鉴定服务。通过沟通，鉴定人员可以明确委托方关注的重点，比如文书的真伪、制作时间等，从而确保鉴定工作能够精准对接委托方的实际需求。沟通确认过程也是建立双方信任和合作基础的重要环节，在这一过程中，鉴定人员需向委托方详细解释鉴定的流程、方法、技术依据等，以增强委托方对鉴定工作的理解和信任。同时通过回答委托方的疑问和解释鉴定结果，减少后续因误解或信息不对称而产生的纠纷。

在与委托方沟通确认的过程中，鉴定人员还需要特别注意保护委托方的隐私和商业秘密。他们应该严格遵守职业道德和法律规定，确保委托方提供的信息和材料不被泄露或滥用。双方还需就鉴定的具体细节进行确认，包括鉴定的时间表、费用预算、交付方式等。通过明确这些细节，确保鉴定工作按照计划进行，避免因沟通不畅而导致的延误或额外费用。在沟通过程中，鉴定人员还应向委托方明确鉴定结果的法律效力和使用方式。他们需要解释鉴定报告的法律地位，以及在法律程序中如何作为证据使用。帮助委托方更好地理解和利用鉴定结果，提高其在法律程序中的效力。沟通确认也是双方建立反馈机制的重要环节，鉴定人员应鼓励委托方在鉴定过程中提出问题和建议，以便及时调整鉴定方案，确保鉴定结果的准确性和可靠性。互动式的沟通方式不仅可以提高鉴定工作的透明度，还能增强双方的合作意愿和满意度。为了确保沟通确认的有效性，鉴定人员应采用书面形式记录双方达成的共识和约定。这可以作为双方合作的法律依据，也可以在后续的法律程序中作为重要证据。通过书面的沟通确认记录，确保双方在鉴定过程中始终保持一致的理解和期望。

明确鉴定事项是文书鉴定程序的第一步，也是确保鉴定结果准确性和公正性的基础。通过明确鉴定目的和要求、了解案件背景和文书情况以及与委托方的沟通确认，可以为后续的鉴定工作奠定坚实的基础。

二、拟定鉴定方案

拟定鉴定方案是文书鉴定程序中的关键环节，它直接关系到鉴定的质量和效率。一个科学、合理的鉴定方案能够指导鉴定人员有序地进行工作，减少盲目性和随意性，从而提高鉴定的准确性和可靠性。

（一）确定鉴定方法和技术

确定鉴定方法和技术需要基于充分的案件分析和文书审查，鉴定人员应详细了解案件背景，包括文书的产生环境、目的以及可能的争议点。同时还需对文书本身进行深入的分析，如纸张、墨水、笔迹等特征，以便为后续的鉴定工作提供有力的依据。

在选择鉴定方法和技术时，鉴定人员应遵循科学、客观、公正的原则。应根据文书的特性和案件的具体需求,选择最适合的方法和技术。例如对于笔迹鉴定,可以采用比对分析法,通过对比检材笔迹与样本笔迹的相似性和差异性,来判断检材笔迹的真实性。而对于文书制作时间的鉴定,则需要采用更为复杂的化学或物理分析方法。鉴定人员还需要关注新技术的发展和应用,随着科技的进步,越来越多的高科技手段被引入到司法鉴定领域。例如人工智能和机器学习等技术可以帮助鉴定人员更高效地处理和分析大量的文书数据,从而提高鉴定的准确性和效率。在确定鉴定方法和技术的过程中,鉴定人员还应充分考虑到存在的风险和挑战。需要对所选方法和技术进行充分的评估和测试,确保其在实际应用中的可行性和可靠性。同时制定应对突发情况的预案,以便在鉴定过程中遇到问题时能够及时有效地解决。

除了以上提到的因素外,鉴定人员之间的交流与协作也是确定鉴定方法和技术的重要环节。在面对复杂或疑难案件时,鉴定人员可以通过讨论和分享经验来共同确定最佳的方法和技术路线。这种团队协作的方式不仅可以提高鉴定的准确性和效率,还有助于培养鉴定人员的专业素养和团队协作能力。在确定鉴定方法和技术后,鉴定人员还需要进行充分的实验和验证工作。他们应严格按照所选方法和技术进行实验操作,并记录详细的实验过程和结果。通过这些实验数据和分析结果,鉴定人员可以进一步验证所选方法和技术的科学性和实用性,为后续的法律程序提供有力的证据支持。

(二)制定鉴定流程和时间表

制定鉴定流程需要综合考虑多个方面,鉴定人员应根据鉴定事项的具体内容,将鉴定过程分解为若干个关键步骤,并为每个步骤设定明确的目标和要求。例如在笔迹鉴定中,流程包括收集笔迹样本、预处理样本、特征提取、比对分析等步骤。每个步骤都需要详细规划,确保操作规范、数据准确。在制定流程时,鉴定人员应特别注意的交叉污染和证据完整性问题。他们需要确保在鉴定过程中,检材和样本不会受到污染或损坏,同时保持证据链的完整性,以便在必要时能够提供法庭所需的完整证据。制定时间表是确保鉴定工作按时完成的重要环节，鉴定人员应根据每个步骤的复杂性和工作量，为整个鉴定过程设定合理的时间范围。包括为每个关键步骤分配具体的工作日和时长，以及设定整体鉴定的预计完成时间。在制定时间表时，鉴定人员需要充分考虑各种可能的影响因素，如设备故障、人员变动、样本获取难度等，以确保时间表的可行性和灵活性。同时还应根据实际情况及时调整时间表，确保鉴定工作能够按照既定目标顺利进行。

制定鉴定流程和时间表还需要与委托方进行充分的沟通和确认，鉴定人员应向委托方详细解释流程和时间表的制定依据和目的，以及存在的风险和不确定性。通过与委托方的有效沟通，确保双方对鉴定工作的期望和要求达成一致，减少后续可能出现的误解和纠纷。在实施鉴定流程和时间表的过程中，鉴定人员还应保持严谨的工作态度和高度的责任感。他们需要严格按照流程和时间表进行工作，确保每个步骤都得到充分实施和检查。同时还应及时记录和汇报工作进展，以便委托方和相关部门能够及时了解鉴定工作的最新动态。

表 2—1　　　　简化的文书司法鉴定流程与时间表

步骤编号	鉴定流程	时间安排	备注
1	接收并审核鉴定委托	第 1 天	确认委托内容、检材和样本的完整性
2	制定鉴定方案	第 2 天	根据委托内容确定具体的鉴定方法和技术
3	检材与样本预处理	第 3—4 天	如需要，对检材和样本进行适当的处理
4	进行初步分析	第 5—7 天	提取关键特征，进行初步比对或分析

续表

步骤编号	鉴定流程	时间安排	备注
5	深入分析与比对	第8—14天	使用专业设备和技术进行深入的比对分析
6	撰写鉴定报告	第15—16天	根据分析结果，撰写详细的鉴定报告
7	审核与修改鉴定报告	第17天	由资深鉴定师或团队领导审核报告
8	提交鉴定报告	第18天	将鉴定报告提交给委托方
9	后续沟通与答疑	第19—20天	与委托方进行沟通，解答相关问题

（三）分配鉴定人员和资源

分配鉴定人员时，要考虑人员的专业能力和经验。司法鉴定是一项高度专业化的工作，要求鉴定人员具备扎实的专业知识、丰富的实践经验和敏锐的观察力。在分配鉴定人员时，应根据他们的专业背景、技能水平和以往的工作表现来进行合理搭配。例如对于复杂的文书鉴定任务，可以安排经验丰富的资深鉴定师负责，同时配备助手或实习生协助处理基础性工作，以实现人力资源的最优配置。

资源分配也是至关重要的，资源包括实验设备、技术资料、外部专家支持等。先进的实验设备能够提高鉴定的准确性和效率，因此在分配资源时要确保鉴定团队拥有必要的仪器设备，并定期进行维护和更新。技术资料方面，要确保鉴定人员能够及时获取到最新的行业动态、技术标准和研究成果，以便不断提升自身的专业水平。此外对于一些特殊或复杂的鉴定任务，需要借助外部专家的知识和经验，因此在分配资源时也要考虑到这一方面的需求。

在分配鉴定人员和资源的过程中，还需要注重团队协作和沟通。一个高效的鉴定团队不仅需要各个成员具备强大的个人能力，更需要成员之间的密切配合和有效沟通。在分配人员和资源时，要充分考虑团队成员之间的性格、技能互补性等因素，以打造一个和谐、高效的鉴定团队。同时要定期组织团队成员进行交流和分享，以促进知识共享和经验传承。分配鉴定人员和资源时还要考虑到成本效益，司法鉴定工作往往需要投入大量的人力、物力和财力资源，因此在分配过程中要充分考虑资源的利用效率和经济性。例如根据鉴定任务的紧急程度和重要性来合理安排人员的工作时间和设备的使用时间，以避免资源的浪费。同时要注重对鉴定人员的培训和激励，提高他们的工作积极性和创新能力，从而实现资源价值的最大化。分配鉴定人员和资源还需要根据实际情况进行动态调整，由于司法鉴定工作的复杂性和多变性，会遇到各种预料之外的情况和问题。因此在分配过程中要保持灵活性和敏锐性，根据实际情况及时调整人员和资源的配置方案。

（四）确立质量控制措施

一是建立健全的质量管理体系，包括制定详细的鉴定流程和操作规范，明确每个环节的质量标准和责任人，确保所有鉴定工作都按照既定的流程和规范进行。同时设立专门的质量管理部门或质量监督员，对整个鉴定过程进行全程监控和督导，及时发现并纠正可能存在的问题。二是加强鉴定人员的培训和管理，鉴定人员的专业水平和职业素养直接影响鉴定结果的质量。定期组织鉴定人员进行专业技能培训和职业道德教育，提高他们的业务能力和责任意识。同时建立完善的考核和激励机制，对表现优秀的鉴定人员给予奖励，对不符合要求的鉴定人员进行约谈和调整。三是实施严格的样品管理和记录控制，样品的真实性和完整性是鉴定结果准确性的基础。建立完善的样品接收、保管、使用和处置流程，确保样品的真实性和可追溯性。同时对鉴定过程中的所有操作和结果进行详细记录，以便后续复查和追溯。四是采用先进的技术和设备也是提高鉴定质量的重要手段，随着科技的发展，新的鉴定技术和设备不断涌现，为提高鉴定结果的准确性和效率提供了有力支持。关注行业动态，及时更新技术和设备，确保鉴定工作的科学性和先进性。五是建立有效的反馈和持续改进机制，通过定期收集客户反馈、开展内部审核和管理评审等方式，及时发现鉴定过程中存在的问题和不足，并制定相应的改进措施。

拟定科学、合理的鉴定方案是确保文书鉴定程序有效实施的重要前提。通过明确鉴定方法和技术、制定详细的鉴定流程和时间表、合理分配鉴定人员和资源、确立质量控制措施以及制定风险应对策略等步骤，可以构建一个系统、规范的鉴定工作框架。不仅有助于提高鉴定的准确性和效率性，还能为后续的法律诉讼或纠纷解决提供有力的证据支持。

三、启动并完成鉴定

鉴定的启动和完成是整个鉴定程序的起点和终点，对于确保鉴定的有效性和公正性具有重要意义。鉴定的启动通常由相关机构或当事人提出申请，而鉴定的完成则标志着整个鉴定过程的结束和鉴定意见的出具。

（一）鉴定程序的启动

1. 提出申请：鉴定的启动通常由需要鉴定的机构、当事人或其代理人向司法鉴定机构提出申请。申请时应明确鉴定的目的、要求和所涉及的问题，并提供必要的鉴定材料和相关信息。

2. 受理审查：司法鉴定机构在收到申请后，对申请进行审查。审查内容包括申请的合法性、鉴定材料的真实性和完整性，以及鉴定要求是否符合机构的专业范围和鉴定能力。

3. 确定鉴定人和组成鉴定组：经审查合格后，司法鉴定机构应根据鉴定的复杂性和专业性，选定合适的鉴定人或组织专家鉴定组进行鉴定。

（二）鉴定程序的完成

1. 实施鉴定：鉴定人或鉴定组在接到任务后，应按照科学的方法和程序进行鉴定。包括对鉴定材料的详细分析、比对和检验，以及必要的实验和调查工作。

2. 出具鉴定意见：在完成鉴定后，鉴定人或鉴定组应根据鉴定结果出具详细的鉴定意见。鉴定意见应客观、公正，并基于充分的科学依据。

3. 审核与签发：鉴定意见在出具前，应经过严格的内部审核程序，确保其准确性和完整性。审核通过后，由司法鉴定机构的负责人签发，并加盖机构公章，以确保其法律效力。

启动并完成鉴定是司法鉴定程序中至关重要的环节，它要求鉴定人员遵循严格的程序和规范，确保鉴定的科学性、客观性和公正性。只有通过规范的启动和完成程序，才能得出具有法律效力的鉴定意见，为司法活动提供有力的证据支持。同时也体现了司法鉴定在维护社会公平正义中的重要作用。

第三节 鉴定的特殊环节

一、重新鉴定与补充鉴定

在司法鉴定实践中，由于各种原因，需要对已经完成的鉴定进行再次审查或补充。重新鉴定通常是由于原鉴定存在重大疑问或争议，需要进行全面复查；而补充鉴定则是在原鉴定基础上，对某些未尽事宜或新发现的问题进行进一步的鉴定。这两个环节对于确保鉴定结果的准确性和完整性具有重要意义。

（一）重新鉴定的情形与程序

1. 重新鉴定的情形

重新鉴定的情形通常涉及以下几个方面：

（1）原鉴定结论存在明显错误

当原鉴定结论在事实认定、逻辑推理或法律依据上存在显著错误时，需要进行重新鉴定。这种错误源于鉴定人员的疏忽、专业知识不足或是对鉴定材料的误解。例如在文书鉴定中，如果原鉴定对文书的真伪、形成时间等关键信息判断失误，就会引发重新鉴定。

（2）鉴定程序严重违法

如果原鉴定过程中存在程序违法情况，如鉴定人员未遵循规定的鉴定流程、未保障当事人的合法权益等，那么该鉴定结论的合法性和有效性就会受到质疑。在这种情况下，为了维护司法公正，需要重新进行鉴定。

（3）鉴定材料有重大遗漏或虚假

鉴定材料的完整性和真实性是鉴定结论准确性的基础，如果后来发现原鉴定所依据的材料存在重大遗漏或是虚假的，那么原鉴定结论的可靠性就会大打折扣。此时需要重新鉴定以纠正可能因此产生的错误结论。

（4）出现新的关键证据

在初次鉴定后，出现新的关键证据，这些证据对原鉴定结论产生重大影响，那么也需要进行重新鉴定。新证据的出现会改变原有的事实认定，从而对鉴定结论产生颠覆性的影响。

2. 重新鉴定的程序

重新鉴定的程序通常遵循以下步骤：

（1）提出申请

当事人或相关机构在发现需要重新鉴定的情形后，向有管辖权的法院或鉴定机构提出重新鉴定的申请。申请中详细说明重新鉴定的理由和依据，并提供相关证据材料。

（2）审查申请

法院或鉴定机构在收到申请后，对其进行审查。审查过程中，核实申请人提供的证据和理由，评估原鉴定结论是否存在上述问题。如果审查认为确实需要重新鉴定，将作出重新鉴定的决定。

（3）选定鉴定机构和人员

决定重新鉴定后，选定具有相应资质和能力的鉴定机构和人员。通常通过摇号、抽签或其他公开透明的方式进行，以确保鉴定的公正性和权威性。

（4）进行重新鉴定

选定的鉴定机构和人员将按照规定的程序和方法进行重新鉴定，包括对原鉴定材料的复查、新证据的审查以及必要的实验和分析等。重新鉴定的过程应严格遵循科学原理和法律规定，确保结论的准确性和公正性。

（5）出具重新鉴定结论

在完成重新鉴定后，鉴定机构和人员应出具详细的鉴定结论报告。该报告将作为法院或相关机构处理案件的重要依据。如果重新鉴定结论与原鉴定结论存在显著差异，将可能对案件的最终结果产生重大影响。

（二）补充鉴定的需要与流程

1. 补充鉴定的需要

补充鉴定的需要由以下几种情况触发：

（1）初次鉴定信息不完整

在初次鉴定过程中，由于各种原因，如证据材料的缺失、鉴定技术的限制等，导致鉴定结果不完整或存在疑问。此时为完善鉴定结论，就需要进行补充鉴定，对初次鉴定中未涉及或未明确的问题进行深入分析。

（2）新证据的出现

在初次鉴定后，如果出现新的证据材料，这些新材料对原鉴定结论产生影响，甚至改变原有的事实认定。为了准确反映案件事实，需对新证据进行补充鉴定。

（3）对初次鉴定结果的细化需求

在某些情况下，虽然初次鉴定已经得出了一定的结论，但为了更精确地了解案件事实，需要对初次鉴定的结果进行进一步的细化和明确。例如在文书鉴定中，需要进一步确定文书的形成时间、书写工具等细节问题。此时也需要进行补充鉴定。

2. 补充鉴定的流程

补充鉴定的流程通常包括以下几个步骤：

（1）确定补充鉴定的需求

在初次鉴定完成后，鉴定机构或法院会根据案件需要和当事人申请，确定是否需要进行补充鉴定。如果需要，将明确补充鉴定的具体问题和目标。

(2) 提交补充鉴定申请

当事人或相关机构在确定需要进行补充鉴定后，向鉴定机构提交补充鉴定的申请。申请中明确说明需要补充鉴定的具体问题、理由和依据，并提供相关的证据材料。

(3) 审查与受理

鉴定机构在收到补充鉴定申请后，会对申请进行审查。主要审查申请的理由是否充分、是否需要补充鉴定以及补充鉴定的可行性等。如果审查通过，鉴定机构将受理补充鉴定申请。

(4) 进行补充鉴定

受理申请后，鉴定机构将组织专家进行补充鉴定。补充鉴定的过程包括重新检查原有的证据材料、分析新出现的证据、进行必要的实验和检测等。在补充鉴定过程中，鉴定人员应遵循科学、客观、公正的原则，确保鉴定结果的准确性和公正性。

(5) 出具补充鉴定意见

在完成补充鉴定后，鉴定机构出具补充鉴定意见。该意见将详细说明补充鉴定的过程、方法、结果和结论，为法院或相关机构提供重要的参考依据。同时补充鉴定意见也将作为案件证据的一部分，用于支持或反驳相关主张。

重新鉴定和补充鉴定是司法鉴定程序中的重要环节，它们旨在纠正原鉴定中存在的错误或遗漏，确保鉴定结果的准确性和公正性。在实际操作中，应严格遵循相关法律法规和鉴定程序，确保这两个环节的合法性和有效性。同时鉴定机构和鉴定人员应具备高度的专业素养和责任心，以维护司法鉴定的公信力和权威性。

二、处理意见不一致的情形

在文书鉴定实践中，尽管鉴定人员都力求客观、公正地进行鉴定，但由于个人经验、知识背景和判断依据的差异，有时会出现鉴定人员之间意见不一致的情形。这种不一致性会对鉴定结果的准确性和公信力产生影响，因此需要建立有效的处理机制来应对这一问题。

（一）意见不一致的原因分析

个人经验与知识的差异是导致鉴定意见不一致的重要原因之一，鉴定工作是一项高度专业化的活动，需要鉴定人员具备丰富的专业知识和实践经验。然而每位鉴定人员的专业背景、从业年限以及所接触案例的多样性都存在差异。这种差异使得鉴定人员在面对相同的文书材料时，因其对专业知识的理解和运用不同，而导致对文书的解读和判断产生分歧。例如在鉴定一份手写遗嘱时，经验丰富的鉴定人员更能够识别出字迹的微妙变化，而经验较少的鉴定人员更注重整体布局和笔迹的基本特征。鉴定方法和依据的不同也是导致意见不一致的原因，在文书鉴定中，存在多种鉴定方法和技术手段，如笔迹比对、墨水分析、纸张分析等。不同的鉴定人员偏好或擅长使用不同的方法进行鉴定。同时鉴定过程中依据的标准和规范也存在差异。这些不同的方法和依据导致鉴定人员在分析同一份文书时得出不同的结论。例如在鉴定一份合同的真实性时，有的鉴定人员更注重笔迹的比对结果，而有的则更看重纸张和墨水的分析结果。

主观判断的影响也不容忽视，尽管鉴定工作力求客观公正，但在实际操作中，鉴定人员的主观判断仍然在一定程度上影响着鉴定结果。这种主观性源于鉴定人员对案件背景的了解程度、对证据材料的解读方式以及对相关法律法规的理解等。由于每个人的主观认知不同，因此在面对相同的证据材料时，不同的鉴定人员会得出不同的结论。例如在鉴定一份涉及经济纠纷的合同时，鉴定人员对合同中某些条款的理解存在差异，从而导致对合同真实性的判断不一致。沟通不充分也会导致鉴定意见不一致。在文书鉴定过程中，鉴定人员之间需要进行充分的沟通和交流，以确保对案件材料和鉴定方法的理解一致。然而在实际操作中，由于时间紧迫、任务繁重或其他原因，鉴定人员未能充分沟通就急于下结论。这种情况下，由于各自对案件材料和鉴定方法的理解存在差异，导致最终的鉴定意见不一致。

（二）处理意见不一致的策略

在文书司法鉴定中，处理鉴定人员之间意见不一致的情况至关重要，它不仅关系到鉴定的准确性和公正性，还直接影响到司法程序的顺利进行。以下是处理意见不一致的有效策略。

1. 建立充分的讨论与协商机制

当出现意见不一致时，首要策略是组织鉴定人员进行充分的讨论与协商。这一过程中，每位鉴定人员都应详细阐述自己的鉴定依据、方法和结论，并倾听他人的观点。通过开放、平等的交流，增进彼此之间的理解，发现差异点并寻求共识。讨论协商的过程应记录在案，以便后续参考和审查。

2. 引入专家咨询或第三方评估

如果经过讨论协商仍无法达成一致意见，可以考虑引入专家咨询或第三方评估。专家或第三方具有更高的专业水平和中立性，能够对争议点进行客观、公正的评估。他们的意见往往能为解决争议提供重要参考，甚至促成鉴定人员之间的共识。

3. 制定明确的鉴定流程和规范

为减少鉴定过程中的主观性和随意性，应制定和完善统一的鉴定流程和规范。这些流程和规范应明确鉴定的步骤、方法、标准和要求，确保每位鉴定人员都遵循相同的准则进行工作。通过标准化操作，降低因个人差异导致的意见不一致情况。

4. 加强鉴定人员的专业素养培训

提高鉴定人员的专业素养是减少意见不一致的关键，定期组织专业培训和教育活动，使鉴定人员不断更新知识、提高技能，并增强对鉴定工作的责任感和使命感。专业素养的提升有助于鉴定人员在面对复杂情况时作出更准确、更一致的判断。

5. 设立层级审核机制

在鉴定过程中，设立层级审核机制，即初级鉴定人员的结论需要经过高级鉴定人员或专家的审核。这种机制可以及时发现并纠正初级鉴定人员出现的错误或偏差，确保鉴定结论的准确性和一致性。

6. 采用科技手段辅助鉴定

随着科技的发展，越来越多的技术手段可以应用于文书司法鉴定中。例如利用图像处理、人工智能等技术手段对文书进行自动化分析和比对，提高鉴定的准确性和效率。这些科技手段的引入可以在一定程度上减少人为因素导致的意见不一致。

7. 建立完善的反馈和申诉机制

当鉴定意见不一致导致当事人对鉴定结果产生异议时，建立完善的反馈和申诉机制。当事人可以向相关部门提出申诉，要求重新鉴定或进行复核。这种机制可以保障当事人的合法权益，同时也有助于发现并解决鉴定过程中可能存在的问题。

处理文书鉴定中意见不一致的情形是确保鉴定结果准确性和公信力的关键环节，通过建立有效的处理机制、加强鉴定人员的专业素养培训、完善鉴定流程和规范等措施，可以更好地应对这一问题，提升文书鉴定的整体质量和水平。同时这也体现了司法鉴定领域对于专业性和公正性的不懈追求。

第四节 鉴定意见的质证与认证

一、鉴定意见书的质证

鉴定意见书是文书鉴定程序的重要成果，它详细记录了鉴定的过程、方法、分析和结论。然而鉴定意见书并非不可质疑的权威结论，而是需要经过严格的质证程序来验证其真实性和可靠性。质证是法律程序中不可或缺的一环,旨在确保鉴定意见的公正性、科学性和准确性。

(一)质证的目的与意义

在司法鉴定程序中,质证是一个极为关键的环节,它不仅涉及法律程序的正当性,更直接关系到鉴定意见的真实性和可靠性。

质证的首要目的在于验证鉴定过程的合规性,司法鉴定是一项严肃且要求精确的工作,其鉴定过程必须严格遵守相关法律法规和程序规定。通过质证,可以深入审查鉴定过程是否严格遵循了法定的程序和步骤,是否存在任何违规操作或程序上的瑕疵。这种审查不仅是对鉴定人员工作的一种监督,更是对法律程序正当性的一种维护。只有当鉴定过程符合法律规定,其得出的鉴定意见才具有法律效力,才能被法庭所采纳。质证的核心目的在于确保鉴定结论的准确性,鉴定结论是司法鉴定工作的最终成果,也是法庭判决的重要依据。因此其准确性至关重要。通过质证,可以对鉴定结论进行全面的复核和审查,包括结论的推导过程、所依据的证据材料以及结论本身的合理性等。这种审查有助于发现并纠正鉴定结论中可能存在的错误或偏差,确保其真实、客观、全面地反映案件事实。同时质证还可以促进鉴定人员之间的交流和探讨,进一步加深对案件事实的理解,有助于形成更加准确、公正的鉴定意见。

质证的意义在于评估鉴定方法的科学性,司法鉴定往往涉及高度专业的知识和技术,鉴定方法的科学性和准确性直接关系到鉴定结果的可靠性。通过质证,可以邀请相关领域的专家对鉴定方法进行深入剖析和科学评估,判断其是否符合专业标准,是否采用了当前最先进的技术手段。这种评估不仅有助于揭示鉴定方法可能存在的问题,还可以为今后的鉴定工作提供改进的方向和建议,从而推动司法鉴定技术的不断进步。质证还具有维护司法公正和当事人权益的重要意义,司法鉴定作为司法程序的重要组成部分,其公正性和权威性直接关系到司法公正的实现。通过公开、透明的质证程序,可以让当事人充分表达自己的观点和诉求,保障其合法权益不受侵犯。质证还可以增强公众对司法鉴定工作的信任度和认可度,提升司法鉴定的社会公信力。

(二) 质证的实施方式

质证是司法程序中确保证据真实性和可靠性的关键环节，其实施方式对于整个质证过程的有效性至关重要。质证的实施方式通常根据具体的法律体系和案件性质而有所不同，但总体上可以分为两大类：庭上质证和借助专家辅助人的质证。

一是庭上质证，这是最直接、最常用的质证方式，通常在法庭审理过程中进行。在庭上质证中，双方当事人或其律师有机会对鉴定人进行详细的询问。这一过程中，可以就鉴定意见书的具体内容、鉴定方法的选择、证据材料的来源以及分析过程等进行深入探究。通过直接面对面的对质，双方当事人和法庭能够更直观地了解鉴定人的思路和依据，从而更准确地评估鉴定意见的可信度。在庭上质证中，提问的技巧和策略也十分重要。有效的提问能够引导鉴定人详细阐述其鉴定过程和结论，揭示存在的问题或矛盾。同时律师或当事人还需要注意提问的方式和语气，避免引导性或攻击性的提问，以确保质证的公正性和有效性。

二是是借助专家辅助人的质证，在某些复杂或专业性强的案件中，当事人会聘请具有相关专业知识的专家作为辅助人，对鉴定意见书进行专业性的评估和质疑。这些专家辅助人通常具有丰富的专业知识和实践经验，能够对鉴定意见书提出有针对性的问题和意见。专家辅助人的参与不仅可以提高质证的专业性和针对性，还有助于揭示鉴定意见书中可能存在的专业问题或漏洞。在质证过程中，专家辅助人可以与鉴定人进行深入的交流和辩论，就鉴定方法、数据分析、结论推导等方面进行专业的探讨和质疑。这种质证方式能够更深入地挖掘鉴定意见书的真实性和可靠性，为法庭提供更全面的评估依据。

除了上述两种主要的质证方式外，还可以结合其他手段来增强质证的效果。例如利用现代科技手段如视频会议等方式进行远程质证，以便更灵活地安排质证时间和地点。还可以利用专业的质证软件和工具来辅助质证过程，提高质证的效率和准确性。在实施质证时，还需注意以下几点：一是要确保质证的公正性和公平性，避免任何形式的偏见或歧视；

二是要尊重鉴定人的权利和尊严，不得进行人身攻击或侮辱；三是要严格遵守法庭的程序和规则，确保质证的有序进行。

结合实际案例，对几种常见的质证方式进行描述，见下表2-2：

表2-2　　　　几种常见的质证实施方式及应用举例

质证方式	描述	实际应用举例
庭上直接质证	在法庭上直接对证人、鉴定人等进行询问和质疑。	在一起交通事故案件中，被告对原告的伤残鉴定结果提出质疑，要求鉴定人出庭。在法庭上，被告律师详细询问了鉴定人的鉴定方法和依据，并提出了针对性的问题，以验证鉴定结果的真实性。
书面质证	通过提交书面问题或书面质疑进行质证。	在一起合同纠纷案件中，原告通过向法院提交书面问题，要求被告提供相关证据的证明文件。法院将这些问题转交给被告，并要求其在规定时间内作出书面回应。
专家辅助人质证	聘请专家对专业性问题进行解释和质疑。	在一起医疗事故案件中，原告聘请了一位医学专家作为辅助人。在法庭上，这位专家对医院的诊断和治疗方案提出了专业性的质疑，并解释了原告病情恶化的原因。
视频会议质证	通过视频会议技术进行远程质证。	在一起跨国案件中，关键证人身处国外，无法亲自出庭。法院通过视频会议技术，让证人在远程进行质证。双方律师通过视频会议系统向证人提问，并由法庭记录员记录证人的回答。
电子数据质证	对电子数据进行验证和质疑，如电子邮件、聊天记录等。	在一起商业欺诈案件中，关键证据是一系列电子邮件。被告对这些电子邮件的真实性提出质疑。法院指定专业技术人员对电子邮件的元数据进行分析，以验证其真实性和完整性。

（三）质证的注意事项

（1）明确质证目的：在质证前，明确质证的目的和重点，确保质证过程中有针对性地提出问题，避免偏离主题或浪费时间。

（2）尊重法庭和证人：在质证过程中，保持礼貌和尊重，避免对证人进行攻击或侮辱。遵守法庭规则和程序，确保质证的合法性和有效性。

（3）提出有针对性的问题：根据案件的具体情况和需要，提出有针对性的问题，以便更好地揭示案件事实和证据的真实性。避免提出与案件无关或过于笼统的问题。

（4）注意言辞表达：在质证时，使用清晰、明确的语言表达问题，避免使用模糊或歧义的语言，以免引起误解或争议。

（5）关注证人的反应和回答：在证人回答问题时，仔细观察其反应和回答内容，从中获取有用信息，并适时提出进一步的问题。

（6）及时提出异议：如果认为证人的回答存在问题或不实之处，及时提出异议，并给出合理的理由和依据。注意提出异议的方式和语气，避免过于激烈或情绪化。

（7）合理利用其他证据：在质证过程中，结合其他证据来验证证人的证言，以增强质证的说服力。例如引用书面证据、物证等来支持或反驳证人的证言。

（8）做好记录和总结：在质证过程中，做好详细的记录，以便后续回顾和分析。在质证结束后及时总结，评估质证的效果和收获，为后续的诉讼活动做好准备。

鉴定意见书的质证是确保鉴定结果公正、准确的重要环节，通过严格的质证程序，可以揭示鉴定过程中的潜在问题，增强鉴定意见的可信度和法律效力。因此各方应充分重视质证环节，积极参与并遵循相关程序和规则。同时法庭也应确保质证过程的公正性和透明度，以维护司法公正和权威。

二、鉴定意见书的认证

鉴定意见书的认证是司法鉴定程序中的关键环节，它关系到鉴定意见是否能够在法律程序中被接受并作为证据使用。认证过程不仅是对鉴定意见书的形式审查，更是对其内容真实性、科学性和可靠性的全面评估。只有通过认证的鉴定意见书，才能在法庭上发挥其应有的证据效力。

（一）认证的标准与流程

（1）形式审查：认证机构会对鉴定意见书进行形式上的审查，确保其格式、签名、盖章等符合法定要求。

（2）内容审查：对鉴定意见书的内容进行深入审查，核实其中的事实描述、分析过程及结论是否严谨、科学。

（3）专家评审：在必要时，认证机构会邀请相关领域的专家对鉴定意见书进行评审，以确保其专业性和可靠性。

（4）法律合规性审查：审查鉴定意见书是否符合相关法律法规的规定，确保其具备法律效力。

（二）认证的重要性

鉴定意见书的认证对于确保司法鉴定的公正性、科学性和权威性具有重要意义。通过认证可以排除不合规、不科学的鉴定意见，保证法庭采纳的证据具有高度的可信度和说服力。同时认证过程也是对鉴定机构和鉴定人员专业能力的一次检验，有助于提升整个司法鉴定行业的水平和信誉。

综上，鉴定意见书的认证是司法鉴定程序中不可或缺的一环。它通过对鉴定意见书进行全面、严格的审查，确保其真实性、科学性和法律效力，为法庭提供可靠、有力的证据支持。在未来的司法实践中，应继续完善认证制度，提高认证标准和流程的透明度与公正性，以维护司法鉴定的权威性和公信力。

第三章　文书鉴定的技术与方法

第一节　文书鉴定的基本概念

一、定义与范围

文书鉴定作为司法鉴定的重要分支，在法律实践中占据着举足轻重的地位。它涉及对各类文书的真伪、制作时间、制作者等关键信息的鉴别与判断，为司法活动提供了重要的证据支持。

（一）文书鉴定的定义

文书鉴定，从字面意义上理解，即对各类文书材料进行的专业鉴别与评估。这个定义背后蕴含着丰富的法律、技术和实践意义。在司法鉴定领域，文书鉴定不仅关乎文书的真伪，更与司法公正、证据确凿性紧密相连。"文书"不仅仅指那些传统的纸质文档，如合同、信函、证明等，还包括电子邮件、电子合同、电子账单等现代电子形式的文档。这些文书在日常生活、商业活动和法律诉讼中都扮演着至关重要的角色。因此对它们的真实性、完整性和原始性进行鉴定，就显得尤为重要。

文书鉴定的核心目的在于确定文书的真伪、形成时间、制作者身份，以及识别文书中存在的篡改或伪造。这一过程中，鉴定人员需要综合运用法学、物证技术学、刑事侦查学等多学科的知识和方法，对文书进行深入细致的分析。

从法律角度来看，文书鉴定是司法活动中不可或缺的一环。在许多法律案件中，文书是唯一或主要的证据。例如在商业纠纷中，合同的真实性往往成为争议焦点；在刑事案件中，嫌疑人的书面供述或相关文件的真伪也直接关系到案件的定性和量刑。因此文书鉴定的准确性和公正性对于维护法律的权威和保障公民的合法权益具有至关重要的作用。从技术角度来看，文书鉴定是一门高度专业化的技术。它涉及笔迹分析、墨水分析、纸张分析、打印技术识别等多个领域。这些技术的应用不仅需要先进的仪器设备，更需要鉴定人员具备丰富的实践经验和敏锐的观察力。例如在笔迹鉴定中，鉴定人员需要通过对笔画的力度、速度、连笔习惯等细微特征的分析，来判断文书的书写人或签名者。这种分析不仅需要技术知识，还需要对人性、心理和行为的深刻理解。

文书鉴定还具有广泛的社会意义，在信息化社会，文书的真实性和可靠性对于维护社会秩序和公平交易至关重要。文书鉴定可以有效地揭露和打击伪造、篡改文书等违法行为，保护公民和企业的合法权益，促进社会的诚信建设。

（二）文书鉴定的范围

文书鉴定的范围广泛且复杂，涵盖了多个方面，主要包括笔迹鉴定、印章印文鉴定、墨水纸张等物证鉴定以及电子文书鉴定等。这些鉴定项目在法律诉讼、商业纠纷、知识产权保护等领域具有重要的作用。

1. 笔迹鉴定

笔迹鉴定是通过对检材与样本笔迹的对比，分析笔画的力度、速度、运笔习惯等特征，从而判断文书的书写人或签名者。这种鉴定方法在涉及遗嘱、合同、借条等文书的真伪辨别中尤为重要。例如在遗产继承纠纷中，若遗嘱的真实性受到质疑，笔迹鉴定可以帮助确定遗嘱是否为被继承人亲笔书写。

2. 印章印文鉴定

印章印文鉴定主要验证文书上印章的真实性，以及印章与文书内容的匹配度。在商业活动中，合同、协议等文书上的印章是确认双方意愿和法律责任的重要依据。若印章的真实性受到质疑，印章印文鉴定可以提供有力的证据支持。

3. 墨水、纸张等物证鉴定

通过对文书所使用的墨水、纸张等物证进行化学分析、光谱分析等科学手段，可以推断出文书的制作时间、地点等关键信息。这种鉴定方法在揭露伪造文书、确定文书形成时间等方面具有重要作用。例如在刑事案件中，若嫌疑人否认某份书面供述的真实性，墨水、纸张等物证鉴定可以帮助确定供述的制作时间，从而验证嫌疑人的陈述。

4. 电子文书鉴定

随着信息技术的发展，电子邮件、电子合同等电子文书在日常生活和商业活动中的使用越来越广泛。电子文书鉴定主要针对这些电子文书的真实性、完整性和原始性进行鉴定。包括验证电子签名的真实性、检测电子文书是否被篡改或伪造等。在涉及网络交易、电子商务等领域的纠纷中，电子文书鉴定可以提供关键的证据支持。

文书鉴定的范围涵盖了笔迹鉴定、印章印文鉴定、墨水纸张等物证鉴定以及电子文书鉴定等多个方面。这些鉴定项目在法律诉讼、商业纠纷解决、知识产权保护等领域具有重要的应用价值。通过科学、准确的文书鉴定，可以为司法活动提供有力的证据支持，维护法律的公正实施，保护公民和企业的合法权益。图3-1是关于文书鉴定范围的表格：

表3-1　　　　　　　　　　文书鉴定范围

鉴定项目	主要内容	应用场景
笔迹鉴定	对比检材与样本笔迹，判断书写人或签名者	遗嘱真伪辨别、合同签名验证等
印章印文鉴定	验证文书上印章的真实性，以及印章与文书内容的匹配度	合同、协议等文书上的印章验证
墨水、纸张等物证鉴定	分析墨水、纸张等物证，推断文书制作时间、地点等信息	伪造文书揭露、供述制作时间确定等

续表

鉴定项目	主要内容	应用场景
电子文书鉴定	验证电子邮件、电子合同等电子文书的真实性、完整性和原始性	网络交易纠纷、电子商务纠纷等

文书鉴定是司法鉴定中不可或缺的一环,它涉及多个专业领域的知识和技术。通过对文书的深入分析和科学鉴定,可以为司法活动提供有力的证据支持,保障法律的公正实施。随着科技的发展,电子文书的普及给文书鉴定带来了新的挑战和机遇,需要鉴定人员不断更新知识和技能,以适应新时代的需求。

二、主要对象与分类

文书鉴定作为司法鉴定的重要领域,其涉及的对象广泛且复杂。从传统的纸质文书到现代的电子文档,从手写笔记到打印文件,各种形式的文书都可能成为鉴定的对象。为了更好地理解和应用文书鉴定技术,需要对这些对象进行明确的分类和界定。通过各类资料的查阅,可以将文书大致分为几类,绘制图3-1进行表示。

图3-1 文书详细分类

(一)传统纸质文书

传统纸质文书在人类社会中具有悠久的历史,它们承载着重要的信息和证据,对于司法鉴定而言具有不可替代的价值。这些文书包括手写笔记、合同、遗嘱、信函等,每一种都在法律诉讼中发挥关键作用。

手写笔记是纸质文书中最为原始和直接的一种,每个人的书写习惯和笔迹特征都是独一无二的,使得手写笔记成为司法鉴定中的重要证据。

在笔迹鉴定中，专家会仔细分析笔记中的笔画顺序、笔压、笔速等特征，以及字母之间的连接和字形特点，从而确定笔记的真实性。这种鉴定方法在法律案件中尤为重要，如遗嘱验证、签名确认等场景。合同和协议是商业活动中不可或缺的纸质文书，它们记录了各方的权利和义务，是商业纠纷解决的关键证据。在司法鉴定中，合同的真实性和完整性是重点关注的方面。鉴定人员会仔细检查合同的纸张、墨水、印章等物理特征，以及合同内容的逻辑性和一致性，从而判断合同是否被篡改或伪造。遗嘱是另一种重要的纸质文书，它关系到遗产的分配和继承权的确定。在司法鉴定中，遗嘱的真实性和合法性是至关重要的。鉴定人员会综合分析遗嘱的书写时间、笔迹特征、纸张和墨水的年代等因素，以确保遗嘱的有效性。除了上述几种纸质文书外，还有许多其他类型的纸质文书在司法鉴定中发挥作用，如信函、收据、证明文件等。这些文书都能成为案件中的关键证据，需要鉴定人员进行细致的分析和鉴定。

在进行纸质文书鉴定时，鉴定人员还需要注意文书的保存状态和存在的污染或损坏情况。纸张的老化、墨水的褪色、水迹、油污等都影响文书的可读性和鉴定结果。因此鉴定人员需要具备丰富的实践经验和专业知识，以应对各种复杂的鉴定情况。随着科技的发展，纸质文书的鉴定技术也在不断进步。如今鉴定人员可以利用先进的仪器设备进行更为精确的鉴定，如使用显微镜观察文书的微观特征、使用光谱分析仪检测墨水的成分等。这些技术手段的应用进一步提高了纸质文书鉴定的准确性和可靠性。传统纸质文书在司法鉴定中具有重要地位，它们是法律诉讼中的关键证据。通过专业的鉴定技术和方法，可以揭示文书背后的真实信息，为司法公正提供有力支持。纸质文书的鉴定具有复杂性和挑战性，需要鉴定人员具备丰富的专业知识和实践经验。

（二）打印与复印文书

在现代社会中，随着科技的发展，打印与复印技术已经成为日常办公和生活中不可或缺的一部分。因此打印与复印文书也经常出现在司法鉴定领域。这些文书与传统纸质文书相比，具有其独特的特点和鉴定方法。

1. 打印文书

打印文书是通过打印机将电子文档转化为纸质文档的过程,这些文书的特点在于其高度的规范性和一致性。由于打印技术使用的是标准化的字体和排版,因此打印文书在外观上往往非常整洁、统一。在司法鉴定中,对于打印文书的鉴定主要集中在以下几个方面:一是打印机的型号和品牌的识别,因为不同型号的打印机在打印效果上会有所差异,这有助于确定文书的来源;二是打印时间的确定,通过分析打印墨粉或墨水的成分以及纸张的老化程度,可以大致推断出文书的打印时间;三是打印内容的真实性和完整性鉴定,即确认文书内容是否被篡改或伪造。

2. 复印文书

复印文书是通过复印机将原文档复制成多份的过程,与打印文书相比,复印文书在外观上存在一定的差异,因为复印过程中会受到原文档质量、复印机性能等多种因素的影响。在司法鉴定中,复印文书的鉴定主要集中在以下几个方面:一是复印机型号和品牌的识别,这有助于追溯文书的来源;二是是复印时间的确定,虽然复印时间比打印时间更难确定,但通过分析复印墨粉或墨水的成分以及纸张的特性,也能为确定复印时间提供一定的线索;三是复印内容的真实性和完整性鉴定,即确认复印过程中是否对原文档进行了篡改或伪造。无论是打印还是复印文书,在鉴定过程中都需要综合考虑多种因素,包括文书的外观、内容、纸张、墨水或墨粉等。随着科技的发展,新型的打印和复印技术不断涌现,这也给司法鉴定带来了新的挑战。因此鉴定人员需要不断学习和掌握新技术,以提高鉴定的准确性和可靠性。

(三) 电子文书

电子文书,作为数字化时代的产物,已经渗透到工作和生活的方方面面。与传统纸质文书相比,电子文书具有易存储、易传输、易编辑等特点,使得其在现代社会中的应用越来越广泛。然而这些特点也使得电子文书的真实性和完整性成为司法鉴定中的重要考量因素。

电子文书的司法鉴定主要集中在以下几个方面：

（1）电子签名的验证：电子签名是电子文书中确认身份和数据完整性的一种手段。在司法鉴定中，验证电子签名的有效性是至关重要的。涉及到检查签名的数字证书是否有效、签名时间是否符合逻辑、以及签名是否与文书内容相匹配等。

（2）电子数据的完整性检查：由于电子文书容易被修改，因此在司法鉴定中需检查电子数据的完整性。通常涉及到检查文件的哈希值（一种通过特定算法计算出的数据指纹），以确定文件是否在传输或存储过程中被篡改。

（3）元数据分析：元数据是关于数据的数据，对于电子文书而言，元数据包括创建时间、修改时间、访问时间等信息。在司法鉴定中，分析元数据可以帮助确定电子文书的创建和修改历史，从而揭示可能的篡改或伪造行为。

（4）来源分析：确定电子文书的来源也是司法鉴定的重要一环，包括分析电子文书是从哪里创建的，是否经过转发或复制，以及原始来源等。

（5）内容真实性鉴定：除了上述技术层面的鉴定外，还需要对电子文书的内容进行真实性鉴定，涉及到对文书内容的逻辑性分析、与其他证据的比对等方面。

（四）特殊文书

特殊文书在司法鉴定中指的是那些具有特殊性质、格式或用途的文书。这些文书涉及特定的行业、领域或技术，因此需要特殊的鉴定方法和技术手段来验证其真实性和有效性。

以下是一些常见的特殊文书类型及其在司法鉴定中的注意事项：

（1）技术文档和工程图纸：这些文书通常包含专业的技术信息和图形表示，用于指导工程实施或产品设计。在司法鉴定中，需要验证这些文书的真实性、来源以及是否被篡改。鉴定人员需要具备相关的技术背景，以便准确理解文档内容并判断其准确性。

（2）医疗记录和病历：医疗文书是记录患者健康状况、诊断和治疗过程的重要文件。在医疗纠纷或法律诉讼中，这些文书的真实性至关重要。司法鉴定涉及对医疗术语的理解、病历的一致性和完整性检查，以及存在的篡改或伪造行为的识别。

（3）金融文档和账目：金融领域的文书，如账本、财务报表、交易记录等，在涉及经济犯罪、欺诈或破产等案件中具有重要的证据价值。司法鉴定需要关注这些文书的准确性、完整性和一致性，以及存在的财务造假行为。

（4）法律文件和合同：包括起诉书、答辩状、法律意见书、合同协议等。司法鉴定涉及对合同条款的解释、签名和印章的真实性验证，以及合同是否被篡改或伪造等问题的调查。

（5）古籍和手稿：对于涉及历史、文化遗产或知识产权的案件，古籍、手稿等特殊文书的鉴定也是非常重要的。这需借助专业的文献学、历史学或艺术史知识，以及科学的鉴定技术，如纸张分析、墨水分析等，来确定文书的真伪、年代和作者等信息。

在特殊文书的司法鉴定中，鉴定人员除了需要具备专业的知识和技能外，还需要注意保持客观、公正的态度，遵循科学的鉴定方法和程序，以确保鉴定结果的准确性和公正性。同时随着科技的发展，新的鉴定技术和方法也在不断涌现，为特殊文书的司法鉴定提供了更多的可能性和挑战。

文书鉴定的对象广泛且多样，涵盖了传统纸质文书、打印与复印文书、电子文书以及特殊文书等多个领域。不同类型的文书具有不同的鉴定方法和技术要求，需要鉴定人员具备丰富的专业知识和实践经验。随着科技的不断发展，文书鉴定的技术和方法也在不断进步和完善，为司法实践提供了更为准确和可靠的证据支持。

第二节 文书鉴定的规范与标准

一、鉴定程序

在司法鉴定领域,文书鉴定是一项至关重要的技术活动。为了确保鉴定结果的准确性和公正性,遵循一套严格而科学的鉴定程序显得尤为重要。鉴定程序不仅为鉴定人员提供了操作的指南,也为法律诉讼提供了有力的证据支持。

(一)鉴定前的准备工作

在进行文书司法鉴定之前,充分的准备工作至关重要,它涉及到多个方面,包括文书材料的收集、案件背景的了解、鉴定目的和要求的明确,以及鉴定方法和技术的选择等。这些准备工作对于确保鉴定过程的顺利进行以及鉴定结论的准确性和公正性具有关键意义。

鉴定人员需要收集与案件相关的所有文书材料,包括原件、复印件、扫描件等。这些材料将作为鉴定的基础,必须确保其真实性和完整性。对于涉及多方当事人的案件,还需要收集各方的陈述和证据,以便进行全面的比对和分析。了解案件背景也是鉴定前准备工作的重要一环,鉴定人员需要仔细阅读案件材料,了解案件的基本情况和争议焦点,明确鉴定的目的和要求。有助于鉴定人员更加有针对性地开展鉴定工作,提高鉴定的效率和准确性。鉴定人员还需选择合适的鉴定方法和技术,根据案件的具体情况和鉴定要求,选择不同的笔迹鉴定、文件制成时间鉴定等方法,以及运用显微镜、光谱分析仪等现代科技手段进行辅助鉴定。选择合适的鉴定方法和技术对于确保鉴定结论的科学性和准确性至关重要。鉴定人员还需要做好与当事人的沟通工作,明确鉴定的流程、时间、费用等相关事宜,以确保鉴定工作的顺利进行。鉴定人员也应告知当事人在鉴定过程中需要配合的事项,以及遇到的风险和问题,帮助当事人做好相应的准备。

（二）鉴定过程的实施

鉴定过程的实施是司法鉴定中最为核心的部分，它要求鉴定人员严格按照科学的方法和程序进行操作，以确保鉴定结论的准确性和可靠性。鉴定过程实施的主要分为以下几步：

（1）初步检查：鉴定人员先对送检的文书材料进行初步检查，确认材料的完整性、真实性和可鉴定性。

（2）详细分析：鉴定人员对文书材料进行详细的分析，包括笔迹比对、墨水分析、纸张检测等，具体方法取决于鉴定的需求和目的。例如在笔迹鉴定中，鉴定人员会仔细比对样本笔迹与检材笔迹的书写风格、笔画顺序、连笔方式等特征。

（3）使用科技手段辅助：在现代司法鉴定中，科技手段的应用越来越广泛。鉴定人员会使用显微镜、光谱分析仪等设备，对文书材料进行更深入的观察和检测。

（4）记录与拍照：在鉴定过程中，详细记录每一步的操作和发现，并对关键证据进行拍照或录像，以确保鉴定过程的可追溯性和证据的完整性。

（5）初步结论：在完成详细分析后，根据所获得的数据和观察结果形成初步结论。这个结论是基于当前的分析和证据，但还需要进一步的验证和确认。

（6）同行评审与复核：为了确保鉴定结论的准确性，会有其他鉴定人员或专家对初步结论进行评审和复核。这是一个重要的质量控制步骤，旨在减少人为错误和主观偏见。

（7）撰写鉴定报告：撰写一份详细的鉴定报告，其中包括鉴定的目的、方法、过程、数据分析以及最终的结论。这份报告将成为法律诉讼或纠纷解决的重要依据。

在整个鉴定过程中，鉴定人员必须遵循科学的原则和方法，保持客观、公正的态度，确保鉴定结论的客观性和公正性。

(三) 鉴定结论的撰写与审核

在完成司法鉴定过程后，撰写和审核鉴定结论是至关重要的环节。这一步骤确保了鉴定结果的准确性、客观性和法律效力。

1. 撰写鉴定结论

在撰写鉴定结论时，鉴定人员应概述鉴定的目的和背景，然后详细描述鉴定的方法、过程和分析结果，最后给出明确的结论。此外如果鉴定过程中存在任何限制或不确定性，也应在报告中说明。在撰写鉴定结论时，要注意以下几点内容：

（1）明确性：鉴定结论必须使用清晰、明确且无歧义的语言描述。避免使用模糊或含糊不清的措辞。

（2）客观性：结论应基于鉴定过程中收集的数据和分析，不受任何外部压力或偏见影响。

（3）全面性：包含所有相关的发现和分析结果，不仅仅是支持某一观点的证据。

（4）规范性：遵循法律和行业规定的格式和结构，包括引言、主体、结论和签名等部分。

2. 审核鉴定结论

审核过程中，如果发现任何问题或不一致之处，应及时与鉴定人员进行沟通，并要求其进行修改或补充。只有通过严格的审核程序，才能确保鉴定结论的准确性和可靠性。审核鉴定结论时，要遵循以下内容：

（1）专业性审核：由同行专家或上级鉴定机构对结论进行专业性审核，确保鉴定方法和结论的科学性。

（2）法律性审核：确保鉴定结论符合相关法律法规的要求，具有法律效力。

（3）事实性审核：核实鉴定结论中的事实描述是否准确，是否与鉴定材料和分析结果相符。

（4）逻辑性审核：检查鉴定结论的逻辑推理是否严密，结论是否由分析结果自然得出。

审核通过的鉴定结论将作为重要证据，在法律诉讼或纠纷解决中发挥关键作用。鉴定人员和审核人员都应承担起相应的责任，确保鉴定结论的客观性和公正性。

（四）鉴定结果的呈现与应用

在完成司法鉴定并得出最终结论后，如何有效地呈现并应用这些结果，对于确保司法公正和效率至关重要。

1. 鉴定结果的呈现

（1）正式报告：鉴定结果通常以正式的书面报告形式呈现。报告要详细阐述鉴定的过程、方法、分析及最终结论。报告的格式和内容应遵循相关法律规定和行业标准，确保客观、准确、完整。

（2）报告内容：报告中应包含对鉴定对象的详细描述、采用的方法和技术、数据分析过程以及结论。还应注明任何会影响结论准确性的因素或限制条件。

（3）清晰易懂：为了让非专业人士也能理解鉴定结果，报告应使用简洁明了的语言，避免使用过于专业的术语，或者在必要时对其进行解释。

2. 鉴定结果的应用

（1）法律诉讼支持：鉴定结果在法律诉讼中具有重要的证据价值，它可以为法官、检察官和律师提供关键信息，帮助他们更好地理解案件事实，并据此做出公正的裁决。

（2）刑事侦查与起诉：在刑事案件中，司法鉴定结果可以协助警方确定犯罪嫌疑人、作案工具和作案手法等关键信息，为后续的侦查和起诉工作提供有力支持。

（3）民事纠纷解决：在民事纠纷中，如财产分割、遗产继承等案件，司法鉴定结果可以作为重要依据，帮助法院作出公正的裁决，维护当事人的合法权益。

（4）行政处罚与监管：在行政领域，司法鉴定结果可用于评估违法行为的性质和严重程度，为行政机关提供处罚依据和监管建议。

文书鉴定的规范程序是确保鉴定结果准确性和公正性的重要保障，通过严格的鉴定前准备、科学的鉴定过程实施、详细的鉴定结论撰写与审核以及准确的鉴定结果呈现与应用，可以为法律诉讼提供有力的证据支持，维护法律的公正和权威。随着科技的不断进步和创新，文书鉴定的程序和技术能够不断完善和发展，以更好地服务于司法实践和社会公正。

二、现有方法与技术

在文书司法鉴定领域，技术的发展和方法的创新是推动鉴定工作进步的关键因素。随着科技的日新月异，文书鉴定的方法和技术也在不断演变，为司法鉴定提供了更多的可能性和准确性。将现有的方法和技术汇总成如下表格所示：

表3—2　　现有文书鉴定的部分方法与技术及其应用实例

方法与技术	应用实例
传统文书鉴定技术	笔迹比对：在一起合同纠纷案件中，通过比对合同上的签名与已知样本，确认签名的真实性。 印章比对：在某贪污案件中，通过对比印章印文，揭露了嫌疑人伪造公文的行为。
数字化文书鉴定技术	字迹分析：使用图像处理技术对一份遗嘱进行字迹分析，确定遗嘱的真实性。 数据挖掘：在大量财务文件中，通过数据挖掘技术发现异常交易模式，揭示财务欺诈行为。
光谱分析技术	墨水分析：在一起伪造文件案件中，利用红外光谱分析技术确定文件上墨水的成分，进而确定文件的真伪。 纸张分析：通过拉曼光谱技术对古老文献的纸张进行分析，确定其年代和真伪。

续表

方法与技术	应用实例
人工智能	自动化特征提取：在一起知识产权纠纷中，使用 AI 技术自动提取文件中的关键特征，快速比对并确认抄袭行为。 文书真实性评估：在某遗产继承案件中，利用自然语言处理和机器学习技术对遗嘱进行真实性评估。

（一）传统文书鉴定技术

传统文书鉴定技术主要依赖于鉴定人员的专业知识和丰富经验，通过对文书的细致观察和物理特性的比对，来判断文书的真伪、制作时间或其他相关信息。这些技术通常不需要复杂的仪器设备，而是依靠鉴定人员的肉眼观察和手工操作。

笔迹鉴定是传统文书鉴定中的重要技术之一，它涉及对书写人的书写习惯、笔力、笔顺等特征进行深入研究，通过比对检材与样本笔迹，分析两者之间的符合点和差异点，从而判断检材笔迹的真伪。印章印文鉴定也是传统文书鉴定中常用的技术，它主要通过对印章的印面特征、印文布局、字体字形等要素进行比对分析，来确定印章的真伪和使用情况。除了笔迹鉴定和印章印文鉴定，传统文书鉴定还包括对文书的纸张、墨水、制作工具等物理特性的分析。例如通过观察纸张的质地、纹理、水印等特征，判断文书的真伪和制作时间。同时对墨水的颜色、成分和干燥程度等特性的分析，也可以为文书鉴定提供有价值的线索。

虽然传统文书鉴定技术有其局限性，如受鉴定人员主观因素影响较大，但在某些情况下，特别是当现代化技术手段无法应用或作为辅助手段时，这些传统技术仍然具有重要的实用价值。

（二）数字化文书鉴定技术

数字化文书鉴定技术是随着科技的进步而发展起来的现代鉴定方法，它主要利用计算机图像处理、模式识别、数据挖掘等先进技术对文书进行数字化的高精度分析和比对。这些技术的应用大大提高了文书鉴定的准确性、效率和客观性。

数字化文书鉴定技术通常包括以下步骤：

（1）文书数字化：通过高清扫描仪或专业相机将纸质文书转化为数字图像。这一过程要确保图像的质量高，细节清晰，以便进行后续的分析。

（2）图像处理和增强：对扫描得到的数字图像进行预处理，如去噪、对比度增强、边缘检测等，以突出文书的特征，便于计算机进行更准确的分析。

（3）特征提取与比对：利用计算机视觉和模式识别技术，自动提取文书中的关键特征，如字迹的形状、大小、方向、笔画顺序等。然后将这些特征与已知样本进行比对，以验证文书的真实性。

（4）数据挖掘与分析：通过数据挖掘技术对大量文书数据进行分析，发现其中的模式、规律和异常。有助于鉴定人员发现伪造文书的痕迹或识别出篡改的部分。

（5）数字签名与验证：数字签名技术可以用于验证数字文书的完整性和真实性。通过对文书进行加密和解密操作，确保文书在传输和存储过程中未被篡改。

数字化文书鉴定技术的优势在于其客观性、可重复性和高效性。通过自动化的特征提取和比对，减少人为因素的干扰，提高鉴定的准确性。同时数字化技术可以快速地处理大量数据，提高了鉴定工作的效率。然而数字化文书鉴定技术也面临一些挑战，如数据的安全性和隐私保护问题，以及需要不断更新和优化算法以适应新的伪造和篡改手段。此外数字化技术的广泛应用还需要相关的法律和标准的支持。

（三）光谱分析技术

光谱分析技术是一种基于物质对光的吸收、发射或散射特性来分析其化学组成和结构的技术。在文书鉴定中，光谱分析技术发挥了重要作用，特别是在确定文书的物质成分、墨水种类、书写时间等方面具有显著优势。

1. 物质成分分析

通过光谱分析技术，可以准确鉴定文书所使用的纸张、墨水或其他材料的成分。例如红外光谱分析可以识别纸张中的纤维素、填料和涂层等成分，从而判断纸张的类型和来源。这对于鉴别文书的真伪和来源至关重要。

2. 墨水分析

光谱分析技术还可以用于墨水的分析，不同品牌和类型的墨水在光谱下会呈现出不同的特征峰。通过比对和分析这些特征峰，可以确定文书中使用的墨水类型，甚至可以追溯到墨水的生产厂家和批次。这对于鉴别伪造文书和确定文书的真实书写时间非常有帮助。

3. 书写时间鉴定

某些光谱技术还可以用于估计文书的书写时间，随着时间的推移，墨水中的某些成分会发生变化，这些变化可以通过光谱分析检测出来。通过比对文书上墨水的光谱特征和标准曲线，可以大致估计文书的书写时间。

4. 篡改和涂改检测

光谱分析技术还可以用于检测文书是否被篡改或涂改，当文书被涂改或覆盖时，原始墨迹和涂改墨迹在光谱下会呈现出不同的特征。通过仔细观察和分析这些特征，可以揭示出文书的原始内容和被篡改的部分。

（四）人工智能在文书鉴定中的探索与实践

随着人工智能技术的飞速发展，其在文书鉴定领域的应用也日益广泛。人工智能不仅提高了文书鉴定的效率，还为鉴定过程带来了更高的客观性和准确性。以下是对人工智能在文书鉴定中探索与实践的概述：

1. 自动化特征提取与比对

传统文书鉴定中，特征提取和比对是一个繁琐且易出错的过程。而人工智能技术，特别是深度学习算法，能够自动学习和识别文书中的关键特征，如字迹风格、笔画顺序等。通过训练大量的样本数据，人工智能模型可以准确地提取文书特征，并与已知样本进行快速比对，大大提高了鉴定效率。

2. 文书真实性评估

人工智能可以利用自然语言处理和机器学习技术，对文书的语言风格、用词习惯等进行分析，从而评估文书的真实性。例如通过对比嫌疑文书和已知真实文书的语言特征，检测出伪造的文书或篡改的内容。

3. 书写时间预测

人工智能还可以结合光谱分析等其他技术手段，对文书的书写时间进行预测。通过分析墨水的光谱特征和化学变化，结合人工智能的学习能力，建立预测模型来估计文书的书写时间。

4. 自动化鉴定系统

目前已有一些基于人工智能的自动化鉴定系统被开发出来，这些系统能够自动处理和分析大量的文书数据，提供快速的鉴定结果。不仅减轻了鉴定人员的工作负担，还提高了鉴定的客观性和准确性。

文书鉴定的技术与方法在不断发展与创新中，从传统的依赖专业人员经验的鉴定技术，到数字化、光谱分析以及人工智能等先进技术的应用，每一步进步都为司法鉴定领域带来了新的突破和可能性。随着科技的不断进步，未来的文书鉴定将更加准确、高效和科学。这不仅有助于提升司法鉴定的公信力，也为维护社会公平正义提供了有力的技术支持。

第三节　文书鉴定意见的规范与标准

一、明确性鉴定意见

在文书司法鉴定过程中，出具明确性的鉴定意见是至关重要的。这不仅关系到案件的公正处理，也直接影响到鉴定结论的可信度和法律效力。

(一) 明确性鉴定意见的重要性

在司法领域中，明确性鉴定意见无疑扮演着至关重要的角色。司法鉴定，作为一个需要高度专业知识和技能的领域，其最终的目标是为司法活动提供科学、客观、准确的证据支持。而明确性鉴定意见，正是这一目标的直接体现。

对于法官、检察官、侦查人员等司法工作者来说，一份明确的鉴定意见能够提供准确的判断依据。在复杂的案件审理过程中，这些专业人员需要依赖科学证据来做出决策。而鉴定意见，作为科学证据的一种，其明确性直接影响到决策的准确性。一个模糊或不确定的鉴定意见可能会导致司法决策的失误，进而影响到整个司法公正。因此明确的鉴定意见对于司法工作者来说，是做出公正裁决的关键。明确的鉴定意见也有助于提升公众对司法鉴定工作的信任度。在公众眼中，司法鉴定是揭露事实、还原真相的重要手段。一份明确、有力的鉴定意见，能够让公众看到司法鉴定的专业性和权威性，从而增强对司法鉴定工作的信任。这种信任，不仅有助于维护司法鉴定的社会声誉，还能够为司法鉴定工作赢得更多的社会支持。明确的鉴定意见也是提升司法鉴定社会公信力的重要途径，在法治社会中，公信力是司法鉴定工作的生命线。一份明确、公正的鉴定意见，能够让各方当事人看到司法鉴定的公正性和客观性，从而提升司法鉴定的社会公信力。这种公信力，不仅能够为司法鉴定工作赢得更多的社会认可，还能够为司法鉴定行业的长远发展奠定坚实的基础。

(二) 形成明确性鉴定意见的原则

(1) 客观性原则：鉴定意见必须基于客观事实，不受任何主观偏见的影响。鉴定人员应全面收集、仔细分析相关证据，确保鉴定结论的客观性和准确性。

(2) 全面性原则：在形成鉴定意见时，鉴定人员应充分考虑所有可能的影响因素，包括但不限于文书的制作环境、制作工具、制作时间等。只有全面分析这些因素，才能得出更为准确的鉴定结论。

（3）谨慎性原则：由于司法鉴定涉及法律责任，鉴定人员在形成鉴定意见时必须保持谨慎态度。在证据不足或存在疑点的情况下，应避免做出过于绝对的结论。

（三）表达明确性鉴定意见的技巧

（1）使用专业术语：在表达鉴定意见时，应使用准确的专业术语，避免使用模糊或歧义的语言，有助于确保鉴定意见的精确性和专业性。

（2）逻辑清晰：鉴定意见的表达应具有清晰的逻辑结构，包括论点、论据和结论，有助于读者更好地理解鉴定意见，并增强其可信度。

（3）量化表达：在可能的情况下，应尽量使用量化数据来支持鉴定意见。例如通过测量和分析文书中的特定特征（如字迹大小、间距等）来增强鉴定意见的说服力。

（四）确保明确性鉴定意见的质量控制

确保明确性鉴定意见的质量控制是司法鉴定工作中的重要环节，它关乎鉴定意见的可靠性、准确性和公正性。以下是一些关键的质量控制措施：

（1）建立完善的鉴定流程：制定标准化的鉴定流程，并确保每位鉴定人员都熟知并遵循这一流程。流程包括从接受委托、样本采集、实验分析到出具鉴定意见等所有步骤。

（2）严格的样本管理和保存：确保所采集的样本不受污染或损坏，样本的标识、保存和流转应有严格的记录和管理制度。

（3）使用先进的鉴定技术：采用最新的科学技术和仪器设备进行鉴定，以提高鉴定的准确性和可靠性。

（4）双人复核制度：实施双人复核或多人复核制度，即由两位或多位鉴定人员分别进行鉴定并比对结果，以确保鉴定意见的准确性。

（5）专家审核：对于复杂或疑难案件，引入外部专家进行审核，以确保鉴定意见的专业性和准确性。

（6）持续的专业培训：定期对鉴定人员进行专业培训，提高他们的专业技能和知识水平，确保能够出具明确、准确的鉴定意见。

（7）建立反馈和投诉机制：设立有效的反馈和投诉渠道，对于出现的错误或争议进行及时处理和纠正，不断提升鉴定工作的质量。

（8）文档记录与审核：对鉴定过程进行详细的文档记录，包括实验数据、分析方法、鉴定依据等以便于后续的审核和追溯。

（9）定期的质量评估：定期对鉴定工作进行质量评估，通过内部审核、外部评审等方式，检查鉴定意见的准确性和可靠性。

（10）严格的保密措施：确保鉴定过程和鉴定意见的保密性，防止信息泄露，以维护鉴定的公正性和权威性。

通过上述质量控制措施，可以有效地确保明确性鉴定意见的准确性、可靠性和公正性，为司法审判提供有力的科学依据。

综上所述，明确性鉴定意见是司法鉴定工作的基石。通过遵循客观性、全面性和谨慎性原则，并运用专业术语、清晰逻辑和量化表达等技巧，可以形成和表达出具有明确性和可信度的鉴定意见。同时建立严格的审核机制、加强培训与教育以及引入外部评估等措施也是确保明确性鉴定意见质量的重要手段。

二、倾向性鉴定意见

在文书司法鉴定实践中，除了能够给出明确性鉴定意见的情况外，还存在许多复杂和疑难案例，其中涉及的证据不足以支持一个绝对的结论。在这些情况下，鉴定人员往往需要表达一种倾向性的观点，即倾向性鉴定意见。倾向性鉴定意见反映了鉴定人员根据现有证据和专业知识所做出的最可能性的判断，虽然这种判断不是绝对的，但它为司法审判提供了一个重要的参考方向。

（一）倾向性鉴定意见的概念与特点

倾向性鉴定意见是司法鉴定领域中一种特殊的意见形式。在司法鉴定实践中，由于案件的复杂性和证据的有限性，鉴定人员有时难以给出绝对明确的结论。在这种情况下，倾向性鉴定意见便应运而生。

倾向性鉴定意见是指鉴定人员根据手头现有的证据材料，结合自身的专业知识和丰富经验，对案件中的某一专门性问题所做出的具有倾向性的判断。这种意见不同于确定性结论，它并不给出绝对的"是"或"否"的回答，而是表达出一种最有可能性的推断。这种倾向性鉴定意见的特点在于其灵活性和实用性，灵活性体现在它能够适应不同案件的具体情况和证据材料的限制。在证据不足或情况复杂时，鉴定人员可以通过倾向性意见为司法人员提供有价值的参考，帮助他们在有限的信息中做出更合理的决策。其次实用性则体现在它能够反映鉴定人员的专业判断和推理过程。倾向性鉴定意见不仅是一个结论性的陈述，更是鉴定人员对案件进行深入分析和思考的结果，这种意见为司法人员提供了更多的背景信息和专业见解。值得注意的是，倾向性鉴定意见虽然具有一定的主观性，但它仍然是基于科学原理和专业知识进行的推断。鉴定人员在给出倾向性意见时，必须充分考虑所有可用的证据，并运用专业的分析方法和技术手段，以确保意见的合理性和可靠性。将倾向性鉴定意见的特点，总结为一下表格：

表 3—3　　　　　　　　倾向性鉴定意见的特点

特点	描述
非绝对性	倾向性鉴定意见并非基于确凿无疑的证据，因此不是绝对确定的结论，而是一种可能性较高的推断。
专业性	倾向性鉴定意见是鉴定人员根据专业知识和经验，对现有证据进行综合分析后得出的。
参考性	该意见为司法审判提供一个重要的参考方向，但并非决定性证据，需要法官综合考虑其他证据。
谨慎性	由于倾向性鉴定意见的不确定性，鉴定人员在表达时需保持谨慎，明确指出所依据的证据和推理过程。
辅助性	倾向性鉴定意见通常作为辅助证据使用，与其他证据共同构建完整的证据链条。

（二）出具倾向性鉴定意见的情形

在司法鉴定实践中，存在某些特定情形，导致鉴定人员无法给出绝对明确的鉴定意见，而只能提供倾向性鉴定意见。这些情形主要包括：

（1）证据不充分：当案件中的证据材料不足以支持一个明确的结论时，鉴定人员只能根据现有证据给出一个最可能的推断。

（2）证据矛盾或冲突：如果案件中的证据之间存在矛盾或冲突，无法形成一致的证据链条，鉴定人员会出具倾向性意见，表明在现有证据下某种结论更有可能。

（3）技术限制：受当前科学技术水平的限制，某些复杂问题无法得到确切答案，如某些特殊的生物识别技术或复杂的材料分析。

（4）样本损坏或污染：如果关键证据样本遭受损坏或污染，无法提取出完整、准确的信息，鉴定人员只能提供倾向性意见。

（5）专业领域争议：在某些专业领域，如心理学、精神病学等，评估结果会受到多种因素的影响，因此专家只能提供倾向性的评估意见。

（6）时间久远导致的证据变化：对于时间跨度较长的案件，由于物理、化学或生物过程的变化（如字迹褪色、DNA降解等），证据已经无法提供确切的信息。

（7）法律或伦理限制：在某些情况下，由于法律或伦理的限制，鉴定人员无法获取全部必要信息，从而只能提供倾向性意见。

在以上这些情形下，鉴定人员会综合考虑所有可用证据，并基于其专业知识和经验，给出一个最合理的倾向性鉴定意见。这样的意见虽然不是确定性的结论，但为法官和陪审团提供了一个有价值的参考，有助于他们在裁决时做出更全面、更公正的决定。

（三）倾向性鉴定意见的表达与使用

1. 倾向性鉴定意见的表达

当鉴定人员需要出具倾向性鉴定意见时，其表达方式应特别注意以下几个方面：

（1）清晰性：使用清晰、明确的语言描述，避免使用模糊或含糊不清的措辞。

（2）准确性：确保所表达的意见基于当前可用的证据和专业分析，不夸大也不缩小结论的范围。

（3）谨慎性：由于倾向性意见本身的不确定性，表达时应保持谨慎态度，避免给人以绝对确定的印象。

（4）完整性：在意见中应包含对所依据证据的描述、分析过程以及得出结论的逻辑推理。

例如一个倾向性鉴定意见会这样表达："根据对现有证据的综合分析，虽然不能得出绝对确定的结论，但本鉴定认为，该文书是在特定时间段内被伪造的。"

2. 倾向性鉴定意见的使用

在法律程序中，倾向性鉴定意见的使用应受到一定的限制和考虑：

（1）辅助证据：倾向性鉴定意见应被视为辅助证据，而非决定性证据。它可以帮助法官或陪审团更好地理解案件情况，但不应作为定案的唯一依据。

（2）综合考虑：法官在审理案件时，应综合考虑倾向性鉴定意见与其他证据之间的关联性、合理性和可信度。

（3）权重评估：倾向性鉴定意见的权重应由法官根据案件整体情况来评估，法官需要判断该意见在多大程度上能够支持或反驳某一主张。

（4）透明度与公正性：倾向性鉴定意见的出具过程应保持透明，确保其公正性和客观性，以避免任何可能的偏见或利益冲突。

倾向性鉴定意见在司法实践中起着重要的参考作用，但其使用需要谨慎，并结合案件中的其他证据进行综合考虑。

（四）提高倾向性鉴定意见的准确性的方法

（1）增强证据收集与分析能力：在案件调查初期，进行全面、细致的证据收集工作，确保掌握尽可能多的相关信息。对收集到的证据进行深入分析，提取有价值的线索，为后续的鉴定工作奠定基础。

（2）提升鉴定人员的专业素养：加强对鉴定人员的专业培训，提高他们的专业知识和技能水平。鼓励鉴定人员参与学术交流和研究活动，了解最新的鉴定技术和方法。

（3）采用先进的科学技术手段：利用现代科技手段，如 DNA 分析、指纹识别、视频监控等，提高鉴定的精确度和可靠性。不断更新和升级鉴定设备，确保鉴定工作的硬件设施达到先进水平。

（4）建立严格的鉴定程序和规范：制定详细的鉴定工作流程和操作指南，确保每一步鉴定工作都有明确的标准和要求。建立鉴定结果的复核机制，对鉴定意见进行多次验证和确认，降低误判的风险。

（5）加强团队合作与沟通：建立高效的团队合作机制，确保鉴定人员之间能够充分交流和协作。鼓励鉴定人员提出不同意见和看法，通过集体讨论和研判，形成更为准确、全面的鉴定意见。

（6）建立反馈与改进机制：对鉴定工作进行定期评估和总结，发现问题及时改进。收集法官、检察官、律师等法律职业者的反馈意见，不断优化鉴定流程和方法。

（7）保持鉴定机构的独立性和公正性：确保鉴定机构不受任何外部因素的干扰和影响，保持独立性和公正性。建立严格的监管机制，防止鉴定过程中出现违规操作或利益输送等问题。

倾向性鉴定意见在文书司法鉴定中具有重要的实践意义，它反映了鉴定人员在证据不足或复杂情况下的专业判断和推理过程。虽然倾向性鉴定意见具有一定的不确定性，但它为司法审判提供了一个有价值的参考方向。通过不断提高鉴定人员的专业素养和科技手段的应用水平，可以进一步提升倾向性鉴定意见的准确性和可靠性，为司法公正贡献力量。

第四节 实务挑战

一、常见挑战与问题

在文书鉴定的实践中，鉴定人员常常会面临各种挑战和问题。这些挑战源于技术的局限性、证据的复杂性或是与法律环境的交互。了解并应对这些挑战，对于确保鉴定工作的准确性和公正性至关重要。

（一）技术挑战

在文书鉴定中，技术的挑战主要源于几个方面。一是技术的迅速发展和更新换代，随着科技的进步，伪造文书的手段也变得越来越高明，就要求鉴定人员必须不断学习新技术、新方法，以便能够识别出经过高科技手段伪造的文书。例如现代的打印、复印技术不断进步，使得伪造文件更加逼真，鉴定人员需要具备专业的知识和技能才能准确识别。二是文书鉴定中的技术挑战还包括对新型文书材料、墨水、纸张等的识别和分析。随着新材料和技术的出现，传统的鉴定方法不再适用，需要开发和应用新的技术手段进行鉴定。数字化和信息技术的发展也给文书鉴定带来了新的技术挑战，电子文档的篡改、伪造更加难以察觉，而且电子数据的恢复和分析也需要特定的技术和工具。技术挑战还表现在对复杂文书数据的处理和分析上，大量的文书数据需要高效的数据处理和分析技术，以便快速准确地提取关键信息，这对鉴定人员的计算机技术和数据处理能力提出了更高的要求。

（二）证据挑战

在文书鉴定过程中，证据方面的挑战同样不容忽视。这些挑战主要体现在以下几个方面：一是证据的完整性问题，在实际案件中，文书证据会遭受损坏、涂改或者部分遗失，导致证据不完整。这种情况下，鉴定人员需要根据剩余的部分进行推断和分析，无疑增加了鉴定的难度和不确定性。二是证据的真实性问题,有时为了误导鉴定人员,涉案人员会提供虚假的文书证据。这就要求鉴定人员具备敏锐的洞察力和丰富的经验,以识别出伪造或篡改的证据。三是证据的充分性,在某些情况下,可用的文书证据非常有限,鉴定人员必须从有限的信息中挖掘出尽量多的线索,以支持或反驳某一主张。三是证据的时效性,随着时间的推移,一些文书证据会因为物理或化学变化而失真,或者因为技术更新而变得难以解读。四是证据的收集与保存,在案件调查过程中,如何确保证据的完整性和连续性,避免证据被污染或破坏,是鉴定人员需要密切关注的问题。合法、合规地收集证据也是确保鉴定结果有效性的关键。

(三) 法律与伦理挑战

在文书鉴定过程中,鉴定人员不仅面临技术和证据方面的挑战,还必须应对法律和伦理方面的考验。这些挑战对于维护鉴定的公正性和专业性至关重要。

1. 法律挑战

(1) 法律规定的限制:鉴定人员必须严格遵守相关的法律法规,包括证据采集、保存和呈现的程序。任何违反法律规定的行为都可能导致鉴定结果无效,甚至引发法律纠纷。因此鉴定人员需要深入了解并遵守刑事诉讼法、民事诉讼法等相关法律规定。

(2) 隐私权与数据保护:在处理涉及个人隐私的文书时,鉴定人员需要遵循严格的数据保护措施,确保个人信息不被泄露。要求鉴定机构建立完善的数据保护机制,并培训工作人员遵守相关法规。

(3) 跨国合作与法律冲突:在国际案件中,不同国家的法律制度和司法体系可能存在差异,会导致法律冲突。鉴定人员需要了解并遵守不同国家的法律规定,以确保鉴定结果的国际认可度。

2. 伦理挑战

(1) 公正性与客观性:鉴定人员必须保持中立,不受任何外部因素的影响,以确保鉴定结果的公正性和客观性。避免与个人利益或特定立场产生冲突的情况。

（2）职业操守与保密义务：作为专业人士，鉴定人员需要遵循严格的职业操守，包括对客户信息的保密义务。确保鉴定过程中获取的所有信息都受到保护，并且只能用于合法目的。

（3）利益冲突与回避原则：如果鉴定人员与案件存在利益冲突，应当主动回避，以避免任何偏见或不当影响。

文书鉴定作为司法鉴定的重要组成部分，其准确性和公正性对于维护司法公正至关重要。然而在实践中，鉴定人员需要面对技术、证据和法律与伦理等多方面的挑战。为了应对这些挑战，鉴定人员需要不断更新知识、提高技术水平，并严格遵守法律规定和职业道德。同时司法机关和社会各界也应给予鉴定工作足够的支持和理解，共同推动文书鉴定工作的进步和发展。

二、应对策略及效果

面对文书鉴定实务中的各种挑战，采取有效的应对策略不仅关系到鉴定结果的准确性和公正性，还直接影响着司法鉴定行业的整体形象和公信力。

（一）技术挑战的应对策略及效果

为了应对不断变化的伪造技术和手段，鉴定机构应加大对新技术的研发和应用力度。例如引入人工智能和机器学习算法，通过训练模型来识别文书中的伪造痕迹，大大提高了鉴定的准确率和效率。针对新型文书材料、墨水、纸张等的识别和分析难题，鉴定机构积极更新设备和技术，引进先进的文书鉴定工具和方法。这些新设备和技术的应用，使得鉴定人员能够更准确地分析文书的物理和化学特性，进而判断其真伪。通过加强电子数据的恢复和分析能力，来应对数字化和信息技术的发展带来的挑战；通过引进专业的数据恢复软件和设备，以及培养专业的数据分析人员，鉴定机构现在能够更有效地处理和分析电子文档，揭示其可能的篡改或伪造行为。

(二) 证据挑战的应对策略及效果

为应对证据不完整或损坏的问题,鉴定人员可以采用先进的技术手段进行恢复和重建。例如对于部分损毁的文书,可以利用高分辨率扫描仪和图像处理技术来恢复丢失的信息,或者通过化学和物理手段来复原模糊的笔迹和印章。这些技术不仅有助于还原证据的原始状态,还能提供更多细节,增强证据的说服力。面对证据伪造或篡改,可以加强对文书真实性的验证。通过使用光谱分析、显微观察等方法,检测出文书中存在的异常痕迹或修改。此外对于电子文档,也采用数字签名和时间戳等技术来验证其完整性和真实性。

为克服证据不充分的问题,可以依赖传统的文书证据,寻找和整合其他形式的证据,如视频监控、证人证言等,以构建一个更加完整和相互印证的证据链。这种多元化的证据收集方法提高了鉴定的全面性和准确性。针对证据时效性的问题,鉴定机构加强了对老旧证据的保存和复原工作。通过采用先进的保存技术和定期的检查维护,确保历史证据不会因时间流逝而失真。

(三) 法律与伦理挑战的应对策略及效果

在法律挑战方面,鉴定机构和鉴定人员严格遵守相关的法律法规,确保鉴定活动的合法性和合规性。他们密切关注法律动态,及时更新自己的法律知识,以确保在鉴定过程中不触犯法律红线。同时鉴定机构也加强了与法律顾问的合作,确保在遇到法律问题时能够得到及时、专业的指导。这些策略不仅降低了鉴定机构的法律风险,也提高了鉴定结果的法律认可度。在伦理挑战方面,鉴定机构和鉴定人员坚守职业道德,保持客观、公正的态度进行鉴定工作。通过加强职业道德教育,提高自身的伦理意识,确保在鉴定过程中不受外部因素的干扰,保持中立性。鉴定机构还建立了完善的监督机制,对鉴定人员的行为进行定期评估和审查,以确保其遵守职业道德规范。这些应对策略的实施,有效地提高了文书鉴定的法律合规性和伦理水平。鉴定结果的公正性、客观性和准确性得到了更好的保障,赢得了社会各界的广泛信任和尊重。同时也为司法鉴定行业的健康发展奠定了坚实的基础。

　　面对文书鉴定实务中的各种挑战，采取有效的应对策略是确保鉴定结果准确、公正的关键。通过技术创新、证据收集与保全的规范以及法律和伦理意识的提升，可以不断提高文书鉴定的质量和效率，为司法公正和社会稳定贡献力量。

第四章　笔迹鉴定的实务操作

第一节　笔迹鉴定的基础理论

一、笔迹鉴定的原理

笔迹鉴定是司法鉴定领域中的一个重要分支，它通过对书写笔迹的分析和比对，来确定文书的真伪或者书写人的身份。笔迹鉴定的原理建立在书写习惯的稳定性和独特性之上，每个人的书写习惯都受其生理、心理以及书写环境等多重因素的影响，因此形成的笔迹具有独特性和可识别性。

（一）书写习惯的稳定性和独特性

书写习惯的稳定性和独特性是笔迹鉴定的两大基石，每个人的书写习惯，就像指纹一样，几乎没有完全相同的。这种独特性是由每个人的生理结构、教育背景、书写练习情况以及个人气质等多重因素共同作用而形成的。随着时间的推移，这些习惯逐渐固化，并在成年后保持相对的稳定性。

书写习惯的稳定性意味着一个人的书写风格在长时间内不会发生根本性的变化。这种稳定性使得笔迹鉴定成为可能，因为即使在不同的时间、不同的环境下，同一人的笔迹也会展现出一致的特征。这种稳定性是由人的大脑皮层中书写动力定型的形成和保持所决定的。一且这种动力定型建立，它就具有相对的稳定性，不易受到外界因素的干扰。书写习惯的独特性则体现在每个人的笔迹都有其独特的风格和特征，这些特征包括但不限于笔画的粗细、书写速度、笔画的连接方式、文字的布局等。这些独特的书写习惯是由每个人的生理特点（如手指的灵活性、手腕的力量等）、心理特质（如性格的急躁或沉稳等）以及长期的书写实践共同塑造的。这种独特性使得笔迹鉴定能够准确地识别出不同的书写者。

（二）笔迹特征的比对与分析

笔迹特征的比对与分析是笔迹鉴定中的关键环节，这一过程涉及对检材笔迹和样本笔迹的细致观察与科学比对，以确定它们之间的相似性和差异性。

鉴定人员会关注笔迹的整体特征，如书写风格、笔画粗细、书写速度等。这些整体特征能够提供书写人书写习惯的宏观印象，有助于初步判断检材笔迹与样本笔迹是否出自同一人之手。深入比对和分析笔迹的细节特征，包括笔画的起笔、收笔、运笔和转折等细微之处，以及文字的布局、笔顺和连笔方式等。这些细节特征往往能反映出书写人的独特习惯和个性特点，是笔迹鉴定中不可或缺的依据。在进行笔迹特征比对时，鉴定人员还会注意排除偶然性的相似和差异。由于书写过程中会受到多种因素的影响，如书写速度、书写工具、纸张质量等，因此不是所有的相似或差异都具有鉴定价值。鉴定人员需要凭借丰富的经验和专业知识，准确识别哪些特征是本质的、稳定的，哪些特征是偶然的、可变的。现代科技手段在笔迹特征比对与分析中也发挥着重要作用，例如计算机图像处理技术可以帮助鉴定人员更精确地提取和比对笔迹特征，提高鉴定的准确性和效率。

（三）综合评判与科学结论

在笔迹鉴定过程中，综合评判与得出科学结论是至关重要的环节。这一阶段要求鉴定人员全面考虑各种因素，运用专业知识与丰富经验进行深入分析，最终给出准确、可靠的鉴定意见。

综合评判的过程中，鉴定人员要对之前比对分析阶段所得出的笔迹特征相似性和差异性进行全面的审视。他们需要考虑这些特征在整体和细节上的符合程度，评估这些特征在鉴定中的重要性。例如某些关键性的独特特征（如特殊的笔画习惯、连笔方式等）在确定书写人身份时具有更高的权重。除了笔迹特征的比对结果，鉴定人员还需要考虑其他相关因素，如检材笔迹与样本笔迹的书写条件、书写工具、纸张类型等。这些因素都会对笔迹的形成产生影响，因此在综合评判时不能忽视。例如不同的书写工具会产生不同的笔画粗细和墨迹渗透效果，这需要在评判时予以考虑。

鉴定人员还需要结合案情背景、涉案人员的个人情况等信息进行综合考量，包括涉案人员的年龄、教育程度、职业背景等，这些都对书写习惯产生影响。例如一个长期从事文字工作的人会形成与众不同的书写风格，这在笔迹鉴定中是需要特别注意的。在进行综合评判时，鉴定人员还需要保持客观、中立的态度，避免个人偏见或主观臆断。他们应该严格遵循科学的方法和程序，确保鉴定结论的客观性和公正性。同时鉴定人员还应该具备扎实的专业知识和丰富的实践经验，以便能够准确识别和评估各种笔迹特征及其背后的意义。经过深入的综合评判，鉴定人员需要给出一个科学、准确的鉴定结论。这个结论应该明确、具体，并详细说明得出结论的依据和理由。在给出结论时，鉴定人员还需要注意使用恰当的专业术语，避免使用模糊或含糊不清的表述。

笔迹鉴定并非万能，其结果也会受到多种因素的影响而产生偏差。在司法实践中，笔迹鉴定结论通常需要与其他证据相互印证，才能形成完整的证据链条。同时对于鉴定结论的异议和争议，也应该通过科学的方法和程序进行解决，以确保司法公正和公平。

笔迹鉴定的原理建立在书写习惯的稳定性和独特性之上，通过对笔迹特征的比对与分析，以及综合评判与科学结论的得出，能够准确地确定文书的真伪或书写人的身份。这一原理在司法鉴定实践中具有广泛的应用价值，为揭示案件真相、维护司法公正提供了有力的技术支持。

二、笔迹特征

笔迹特征在笔迹鉴定中占据着举足轻重的地位。它们不仅是书写人书写习惯的直观体现，更是鉴定人员进行分析和比对的重要依据。笔迹特征包括整体特征和细节特征两大类，这些特征共同构成了书写人独特的"笔迹指纹"。

（一）整体特征

在笔迹鉴定中，整体特征是对书写人书写习惯和风格的宏观把握，它体现了书写人在书写过程中一贯的表现形式和特点。这些整体特征就像书写人的"个性标签"，在大量的书写样本中保持着相对稳定的状态，为笔迹鉴定提供了重要的参考依据。

书写的流畅度是整体特征中的重要一项，每个人的书写流畅度都有所不同，有些人书写时笔画如行云流水，一气呵成，而有些人则显得较为生硬和断续。这种流畅度的差异往往与书写人的性格、情绪和书写环境等因素有关。例如性格开朗、情绪稳定的人往往书写流畅，而性格内向、情绪紧张的人则可能书写较为生硬。笔画的轻重也是整体特征中的重要方面，不同的人在书写时会施加不同的力度，从而在纸张上留下深浅不一的痕迹。有些人习惯用重笔，笔画粗重有力；而有些人则习惯用轻笔，笔画纤细轻盈。这种笔画的轻重特征在笔迹鉴定中具有一定的参考价值，可以帮助鉴定人员判断书写人的书写习惯和力量特点。文字的大小和间距也是整体特征中不可忽视的一部分，每个人在书写时都会形成自己独特的文字大小和间距习惯。有些人习惯写大字，文字之间的间距较大，显得开阔舒展；而有些人则习惯写小字，文字紧凑密集。这些特征在笔迹鉴定中同样具有一定的意义，可以帮助鉴定人员更好地了解书写人的书写风格和习惯。除了上述特征外，整体特征还包括书写的速度、节奏以及整体的布局等。书写速度的快慢、节奏的匀称与否以及整体布局的合理性等，都是书写人书写习惯的体现。这些特征在笔迹鉴定中同样具有重要的作用，可以为鉴定人员提供更多的线索和依据。

在笔迹鉴定的实践中，鉴定人员会综合运用这些整体特征来进行全面的分析和比对。他们会观察检材笔迹和样本笔迹在整体特征上是否存在一致性和相似性，从而判断两者是否为同一人所写。同时还会结合其他证据和线索来进行综合评判，以确保鉴定结论的准确性和可靠性。整体特征虽然重要，但并非绝对可靠。在某些情况下，书写人会因为情绪、环境等因素的改变而调整自己的书写习惯和风格。因此在笔迹鉴定中，鉴定人员需要保持客观、谨慎的态度，综合运用各种特征和方法来进行全面的分析和判断。

（二）细节特征

在笔迹鉴定中，细节特征是揭示书写人独特书写习惯的关键。与整体特征相比，细节特征更加具体和微观，它们体现在每一个笔画的起落、转折、连接等细微之处，是书写人无意识中流露出的个性化痕迹。

笔画的起笔和收笔方式是细节特征中的重要一环，不同的人在书写时，起笔和收笔的动作各有千秋。有的人起笔轻盈，逐渐加重力度；有的人则喜欢以重笔开始，再逐渐减轻。收笔时，有的人会做出一个明显的停顿或上扬，而有的人则收得干净利落。这些细微的差异，都是鉴定时不可忽视的线索。笔画的转折和连接也蕴含着丰富的信息。在书写连续的笔画或字母时，转折的圆滑程度、连接的自然与否，都能反映出书写人的习惯和技巧。例如有的人在书写"m"或"n"这样的连续字母时，连接处会显得格外流畅自然，而有的人则在转折处显得稍显生硬。文字内部的细小笔画，如点、横、竖、撇、捺等，也是细节特征的重要组成部分。这些笔画的长度、方向、弯曲程度等，都能为鉴定提供有力的依据。例如有的人在书写"点"时，喜欢用力一顿，形成一个明显的小圆点；而有的人则只是轻轻一点，形成一个较小的点。墨水的分布和笔压的变化也是不容忽视的细节特征，书写过程中，墨水的浓淡、笔压的轻重都会在纸张上留下独特的痕迹。有的人习惯在书写过程中不断调整笔压，从而形成深浅不一的笔画；有的人则保持相对稳定的笔压，使得笔画看起来更加均匀。

在笔迹鉴定过程中，对这些细节特征的准确把握和分析至关重要。鉴定人员需要凭借专业的训练和丰富的经验，敏锐地捕捉这些细微的差异，进而推断出书写人的独特习惯和个性特点。同时他们还需要结合整体特征和其他证据进行综合评判，以确保鉴定结果的准确性和可靠性。细节特征虽然具有高度的个性化特点，但也受到多种因素的影响而发生变化。书写工具的不同、纸张质量的差异以及书写人身体状况的变化等，都会对细节特征产生影响。因此在鉴定过程中，鉴定人员需要充分考虑这些因素对笔迹特征的影响，以确保鉴定结果的客观性和公正性。

笔迹特征是笔迹鉴定的核心要素，它们就像书写人的"身份指纹"，独特且稳定。通过对整体特征和细节特征的深入分析和比对，鉴定人员能够准确识别书写人的书写习惯，从而为司法鉴定提供有力支持。随着科技的发展，计算机图像处理技术和人工智能等先进手段的应用，也使得笔迹特征的提取和比对更加精确和高效。无疑提升了笔迹鉴定的科学性和准确性，为揭示案件真相、维护司法公正提供了更为坚实的证据基础。

第二节 笔迹鉴定的步骤与方法

一、检材与样本

笔迹鉴定作为一种科学手段，旨在通过比对和分析书写人的笔迹特征，以确定特定文书的真实性或识别书写者身份。在进行笔迹鉴定的过程中，检材与样本的选择、收集与保管是至关重要的环节，它们直接关系到鉴定的准确性和可靠性。

（一）检材的收集与选择

在笔迹鉴定的实务操作中，检材的收集与选择是一个至关重要的环节。检材，即待鉴定的笔迹材料，是进行笔迹比对和分析的基础。其质量的好坏直接影响到鉴定结果的准确性和可靠性。因此必须以严谨的态度和科学的方法来对待这一环节。

检材的收集应遵循一定的原则，在刑事案件中，检材的收集通常由侦查机关负责，他们需要在第一时间赶赴现场，对涉案的笔迹进行提取和固定。在这一过程中，必须确保检材的原始性、真实性和完整性。任何对检材的篡改或污染都可能导致鉴定结果的失真，进而影响案件的公正处理。侦查人员在收集检材时，必须严格按照规定的程序和方法进行，避免任何可能的操作失误。检材的选择也是一门学问，并非所有的笔迹材料都适合作为检材进行鉴定。在选择检材时，要考虑多个因素，如笔迹的清晰度、完整性、可辨识度以及其与案件事实的关联性。优先选择字迹清晰、特征明显的笔迹作为检材，可以大大提高鉴定的准确性。例如在一份伪造签名的案件中，应选择签名笔迹清晰、无明显涂抹或修改痕迹的文书作为检材。这样鉴定人员可以更容易地识别出签名中的特征点，进而与嫌疑人的笔迹进行比对。检材的数量和质量也是影响鉴定结果的重要因素，一般来说，检材数量越多，质量越高，鉴定结果的准确性也就越高。在条件允许的情况下，应尽可能多地收集与案件相关的笔迹材料作为检材。同时也要注意检材的保存状况。如果检材受到潮湿、污染或长时间暴露于阳光下等因素的影响，其笔迹特征会发生变化，从而影响鉴定结果的准确性。因此在收集到检材后，应妥善保管，确保其处于干燥、避光的环境中。

除了以上提到的几点外，还应关注检材与样本之间的可比性。在笔迹鉴定中，通常会将检材与已知书写人的样本进行比对。在选择检材时，需要考虑其与样本之间的相似性和差异性。如果检材与样本在书写风格、字体大小、笔画粗细等方面存在明显差异，那么鉴定结果会受到影响。为了避免这种情况的发生，在选择检材时，应选择与样本相似度高的笔迹材料。

（二）样本的收集与选择

在笔迹鉴定过程中，样本的收集与选择同样是一个不可或缺的环节。

样本，即已知书写人的笔迹材料，是笔迹鉴定的重要参照。与检材相比，样本的选取同样需要严谨和精细，以确保鉴定的准确性和可靠性。

样本的收集应遵循科学性和合法性的原则，科学性意味着样本的收集应基于书写习惯的稳定性和可预测性，确保所收集的样本能够真实反映书写人的书写特征。同时样本的收集过程必须符合法律规定，尤其是在涉及法律诉讼的笔迹鉴定中，非法的样本收集可能导致证据无效。样本的选择应注重多样性和可比性，多样性意味着应收集书写人在不同时间、不同环境、不同书写工具和材料下的笔迹样本，以全面反映其书写习惯。这样做有助于鉴定人员更全面地了解书写人的书写特征，从而提高鉴定的准确性；可比性则要求所选样本与检材在书写风格、字体大小、笔画粗细等方面具有一定的相似性，以便于进行准确的特征比对。

在实际操作中，样本的收集与选择往往面临诸多挑战。例如书写人的书写习惯会随时间和环境的变化而发生变化，这就要求鉴定人员具备丰富的经验和敏锐的观察力，以识别并排除那些可能因时间或环境因素而产生的干扰特征。如果书写人故意改变书写习惯以逃避鉴定，鉴定人员更需通过大量的样本分析和比对，揭示出书写人的真实书写特征。

为了确保样本的可靠性和有效性，鉴定人员可以采取多种措施。一方面，可以从多个渠道收集样本，如书写人的日常书写材料、公文、信件等，以丰富样本的来源和类型。另一方面，可以对所收集的样本进行详细的分类和整理，以便于后续的比对和分析工作。在收集与选择样本的过程中，鉴定人员还需注意保护书写人的隐私权和合法权益。对于涉及个人隐私的样本材料，应严格保密，避免泄露给无关人员。同时在收集样本时，充分告知书写人相关权利和风险，并取得其明确同意。

（三）检材与样本的保管

在笔迹鉴定过程中，检材与样本的保管工作至关重要。这一环节不仅关乎鉴定结果的准确性和可靠性，更涉及到法律程序和司法公正的严肃性。因此必须高度重视并采取科学有效的措施来确保检材与样本的安全、完整和可追溯性。

明确检材与样本保管的基本原则，一是安全性原则，即必须确保检材与样本不被破坏、篡改或遗失；二是完整性原则，要保证检材与样本在保管过程中保持原始状态，不受任何外界因素的影响；三是可追溯性原则，每一份检材与样本都应有详细的记录和标识，以便于后续的查找和核对。

为了实现这些原则，需要采取一系列具体的保管措施。一是物理保管措施，包括建立专门的存储设施，如防火、防潮、防尘的专用柜或库房，以确保检材与样本在适宜的环境中保存。同时要定期对存储设施进行检查和维护，确保其正常运行。此外对于重要的检材与样本，还可以采取加密、封存等额外的安全措施。除了物理保管措施外，还需要建立完善的记录和管理系统。每一份检材与样本都应进行详细的登记，包括名称、来源、收集时间、保存位置等信息。这些信息应录入专门的数据库或档案管理系统中，以便于后续的查询和追踪。建立严格的借阅和归还制度，确保检材与样本在流转过程中的安全。

在保管过程中，还需要注意一些特殊情况的处理。例如对于易损或易变的检材与样本，如墨迹易褪色的文书或易氧化的物证，应采取特殊的保存方法，如冷藏、避光等，以延长其保存时间。对于涉及敏感信息的检材与样本，如个人隐私或商业机密，应采取额外的保密措施，如加密存储、限制访问等。随着科技的发展，数字化技术在检材与样本的保管中也发挥了越来越重要的作用。通过扫描、拍照或录像等方式，可以将检材与样本转化为数字形式进行存储和管理。这种方式不仅节省了物理存储空间，还方便了信息的检索和共享。但需要注意的是，数字化存储也存在数据丢失、被篡改等风险，因此必须采取相应的安全措施来保障数据的安全性。定期对检材与样本的保管工作进行检查和评估，通过定期盘点、质量抽检等方式，确保每一份检材与样本都得到了妥善的保管。及时发现和解决存在的问题，不断完善保管措施和管理制度。

检材与样本的收集、选择和保管是笔迹鉴定过程中的重要环节。它们的准确性和可靠性直接关系到笔迹鉴定的结果。在实际操作中应严格按照科学的方法和程序进行,以确保笔迹鉴定的准确性和公正性。随着科技的发展,可以利用先进的技术手段对检材与样本进行更为精确的分析和比对,进一步提高笔迹鉴定的科学性和可靠性。

二、笔迹鉴定的步骤与方法

笔迹鉴定作为司法鉴定的重要组成部分,对于揭示文书真相、确认文件真伪具有关键作用。笔迹鉴定的步骤与方法,是每一位鉴定人员必须熟练掌握的专业技能。科学、规范的鉴定流程不仅能提高鉴定的准确性,还能确保鉴定结果的公正性和可信度。

(一)笔迹鉴定的基本步骤

笔迹鉴定,作为司法鉴定的一项重要技术手段,对于揭示文书真相、打击违法犯罪行为具有重要的意义。在进行笔迹鉴定时,鉴定人员必须遵循一套科学、规范的鉴定步骤,以确保鉴定结果的准确性和公正性。

笔迹鉴定的第一步是收集与审查材料,这一步是整个鉴定过程的基础,也是确保后续步骤能够顺利进行的关键。在收集材料时,鉴定人员需要确保所收集到的检材(即待鉴定的文书)和样本(已知书写人的笔迹)是真实、完整且原始的。这要求鉴定人员具备敏锐的观察力和丰富的经验,能够准确识别出材料的真伪和完整性。对于收集到的材料,鉴定人员还需要进行详细的审查,以确定其是否满足鉴定的要求。第二步是观察与分析特征,在这一步骤中,鉴定人员需对收集到的笔迹材料进行细致入微的观察,从中提取出书写习惯、笔画顺序、笔压、笔速等关键特征。这些特征的分析是后续比对工作的基石,因此鉴定人员需要具备扎实的专业知识和丰富的实践经验。在观察过程中,鉴定人员还需要注意保持客观中立的态度,避免主观偏见对鉴定结果的影响。第三步是比对与识别,在这一步骤中,鉴定人员需要将检材与样本进行逐一比对,寻找两者之间的相似点和差异点。比对过程中,鉴定人员要综合运用各种比对方法,如直观比对、测量分析等,以确保比对的准确性和可靠性。同时鉴定人员还需要注意比对过程中的每一个细节,以免遗漏任何可能对鉴定结果产生影响的因素。第四步是综合评判与结论，在这一步骤中，鉴定人员需要基于前面的比对结果，对各项特征进行综合评判，并最终得出鉴定结论。结论的得出需要遵循客观、公正的原则，并基于充分的证据支持。为确保结论的准确性和可信度，鉴定人员还需要对结论进行反复的推敲和验证，确保其经得起实践的检验。

(二) 笔迹鉴定的常用方法

笔迹鉴定作为司法鉴定的重要技术手段，在揭示文书真伪、辅助法律程序等方面发挥着至关重要的作用。为确保笔迹鉴定的准确性和公正性，鉴定人员需要掌握一系列科学有效的鉴定方法。

直观比对法是笔迹鉴定中最基础也最常用的方法之一，它依赖于鉴定人员的丰富经验和敏锐的观察力，通过肉眼直接观察检材与样本的笔迹特征，进行初步的比对和识别。在进行直观比对时，鉴定人员会关注书写习惯、笔画顺序、字形结构、笔压和笔速等方面的特征，寻找相似点和差异点。这种方法简单易行，但要求鉴定人员具备高超的专业素养和丰富的实践经验，以确保比对的准确性和可靠性。测量分析法则是一种更为精确的鉴定方法，它利用专业工具对笔迹的笔画宽度、角度、方向等进行精确测量，通过数据分析来辅助鉴定。这种方法能够提供更客观、定量的依据，减少主观判断的影响。在进行测量分析时，鉴定人员会使用显微镜、测量尺等工具，对笔迹的细微特征进行精确测量和记录。通过对比检材和样本的测量数据，鉴定人员能够更准确地判断笔迹的一致性或差异性。随着科技的不断发展，计算机辅助鉴定法在笔迹鉴定中的应用越来越广泛。这种方法借助计算机技术，对笔迹进行数字化处理，通过算法自动提取和比对特征。计算机辅助鉴定法具有高效、准确的特点，能够处理大量的笔迹数据，并提供更为客观、科学的鉴定结果。在使用计算机辅助鉴定法时，鉴定人员需要将检材和样本的笔迹扫描或拍摄成数字图像，然后利用专门的软件进行处理和分析。软件会自动提取笔迹中的特征点，并进行比对和匹配，从而辅助鉴定人员作出准确的判断。除了上述三种常用方法外，还有一些其他的辅助方法，如光谱分析法、化学分析法等，这些方法在某些特定情况下也具有重要的应用价值。例如光谱分析法可以通过分析笔迹中的墨水成分来辅助鉴定；化学分析法则可以通过检测笔迹中的化学物质来判断书写时间和书写工具等。

笔迹鉴定的步骤与方法是确保鉴定结果准确可靠的关键，从材料的收集审查到特征的观察分析，再到最后的比对识别和综合评判，每一步都需要鉴定人员严谨细致地完成。随着科技的发展，计算机辅助鉴定等先进技术的应用将进一步提升笔迹鉴定的效率和准确性。在未来的司法鉴定实践中，应不断探索和完善笔迹鉴定的方法体系，以更好地服务于法律公正和社会正义。

第三节 伪装、摹仿、变化笔迹检验

一、伪装、摹仿、变化笔迹的概念和种类

笔迹鉴定作为司法鉴定的重要分支，对于揭露事实、还原真相具有重要意义。在实际操作中，我们经常会遇到伪装、摹仿和变化笔迹的情况，这些都为笔迹鉴定带来了更大的挑战。为了更好地理解和处理这些特殊笔迹，本节将对伪装、摹仿、变化笔迹的概念和种类进行深入的探讨。

（一）伪装笔迹

伪装笔迹，是指书写者为了掩盖自己真实的书写习惯，通过刻意改变书写方式而形成的笔迹。在实际生活中，伪装笔迹的出现往往与某些不法行为相关联，如伪造文件、签名等。因此在司法鉴定中，对伪装笔迹的识别和分析具有极其重要的意义。

伪装笔迹的产生，源于书写者试图通过改变字形、书写速度、笔压等多种方式来隐匿自己的真实书写特征。这种伪装是无意识的，比如书写者在特定情境下不自觉地改变了自己的书写习惯；也是有意识的，如

为了逃避法律责任而故意伪装笔迹。无论哪种情况，伪装笔迹都给笔迹鉴定带来了一定的难度。

伪装笔迹的种类繁多，根据其伪装方式和特点，可以大致分为以下几类：

（1）字形伪装：书写者故意改变字体的形状、大小和结构，以掩盖自己的真实书写习惯。例如＝将原本圆润的字体变得棱角分明，或者将大字写小、小字写大等。这种伪装方式较为常见，但往往也容易被鉴定人员识破。

（2）速度伪装：书写者通过刻意加快或减慢书写速度来伪装笔迹，快速书写会使字迹变得潦草难辨，而慢速书写则使字迹变得过于规整，与书写者的真实笔迹产生差异。

（3）笔压伪装：书写者可以通过改变笔压来伪装笔迹，重压会使字迹变粗、颜色加深，而轻压则使字迹变细、颜色变浅。这种伪装方式会改变字迹的形态和特征，但也需要书写者有较高的控制力。

（4）左手伪装：一些书写者为了掩盖自己的真实笔迹，会尝试使用非惯用手（如左手）进行书写。这种伪装方式往往会使字迹变得扭曲、不自然，与真实笔迹存在较大差异。但长时间使用非惯用手书写也会使书写者感到不适，因此这种伪装方式并不常见。

（5）混合伪装：为了增加伪装的复杂性，有些书写者会同时使用多种伪装方式。例如在改变字形的同时加快书写速度，或者使用左手进行慢速书写等。这种混合伪装方式无疑增加了鉴定的难度，需要鉴定人员具备更高的专业素养和丰富的实践经验。

在司法鉴定实践中，对伪装笔迹的检验需要结合多种方法和技术手段进行综合分析。除了传统的形态学比较、测量分析等方法外，还可以借助现代科技手段如图像处理技术、人工智能算法等进行辅助分析。鉴定人员还需要了解书写者的心理状态、书写环境等背景信息，以便更准确地判断伪装笔迹的真实性和意图。

（二）摹仿笔迹

摹仿笔迹，是指在某种动机驱使下，书写人试图模仿他人的书写风格和特征而形成的笔迹。这种笔迹与原始笔迹在形态上可能高度相似，但往往缺乏被摹仿者笔迹的精髓和内在规律，因此在司法鉴定中，识别摹仿笔迹对于揭露真相具有重要意义。摹仿笔迹的产生往往伴随着特定的目的和动机，例如在伪造文件、签名或遗嘱等情境中，为了达到混淆视听、误导他人的目的，书写者会选择摹仿他人的笔迹。此外在某些艺术作品中，为了达到特定的艺术效果，艺术家也会摹仿前人的书法风格。

摹仿笔迹的种类可根据摹仿的程度和方式进行分类，一种是完全摹仿，即书写者试图全方位地复制被摹仿者的笔迹特征，包括字形、笔划、笔压等各个方面。这种摹仿方式需要书写者具备较高的书写技巧和观察能力，但即便如此，由于每个人的书写习惯和生理特征都是独一无二的，因此完全摹仿的笔迹往往也会在细节上露出破绽。另一种是部分摹仿，即书写者只选择性地摹仿被摹仿者笔迹的某些特征，而保留自己的部分书写习惯。这种摹仿方式相对容易实现，但也更容易被鉴定人员识别出来。因为部分摹仿的笔迹在整体上呈现出一种不协调感，既有被摹仿者的特征，又夹杂着书写者自己的风格。

在司法鉴定实践中，对摹仿笔迹的检验需要综合运用多种方法和技术手段。鉴定人员需要对被摹仿者的原始笔迹进行深入的研究和分析，掌握其书写习惯和特征。通过对比摹仿笔迹与原始笔迹在字形、笔划、笔压等方面的异同点，以及整体书写风格的协调性来识别摹仿笔迹。还可以借助现代科技手段如图像处理技术、人工智能算法等进行辅助分析以提高识别的准确性。

摹仿笔迹的检验并非易事，由于每个人的书写习惯和特征都是独特的且复杂的，因此摹仿笔迹的识别需要鉴定人员具备丰富的实践经验和敏锐的观察力。随着科技的发展和创新方法的不断涌现也为摹仿笔迹的检验带来了新的挑战和机遇。除了技术层面的挑战外，摹仿笔迹的检验还受到诸多因素的影响如书写者的心理状态、书写环境以及摹仿的动机和目的等。在司法鉴定过程中鉴定人员需要综合考虑各种因素以确保检验结果的准确性和可靠性。

（三）变化笔迹

变化笔迹，是指在书写过程中，由于书写条件、书写环境、书写人的心理状态等多种因素的影响，导致笔迹与书写人平时的正常笔迹有所不同。这种变化是微妙的，也是显著的，但都对笔迹鉴定工作带来了一定的挑战。

变化笔迹的产生原因是多方面的，一是书写条件的变化，如使用不同的书写工具、纸张质地、墨水类型等，都会对笔迹产生影响。例如使用圆珠笔书写与使用毛笔书写的笔迹就会有明显差异。二是书写环境的变化，如在颠簸的汽车上书写与在平稳的书桌上书写，其笔迹必然不同。三是书写人的心理状态，当书写人处于紧张、焦虑、疲劳等状态时，其笔迹会变得潦草、不规整，甚至出现错别字和涂改。

变化笔迹的种类繁多，根据其产生的原因和特点，可以大致分为以下几类：

（1）工具变化笔迹：由于使用了不同类型的书写工具而产生的笔迹变化。如使用铅笔、钢笔、圆珠笔等书写时，笔迹的粗细、颜色、流畅度等都会有所不同。

（2）环境变化笔迹：由于书写环境的变化而导致的笔迹变化。如在户外、车内、床上等不同环境下书写，其笔迹的稳定性和规整性都会受到影响。

（3）心理变化笔迹：由于书写人心理状态的变化而产生的笔迹变化，如书写人在紧张、激动、疲惫等心理状态下，其笔迹会变得紧张、潦草或无力。

（4）疾病或药物影响笔迹：当书写人患有某些疾病或服用某些药物时，其笔迹也会发生变化。如手部颤抖导致笔迹不稳定，而某些药物使书写人的反应变慢，导致笔迹变得迟钝。

在司法鉴定中，对变化笔迹的检验需要特别谨慎。鉴定人员需要综合考虑各种影响因素，对笔迹进行全面的分析和比对。同时还需要结合其他证据和情况，如书写人的健康状况、心理状态、书写环境等，进行综合判断。为了更准确地识别和分析变化笔迹，鉴定人员可以采用多种方法和技术手段进行辅助分析。如利用图像处理技术对笔迹进行清晰化处理，提取关键特征；利用统计学方法对笔迹特征进行量化分析；还可以结合人工智能算法对笔迹进行自动识别和比对。

伪装、摹仿、变化笔迹是笔迹鉴定中常见的三种特殊类型，它们各自具有独特的特点和识别方法。在进行笔迹鉴定时，鉴定人员需要根据具体情况灵活运用专业知识，结合书写人的书写习惯、心理状态等因素进行综合判断，以确保鉴定结果的准确性和可靠性。随着科技的发展，新的鉴定技术和方法不断涌现，为笔迹鉴定提供了更多的可能性和挑战。需要不断学习和探索，以适应司法鉴定工作的新需求和新挑战。

二、伪装、摹仿、变化笔迹的特点及鉴定方法

在笔迹鉴定过程中，经常会遇到伪装、摹仿和变化笔迹的情况。这些笔迹与常规笔迹存在显著差异，因此对它们的准确识别在司法鉴定中具有重要意义。

（一）伪装笔迹的特点及鉴定方法

伪装笔迹，作为司法鉴定中的一个重要领域，指的是书写者为了掩盖自己的真实书写习惯而刻意改变书写方式所形成的笔迹。这种笔迹在刑事案件、民事纠纷以及各类需要笔迹验证的场合中经常出现，给鉴定工作带来了一定的难度。

1. 伪装笔迹的特点

（1）字形改变：书写者会故意改变字体的形状、大小和结构，以掩盖自己的真实书写特征。例如平时习惯写楷书的书写者会改用行书或草书，或者将字体写得异常大或异常小。

（2）速度变化：为了伪装笔迹，书写者会刻意加快或减慢书写速度。

快速书写会使字迹变得潦草难辨,从而隐藏真实的书写习惯;而慢速书写则使字迹变得过于规整,与日常书写风格大相径庭。

(3)笔压调整:书写者会通过改变笔压来伪装笔迹,重压会使字迹变粗、颜色加深,呈现出与平时不同的形态;轻压则使字迹变细、颜色变浅,甚至在某些部分出现断笔现象。

(4)复杂的伪装手法:为了增加伪装的复杂性,书写者会同时使用多种伪装方式,如改变字形的同时调整书写速度和笔压,使得伪装笔迹更加难以识别。

(5)不自然与矛盾:由于书写者在伪装过程中需要刻意控制自己的书写,因此伪装笔迹中往往会出现不自然或矛盾的书写元素,如突然的方向改变、不连贯的笔画等。

2. 伪装笔迹的鉴定方法

(1)对比分析法:将伪装笔迹与书写者的正常笔迹进行对比分析,通过比较字形、笔画粗细、书写方向等方面的差异,发现伪装笔迹与正常笔迹之间的不同之处。

(2)特征提取法:仔细观察伪装笔迹,提取其中的关键特征,如特定的笔画习惯、连笔方式、笔画的起始和结束方式等。这些特征往往难以完全伪装,可以作为识别伪装笔迹的重要依据。

(3)心理分析法:结合书写者的心理状态进行分析,当书写者有伪装动机时,其心理状态往往比较紧张,导致伪装笔迹中出现一些不自然的书写现象。通过心理分析,可以进一步验证伪装笔迹的真实性。

(4)实验验证法:在必要时,要求书写者提供现场书写的样本,以便与伪装笔迹进行对比。通过观察和比对现场书写的样本和伪装笔迹,可以更加准确地判断伪装笔迹的真实性。

(5)综合判断法:在实际鉴定过程中,往往需要综合运用上述各种方法,结合书写者的书写习惯、心理状态、书写环境等多方面因素进行综合判断。

伪装笔迹的鉴定是司法鉴定中的一项重要任务,通过对伪装笔迹的深入研究和准确鉴定,可以更好地揭示事实真相,为司法公正提供有力支持。同时随着科技的发展和创新方法的不断涌现,对伪装笔迹的鉴定能力也将不断提升。

(二)摹仿笔迹的特点及鉴定方法

1. 摹仿笔迹的特点

(1)形态相似性:摹仿笔迹与被摹仿者的原始笔迹在形态上存在高度相似性。书写者会努力模仿被摹仿者的字形、笔画粗细、书写方向等,以达到混淆视听的目的。

(2)细节差异:尽管摹仿者会尽量模仿被摹仿者的笔迹,但在细节上往往难以完全复制。这些差异体现在笔画的起始和结束方式、连笔习惯、笔压等方面。

(3)不稳定性:由于摹仿者需要刻意控制自己的书写以模仿他人,因此摹仿笔迹中会出现不稳定的现象,如笔画颤抖、方向突然改变等。

(4)保留个人特征:尽管摹仿者试图隐藏自己的书写特征,但在摹仿过程中往往无意识地保留了一些个人的书写习惯。这些个人特征是微小的,但对于鉴定人员来说却是重要的线索。

(5)整体协调性不足:摹仿笔迹在整体上呈现出一种不协调感,由于摹仿者需要同时关注多个方面的模仿,因此导致整体笔迹的协调性受到影响。

2. 摹仿笔迹的鉴定方法

(1)形态比对法:将摹仿笔迹与被摹仿者的原始笔迹进行形态比对,通过仔细观察两者之间的相似性,可以初步判断笔迹是否为摹仿所成。同时也要关注细节上的差异,以进一步验证摹仿的可能性。

(2)特征识别法:识别摹仿笔迹中可能保留的摹仿者的个人特征,这些特征包括特定的笔画习惯、连笔方式等。通过识别这些特征,可以为判断摹仿笔迹提供有力证据。

(3)综合分析法:综合考虑摹仿笔迹的整体风格、局部特征和摹仿者的书写习惯进行综合判断。通过对比分析多个方面的信息,可以更加准确地识别摹仿笔迹。

（4）心理分析法：结合摹仿者的心理状态进行分析，摹仿行为往往伴随着特定的动机和目的，通过探究摹仿者的心理状态，可以进一步验证摹仿笔迹的真实性。

（5）实验验证法：在必要时，要求摹仿者提供现场书写的样本，以便与摹仿笔迹进行对比。通过观察和比对现场书写的样本和摹仿笔迹，可以更加准确地判断摹仿的真实性。

摹仿笔迹的鉴定是笔迹鉴定领域的一项重要任务，通过对摹仿笔迹的深入研究和准确鉴定，可以更好地揭示事实真相，为司法公正提供有力支持。同时随着科技的发展和创新方法的不断涌现，对摹仿笔迹的鉴定能力也将不断提升。鉴定人员需要不断学习和实践，以提高自己的鉴定水平，确保鉴定结果的准确性和可靠性。

（三）变化笔迹的特点及鉴定方法

1. 变化笔迹的特点

（1）多样性：变化笔迹因不同的影响因素而呈现出多种形态，例如书写环境的改变导致笔迹的流畅度、笔画粗细等发生变化；书写工具的不同会影响笔迹的清晰度和颜色；而书写人心理状态的变化则可能导致笔迹的规整度、书写速度等有所改变。

（2）不稳定性：变化笔迹往往具有不稳定性，即同一书写者在不同时间或不同条件下书写的笔迹存在较大差异。这种不稳定性给笔迹鉴定带来了一定的挑战。

（3）难以预测性：由于影响笔迹变化的因素众多且复杂，因此变化笔迹往往难以预测。即使在相同的书写条件下，同一书写者的笔迹也因个人状态的不同而发生变化。

（4）与原笔迹的关联性：尽管变化笔迹与原笔迹存在差异，但它们之间仍存在一定的关联性。鉴定人员需要通过仔细比对和分析，找出两者之间的联系和规律，从而准确识别变化笔迹。

2. 变化笔迹的鉴定方法

（1）条件分析法：分析书写条件对笔迹的影响，例如考虑书写环境（如光线、桌面平整度等）、书写工具（如笔的类型、墨水颜色等）以及书写材料（如纸张质地、吸墨性等）对笔迹的影响。通过排除这些外部因素的影响，更准确地判断笔迹的真实性和一致性。

（2）心理评估法：评估书写者在书写过程中的心理状态，心理状态的变化往往会对笔迹产生影响，如紧张、焦虑等情绪导致笔迹变得潦草或颤抖。通过了解书写者的心理状态，可以更好地理解笔迹变化的原因。

（3）比对分析法：将变化笔迹与书写者的正常笔迹进行比对分析，通过寻找两者之间的相似性和差异性，可以判断笔迹是否真实以及是否存在伪装或摹仿的可能。

（4）专家评估法：请教笔迹鉴定专家或书法家对变化笔迹进行评估。他们具有丰富的经验和专业知识，能够更准确地识别和分析笔迹的特点和变化规律。

（5）综合判断法：在实际鉴定过程中，往往需要综合运用上述各种方法，结合书写者的书写习惯、心理状态、书写环境等多方面因素进行综合判断。通过全面、客观地分析各种证据和信息，可以得出更准确的鉴定结论。

总结以上内容，将不同笔迹的特点和鉴别方法绘制成表，见表4-1：

表 4-1　　　　　　　　　不同笔迹的特点和鉴别方法

类别	特点	鉴定方法
伪装笔迹	1. 刻意改变书写习惯 2. 可能出现不自然的书写元素 3. 字形、速度、笔压等的改变	1. 对比分析法：与正常笔迹对比 2. 特征提取法：寻找关键伪装特征 3. 心理分析法：考虑伪装动机 4. 综合分析法：结合多方面信息进行判断

续表

类别	特点	鉴定方法
摹仿笔迹	1. 形态上与原始笔迹相似 2. 细节上存在差异 3. 可能保留摹仿者的个人习惯	1. 形态比对法：与原始笔迹比对 2. 特征识别法：识别摹仿者的个人特征 3. 综合分析法：整体与局部特征分析 4. 心理分析法：探究摹仿动机和心理状态
变化笔迹	1. 多样性：受多种因素影响 2. 不稳定性：笔迹可能有所不同 3. 与原笔迹存在关联性	1. 条件分析法：分析书写条件和环境 2. 心理评估法：评估书写者心理状态 3. 比对分析法：与正常笔迹比对 4. 专家评估法：请教专业人士进行评估

伪装、摹仿、变化笔迹是笔迹鉴定中常见的挑战，通过对这些特殊笔迹的深入研究和准确鉴定，可以更好地揭示事实真相，为司法公正提供有力支持。在实际操作中，鉴定人员应综合运用各种方法和技术手段，结合书写者的书写习惯、心理状态等因素进行综合判断，以确保鉴定结果的准确性和可靠性。随着科技的发展和创新方法的不断涌现，这些特殊笔迹的鉴定能力将不断提升，为司法鉴定工作带来新的突破和进展。

第四节　笔迹鉴定案例分析

一、实操经验

在笔迹鉴定领域，实操经验是至关重要的。这不仅仅是因为笔迹鉴定本身的技术性，更因为每一份笔迹都蕴含着书写者的个体特征，这些特征在鉴定过程中起着决定性的作用。

观察是笔迹鉴定的基础，当面对一份待鉴定的笔迹时，要先对整体进行观察，看其布局是否合理，字迹是否流畅，有无明显的停顿或修改痕迹。这些细节往往能反映出书写者的心理状态和书写习惯。接着深入到每一个字的细节，观察笔画的粗细、方向、笔力等，这些都是判断笔迹真伪的重要依据。比对是笔迹鉴定的核心环节，在比对过程中，将待鉴定的笔迹与已知的样本进行逐一比对。这不仅仅是形态上的比对，更是对书写习惯、笔力分布、连笔方式等深层次特征的比对。例如有的人在写字时会有特定的连笔习惯，这种习惯在伪造笔迹中是很难模仿的。通过比对连笔方式，往往能发现笔迹的真伪。

在实操过程中，还要特别注意那些容易被忽视的细节。比如一份伪造的笔迹会在整体形态上与真实笔迹相似，但在某些细微之处却会露出马脚。这些细微之处是一个字的某一笔画的走向，也是字与字之间的连接方式。因此会对每个细节都保持高度的敏感性和警惕性。综合分析能力也是笔迹鉴定中不可或缺的一部分，在鉴定过程中，结合案件背景、书写者的个人情况等因素进行综合分析。如果一份笔迹是在紧急情况下书写的，那么书写者的字迹会比平时更加潦草，笔画也会更加粗糙。通过综合分析这些因素，可以更准确地判断笔迹的真伪。除了以上提到的实操经验外，还要不断学习和研究新的鉴定技术和方法。随着科技的发展，笔迹鉴定技术也在不断进步。通过参加专业培训、阅读相关文献等方式，可以及时了解并掌握最新的鉴定技术和方法，从而提高自己的鉴定水平。

笔迹鉴定不仅仅是一门技术，更是一门艺术。在鉴定过程中，需要充分发挥自己的主观能动性，结合实际情况进行灵活应对。同时还需要保持一颗公正、客观的心，不受任何外界因素的干扰，以确保鉴定结果的准确性和公正性。

二、典型案例分析与总结

案例一：普通笔迹鉴定

当事人党卫星在北京市某法院的合同纠纷案件中，对党卫星与被告的合同纠纷案件中，标称时间为2005年1月党卫星与北京胜古房地产开发有限责任公司签订的《房屋买卖合同》上"党卫星"签名真伪存有异议，法院委托鉴定对《房屋买卖合同》上"党卫星"签名真伪进行鉴定。

鉴定过程中对当检材《房屋买卖合同》上"党卫星"签名（见图4-1）进行细节检验，发现签字的书写速度较快，连笔动作流畅，笔画搭配自然，未见变写和摹仿的特征，属于正常书写的笔迹。

图4-1 鉴定笔迹

样本为自然样本（见图4-2），均形成于案前，能够充分的反映出了当事人平时书写签名笔迹的书写特征，样本笔迹选自三个单位，真实可靠。样本上的"党卫星"签名笔迹书写速度中等，书写水平相当，并案处理的时候，样本字迹的整体运笔较为自然流利，各笔画之间的照应关系较为明显，笔迹特征反应较为稳定，系正常书写的笔迹特征，具备一定的比对条件。

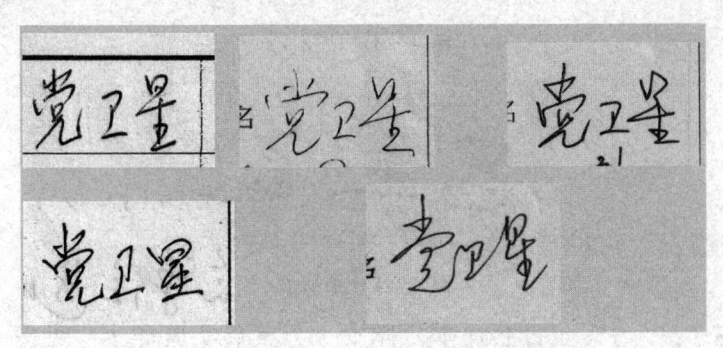

图4-2 样本笔迹

将检材字迹与样本字迹进行比对检验，两者的概貌特征和搭配特征存在较大的出入。首先检材"党卫星"的书写水平明显较样本"党卫星"书写水平低。其次检材"党卫星"的字间搭配不平均，"卫星"连笔，之间的距离明显小于"党"与"卫"之间的距离。最后检材与样本在"党"的笔画搭配、连笔动作、收笔动作；"卫"的连笔动作、连笔形态、收笔动作、写法和字形特征；"星"的连笔动作、运笔形态、搭配位置和起收笔位置和角度上均存在大量的差异点。

综上所述，对检材"党卫星"笔迹与样本"党卫星"笔迹进行综合评断的情况下，两者在书写水平、书写的概貌特征、细节特征和搭配特征等书写特征上均存在大量的差异点，反映了不同人的书写习惯。

案例二：书写条件变化的笔迹鉴定

当事人吕玉兰称：2023年3月10日发现其名下位于上海市光明路35号1—202的房产，在自己不知情的情况下，被过户到他人名下，过户时使用的《国内公证申请表》和《委托书》是伪造的。吕玉兰申请对《国内公正申请表》和《委托书》上签名字迹进行鉴定。鉴定中，鉴定的材料均为硬笔书写形成，两份检材上签名字迹经检验均为黑色硬笔书写，书写特征反映明确，可供检验，见图4—3和图4—4所示：

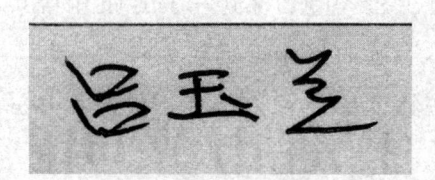

图4—3　检材1

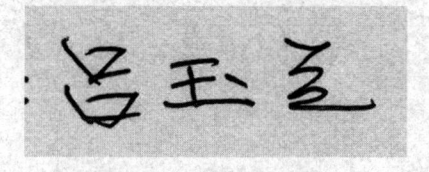

图4—4　检材2

检材1、2为案前自然样本，样本3为案后实验样本（见图4—5）。

对样本 1—4 上字迹进行检验，发现样本字迹的书写特征较为稳定，未见明显的变写特征，书写特征反映同一。将两份检材上签名字迹与样本上签名字迹分别进行检验，检材 1 上签名字迹与样本签名字迹进行比对检验，两者在书写水平、书写风貌等概貌特征，连笔动作、起收行笔动作、折笔角度、连笔环绕动作等细节特征以及笔画搭配、部首搭配和字间搭配等特征上均相吻合，反映了同一人书写的特征。

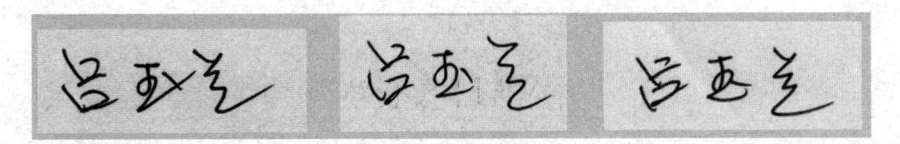

图 4—5　实验样本 3

又将检材 2 上签名等字迹与样本签名字迹进行比对检验，虽然书写风格、写法上存在较大出入，但是分析两者的细节特征，如"吕"的搭配比例、"兰"起收笔动作以及连笔动作均能够反映同一人书写的特征。

综上所述，检材 1 "吕玉兰"签名笔迹与样本"吕玉兰"签名笔迹进行综合评断的情况下，两者在书写水平、书写的概貌特征、细节特征和搭配特征等书写特征上均存在大量的符合点，反映了同一人的书写习惯。虽然检材 2 "吕玉兰"签名笔迹与样本"吕玉兰"签名笔迹在"玉"的写法上存在较大差异，但是"吕"和"兰"两字在综合笔迹特征分析上存在大量的符合点，反映了同一人书写的特征。检材 2 签名笔迹均在书写人特意变换，但是对其笔迹书写特征的综合评断，仍然能够确定上述签名为同一人书写的。

案例三：摹仿笔迹鉴定

当事人顾红卫与其所在单位关于顾红卫所居住的房屋是否涉及单位福利分房产生争议，当事人坚称未以福利购房价格购买单位的福利房，未在单位的《购房协议》上签字，而是以市场价格购买该房屋。由于《购房协议》真伪存疑，双方争议不下。顾红卫与单位协商一致对《购房协议》上"顾红卫"签名进行鉴定。

鉴定过程中《购房协议》保留在北京市某不动产管理中心，鉴定人前往该处提取了该检材,由于该检材书写存在一定的异常,鉴定人用显微镜对该签字进行了细节检验,发现该处签字的运笔缓慢,连笔动作不够连贯,笔画之间的照应也存在一定的异常,对于这种笔迹一般归为异常笔迹。

图 4—6 检材笔迹

之后顾红卫又提供了与《购房协议》时间相近的自然样本签名,发现其上顾红卫的签名书写速度适中,书写水平中等,签名笔迹的整体运笔较为自然流畅,笔画间的连接照应关系也较为正常,笔迹特征反映较为稳定,属于正常书写形成的笔迹,具备一定的比对条件。

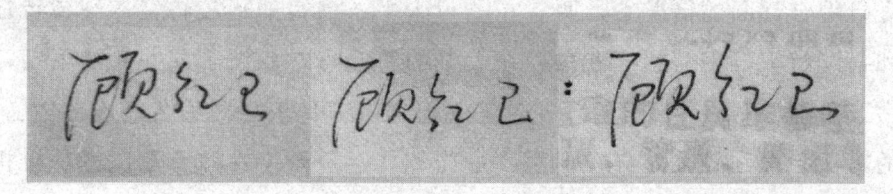

图 4—7 样本笔迹

将检材签名字迹与样本签名字迹进行比对检验,分别在概貌特征、细节特征和组合特征等方面均进行比对检验。对于概貌特征,检材中"顾红卫"签名笔迹与样本中顾红卫签名笔迹,两者签名字迹在书写风格、布局、字体大小、形态、单字之间的搭配、倾斜角度等概貌特征上均存在较大差异,反映出两者笔迹的书写人在书写水平、书写技能以及控笔能力等方面存在差异。检材中"顾红卫"签名笔迹与样本中顾红卫签名笔迹,在"顾"的行笔幅度、方向、弯绕转折的幅度、弧度、角度等特征均存在本质的差异;"卫"的连笔动作、幅度、角度、以及行笔方向等特征存在本质差异;"红"的折笔角度存在差异。对于组合特征,检材中"顾红卫"签名笔迹与样本中顾红卫签名笔迹在笔画搭配、部首搭配和字间搭配均存在本质的差异。

由于检材"顾红卫"签名笔迹存在异常笔迹的书写特征，书写速度缓慢、形快实慢、连笔动作不够连贯，笔画之间照应异常等特征，这些特征属于摹仿笔迹的书写特征。将上述摹仿笔迹归类为记忆摹仿的书写特征。

综上所述，检材签名笔迹与样本签名笔迹在书写水平、书写风貌、布局、字体大小、形态、单字搭配、倾斜角度、连笔动作等均存在本质的差异，综合评断为不同人书写的特征。

第五章　印章鉴定的技术与应用

第一节　印章鉴定的基本原理

一、印章鉴定的原理

印章是社会活动中不可或缺的重要工具，它代表了个人或组织的身份与权力。随着社会的不断发展，印章的使用范围越来越广泛，但同时也伴随着伪造、变造印章等违法犯罪行为的增多。为了准确鉴别印章的真伪，印章鉴定技术应运而生。

（一）印章鉴定的科学基础

印章鉴定的科学基础主要建立在物理学、化学、材料科学和痕迹学等多个学科交叉的理论与实践之上。这些科学原理为印章鉴定提供了坚实的支撑，使得鉴定人员能够准确地区分真伪印章，揭露伪造行为，保障法律文书的真实性和合法性。

物理学在印章鉴定中起着至关重要的作用，物理学中的力学原理帮助理解印章在使用过程中如何与纸面接触，以及压力、速度和角度等因素如何影响印文的清晰度。例如通过观察印文中线条的粗细、颜色的深浅以及印油分布的均匀程度，可以推断出盖章时的力度和速度，从而判断印章的真实性。光学原理也在印章鉴定中发挥着重要作用，鉴定人员可以利用显微镜观察印文的微观特征，如字体的边缘是否光滑、线条之间是否有粘连等，以进一步确定印章的真伪。化学知识在印章鉴定中同样不可或缺，印章制作过程中使用的油墨、印泥等材料，其化学成分和性质对于鉴定印章真伪具有重要意义。某些特定的化学物质在特定的条件下会发生颜色变化或产生荧光效应，这些特性可以帮助鉴定人员识别出伪造印章。同时通过对印泥中颜料的化学成分进行分析，也可以确定其来源和真伪。材料科学为印章鉴定提供了对印章材质深入理解的途径，不同的印章材质具有不同的物理和化学性质，这些性质在印章使用过程中会逐渐显现出来。例如金属印章在使用过程中会逐渐磨损，而塑料印章则因受热而变形。通过观察和分析这些材质特性，鉴定人员可以对印章的真伪和使用历史做出更为准确的判断。痕迹学是印章鉴定的核心科学基础之一，痕迹学主要研究物体在相互作用过程中留下的痕迹及其形成机理。在印章鉴定中，痕迹学帮助鉴定人员理解和分析印章在使用过程中留下的印文特征。这些特征包括印文的形态、大小、间距以及与其他印文的相对位置等。通过比对和分析这些特征，可以准确地判断出印章的真伪和使用情况。

（二）印章鉴定的核心要素

1. 印章的形态特征

印章的形态特征是印章鉴定的首要要素，包括印章的整体形状、尺寸、字体、图案以及布局等。每一枚印章都有其独特的形态特征，这些特征在印章制作过程中就已经确定，并在后续使用中保持稳定。

（1）形状与尺寸：不同单位或个人的印章通常有不同的形状和尺寸要求。例如公章一般为圆形或椭圆形，而私章则更加个性化。尺寸的差异也会影响印文的清晰度和辨识度。

（2）字体与图案：印章上的字体风格和图案设计是鉴定真伪的关键，正规印章的字体通常清晰、规范，图案线条流畅。伪造印章往往在这些细节上露出马脚，如字体歪斜、图案模糊等。

（3）布局与排版：印章上文字和图案的布局也是重要的鉴定依据，正规印章的布局通常合理、美观，文字与图案之间的间距均衡；而伪造印章可能在布局上显得杂乱无章。

2. 印章的材质与工艺

印章的材质和制作工艺同样是鉴定真伪的关键要素，不同材质的印章在使用过程中会产生不同的磨损痕迹，而制作工艺则直接影响到印章的精细度和耐用性。

（1）材质分析：常见的印章材质包括金属、塑料、木材等。每种材质都有其独特的物理和化学性质。例如金属印章质地坚硬，耐磨性强；塑料印章则因受热而变形。通过对材质的细致观察和分析，可以初步判断印章的真伪。

（2）工艺水平：正规印章的制作工艺通常精湛，字体和图案的雕刻细腻入微。而伪造印章往往工艺粗糙，存在字体模糊、线条不流畅等问题。鉴定人员需要仔细比对和分析这些工艺细节，以准确判断印章的真伪。

3. 印章的使用痕迹

随着印章的使用，其表面会逐渐形成特定的磨损痕迹。这些痕迹是判断印章真伪和使用历史的重要依据。

（1）磨损程度：正规印章在使用过程中会逐渐磨损，但这种磨损是均匀的、自然的。伪造印章会人为制造磨损痕迹，但这些痕迹往往显得不自然、不协调。

（2）印油分布：正规印章在使用过程中，印油的分布通常是均匀的；而伪造印章会出现印油堆积或缺失的情况，这是因为伪造者在制作过程中难以完全模拟真实印章的使用情况。

（3）历史使用记录：对于某些重要印章，还可以通过查阅其历史使用记录来辅助鉴定。例如某些公章在使用前会进行登记和备案，这些记录可以帮助鉴定人员确认印章的真实性和使用情况。

印章鉴定是一项综合性很强的技术，它涉及多个学科领域的知识。通过深入了解印章鉴定的基本原理，可以更加准确地判断印章的真伪，为司法实践提供有力支持。同时随着科技的不断进步，印章鉴定技术也将不断创新和发展，为维护社会秩序和公平正义发挥更大的作用。

二、印章鉴定的方法

在进行印章鉴定时，鉴定人员需要综合运用各种科学方法和技术手段，以确保鉴定结果的准确性和可靠性。

（一）形态比对法

形态比对法是印章鉴定中最基础、最常用的技术手段。它主要依赖于鉴定人员的视觉观察和比对能力，通过肉眼或显微镜对印章的形态特征进行细致的观察和分析，从而确定印章的真伪。

形态比对法的核心在于对印章形态特征的全面了解和准确把握，印章的形态特征包括其整体形状、尺寸、字体风格、图案布局等多个方面。这些特征在印章制作过程中已经确定，并在后续使用中保持稳定，因此它们成为了鉴定印章真伪的重要依据。在进行形态比对时，鉴定人员需要对被鉴定的印章进行全面的观察，包括印章的整体形状是否规整，尺寸是否符合标准，字体风格是否一致，图案布局是否合理等方面。同时还需要注意印章的细节特征，如字体的笔画粗细、方向、连接方式，以及图案的线条流畅度、层次感等。除了对被鉴定印章的观察，鉴定人员还需要掌握大量正规印章的样本，以便进行比对。这些样本可以来自于官方渠道、历史档案或可靠的数据库。通过比对被鉴定印章与样本印章的形态特征，鉴定人员可以找出二者之间的相似性和差异性，从而判断被鉴定印章的真伪。

在实际操作中，形态比对法需要鉴定人员具备丰富的实践经验和敏锐的观察力。他们不仅需要熟悉各种印章的形态特征，还需要了解伪造印章的常见手法和特征。例如伪造印章在字体风格、图案布局等方面存在明显的差异或错误，这些都可以作为鉴定真伪的线索。

形态比对法还可以与其他鉴定方法相结合，以提高鉴定的准确性和可靠性。例如，在比对形态特征的同时，考虑对印章的材质、制作工艺等方面进行检测和分析。这种综合鉴定的方法有助于发现更多的伪造痕迹和线索，从而更准确地判断印章的真伪。形态比对法虽然简单易行，但也存在一定的局限性。由于人的视觉判断受到多种因素的影响，如光线、角度、疲劳等，因此形态比对法的结果存在一定的主观性和误差。为了克服这些局限性，鉴定人员需要不断提高自己的专业技能和经验积累，同时结合其他科学方法进行综合鉴定。

（二）材质分析法

在印章鉴定中，材质分析法是一种重要的技术手段，它通过对印章的材质进行检测和分析，进而判定印章的真伪。正规印章的材质通常具有一定的物理和化学特性，如硬度、密度、耐腐蚀性等，这些特性为印章鉴定提供了可靠的依据。

了解印章的常用材质对于鉴定至关重要，常见的印章材质包括金属、塑料、橡胶、木质等。金属印章质地坚硬、耐磨，常用于公章或重要文件的盖章；塑料印章则因其轻便、耐用而广泛应用于日常办公；橡胶印章多用于临时性或一次性用途；而木质印章则更多地承载着文化与艺术的价值。每种材质都有其独特的物理特性和化学性质，这些性质在印章的制作和使用过程中会逐渐显现出来。在进行材质分析时，鉴定人员通常会借助专业的科学仪器，如光谱分析仪、硬度计、密度计等。这些仪器能够精确地测量印章的化学成分、硬度、密度等关键参数，从而确定其材质。光谱分析仪可以检测印章材料中的元素成分，通过与标准材质进行对比，判断印章是否使用了正确的材料。除了物理性质的检测，化学性质的分析也是材质分析法的重要环节。某些特定的化学试剂可以与印章材质发生反应，产生特定的颜色变化或沉淀，从而验证材质的真实性。这种化学分析法对于识别伪造印章尤为有效，因为伪造者往往难以完全模拟正规印章的化学成分。此外鉴定人员还可以通过观察印章在使用过程中的磨损情况来辅助材质分析，正规印章在使用过程中，其磨损痕迹通常是均匀的，与印章的材质和使用频率相符。而伪造印章会因为使用了与正规印章不同的材质，导致磨损痕迹异常，如过快或过慢的磨损速度。

材质分析法虽然准确度高，但也需要鉴定人员具备丰富的专业知识和实践经验。不同的材质在外观、手感甚至气味上都有所不同，鉴定人员需要通过长期的实践积累，才能准确识别各种材质。在实际操作中，鉴定人员还需注意防范伪造技术的不断更新。随着科技的发展，伪造者会采用更先进的材料和技术来模拟正规印章的材质。因此鉴定人员需要不断学习和掌握最新的鉴定技术，以应对这一挑战。

（三）光学仪器检测法

光学仪器检测法在印章鉴定中占据着重要的地位，它是借助光学原理和先进的光学仪器对印章进行深入分析和鉴定的一种方法。这种方法以其高精度、高分辨率和非接触性的特点，在司法鉴定领域得到了广泛应用。光学仪器检测法主要依赖于各种光学仪器，如显微镜、红外光谱仪、拉曼光谱仪等。这些仪器能够捕捉到印章表面的微观结构、颜色、光泽等特征，从而揭示出印章的真实性质。

在印章鉴定中，显微镜是最常用的光学仪器之一。通过显微镜，鉴定人员可以观察到印章表面的微观结构，如字体的雕刻细节、图案的线条精度等。这些微观特征往往难以被伪造者完全复制，因此成为了鉴定真伪的关键。此外显微镜还可以用于观察印章的磨损痕迹和使用历史，从而为鉴定提供更为全面的依据。除了显微镜，红外光谱仪也是光学仪器检测法中的重要工具。红外光谱仪能够分析印章材料的化学成分，通过对比正规印章与待鉴定印章的红外光谱图，可以判断二者在化学成分上是否存在差异。这种方法对于识别使用不同材料制作的伪造印章尤为有效。拉曼光谱仪则是另一种重要的光学检测仪器。与红外光谱仪不同，拉曼光谱仪主要利用拉曼散射原理来分析物质的分子结构。通过拉曼光谱仪，鉴定人员可以获取印章材料的分子振动信息，从而进一步确定其材质和成分。这种方法对于区分不同材质的印章以及识别伪造印章中的化学成分异常具有重要意义。

在实际操作中，光学仪器检测法需要鉴定人员具备专业的仪器操作技能和数据分析能力。由于光学仪器通常价格昂贵且操作复杂，因此这种方法更适用于专业的司法鉴定机构或实验室。

值得注意的是，虽然光学仪器检测法具有高精度和高分辨率的优点，但也存在一定的局限性。例如某些特殊材质的印章无法被光学仪器准确检测，或者在检测过程中对印章造成一定程度的损伤。在使用光学仪器检测法时，鉴定人员需要综合考虑各种因素，确保检测结果的准确性和可靠性。

（四）历史使用记录查证法

历史使用记录查证法在印章鉴定中扮演着独特的角色，它不仅仅依赖于印章本身的物理特性，而是深入探究印章背后的使用历史和记录，以此来验证印章的真实性和合法性。这种方法在司法鉴定中，特别是对于具有较长使用历史的印章或者公章，显得尤为重要。历史使用记录查证法的核心在于"记录"。正规印章，特别是公章或重要机构的印章，在使用前往往需要进行登记和备案。这些登记和备案信息通常保存在官方档案或数据库中，可以随时查阅和验证。鉴定人员在进行印章鉴定时，首先需要核实这些记录，确保印章的合法性和真实性。

查证历史使用记录的过程中，鉴定人员需要关注多个方面。一是印章的启用时间、使用单位以及历任保管人的信息。这些信息可以帮助鉴定人员了解印章的流转情况和使用历史，从而判断其是否有可能被伪造或篡改。如果某个印章的启用时间明显晚于其声称的制作时间，或者历任保管人的信息与实际情况不符，那么这个印章很可能就是伪造的。鉴定人员还需要关注印章在使用过程中的具体情况，包括印章的使用频率、使用场合以及使用方式等。正规印章的使用通常会有严格的规范和记录，如果某个印章的使用情况与规定不符，或者在使用过程中出现了异常，那么这也是伪造或篡改的迹象。

在进行历史使用记录查证时，鉴定人员需要综合运用各种手段和资源。除了查阅官方档案和数据库外，还可以通过访谈历任保管人、调查相关机构和使用单位等方式获取更多信息。这些信息的综合分析和比对，可以帮助鉴定人员更全面地了解印章的使用历史和真实情况。历史使记录查证法还可以与其他鉴定方法相结合，以提高鉴定的准确性和可靠性。例如在比对形态特征的同时，可以考虑对印章的材质、制作工艺以及使用历史等方面进行全面的检测和分析。这种综合鉴定的方法有助于发现更多的伪造痕迹和线索，从而更准确地判断印章的真伪。

历史使用记录查证法虽然有效，但也存在一定的局限性。由于历史记录的保存和管理存在漏洞或不足，因此并不是所有印章都能找到完整的使用记录。此外伪造者也会通过伪造或篡改记录来掩盖其伪造行为。在使用历史使用记录查证法时，鉴定人员需要保持警惕，综合运用其他鉴定方法进行相互验证。

印章鉴定的方法多种多样，每种方法都有其独特的适用范围和优缺点。在实际操作中，鉴定人员需要根据具体情况选择合适的方法进行鉴定，以确保鉴定结果的准确性和可靠性。随着科学技术的不断发展，新的鉴定方法和技术也将不断涌现和完善，为印章鉴定提供更加科学、准确的依据。

第二节 伪装、变造印章印文的鉴定

一、伪造、变造印章印文的方法及特点

在日常生活和商务活动中，印章作为认证和授权的重要工具，其真实性至关重要。然而不法分子常常通过伪造或变造印章印文来达到非法目的，了解这些伪造、变造手法及其特点是预防和打击此类犯罪的关键。

（一）伪造印章印文的方法及特点

1. 仿制：仿制是伪造印章印文最常见的方法之一，其特点是通过模仿原印章的特征和印文的样式来制作伪造印章。这种方法的主要手段是观察原印章的外观特征，如印章的形状、大小、图案、字体等，然后精心复制这些特征。仿制的伪造印章通常会在细节上留下一些痕迹，如字体的不连贯、图案的不规整等，需要鉴定人员细致观察和辨别。

2. 拼凑：拼凑是另一种常见的伪造印章印文方法，其特点是将不同印章的部分组合在一起，形成新的印章，以达到欺骗的目的。这种方法常见于需要伪造多种印章的情况下，伪造者会从不同来源获取印章的各个部分，然后将其组装成新的印章。鉴定拼凑印章的关键是分辨印章各部分之间的不协调性，如图案的风格不统一、连接处的痕迹等。

3. 加工：加工是利用化学药品、电脑技术等手段对原有印章进行加工，使其产生变化，以达到伪造的目的。化学药品可以用于涂改印章的印文或图案，使其产生误导性，或者通过腐蚀原有印章的表面，模糊原有信息。电脑技术的发展使得利用软件进行印章的伪造变得更加容易，伪造者可以利用电脑制作高度仿真的印章图案，难以被察觉。

伪造印章印文的方法多种多样，但它们都具有一定的特点，如：

1 隐蔽性：伪造者往往会采取隐蔽的手段进行伪造，以避免被发现。

2 不完美性：即使伪造者尽力模仿原印章，伪造品往往在细节上仍然存在不完美之处，需要鉴定人员细致观察。

3 技术含量：一些伪造方法需要较高的技术含量，如利用化学药品进行涂改，或者利用电脑技术制作仿真印章，需要专业知识和技能。

（二）变造印章印文的方法及特点

1. 修改：修改是变造印章印文常见的方法之一，其特点是对原有印章的某些部分进行改动，以产生误导性。这种方法通常包括修改印章的日期、单位名称、人名等关键信息，使得原有印章的含义产生变化。鉴定修改印章的关键在于观察修改部分与原有部分之间的不一致性，如字体的不匹配、涂改痕迹等。

2. 涂改：涂改是利用化学药品或其他手段对原有印章的印文进行修改，以掩盖原有信息或添加新的信息。这种方法常见于需要修改特定字词或数字的情况下，涂改者会使用药水、化学橡皮擦等工具将原有信息涂改或擦除。鉴定涂改印章需要通过化学分析或显微镜等工具观察印章表面的痕迹，以确定是否有过涂改行为。

3. 刻划：刻划是将新的文字、图案刻在原有印章上，与原有印文相混淆，以达到变造印章的目的。这种方法常见于需要添加新信息或修改部分信息的情况下，刻划者会使用刻刀或其他工具在原有印章上进行刻划。鉴定刻划印章需要通过显微镜等工具观察刻痕的深浅、笔画的粗细等特征，以确定刻划的真伪。

变造印章印文的方法与伪造类似，但其重点在于对原有信息的修改或添加，以达到误导他人的目的。这些方法常常会对印章的原有特征产生破坏或改变，但变造者会尽力使这些改变看起来自然而不易察觉。鉴定变造印章的关键在于观察印章的各个部分是否一致，以及与原始材料的对比，发现其中的不一致性和破绽。

伪造、变造印章印文是违法犯罪行为中常见的一种手段，对司法鉴定工作提出了新的挑战。通过对伪造、变造方法的深入了解和分析，可以更好地掌握其特点，提高鉴定工作的准确性和效率。在实际鉴定过程中，应结合案件的具体情况和相关证据，综合运用各种技术手段进行比对分析，以确保鉴定结论的准确性和公正性。同时也应加强对印章制作、使用等环节的监管力度，从源头上遏制伪造、变造印章印文的行为发生。

二、高仿印章印文鉴定的要点

随着科技的发展，伪造技术的提升使得高仿印章印文越来越难以辨别。这些高仿印章印文在字体、图案、印油等方面都做到了以假乱真的地步，因此在司法鉴定中，对这类印章印文的准确鉴定显得尤为重要。

（一）细致观察印章的外观特征

在司法鉴定中，细致观察印章的外观特征是鉴别真伪的首要步骤。这需要对印章的字体、图案、印油等各个方面进行详尽的审视和分析。

1. 印章的字体特征。字体是印章最直观的表现之一，也是伪造者最难以完全复制的部分。真印章的字体通常清晰、规整，笔画粗细均匀，字体间的空间分布均衡；而伪造印章由于制作技术或条件的限制，字体往往会出现笔画粗细不均、字形扭曲变形等问题。因此可以通过对比真假印章的字体特征，发现其中的差异。

2. 特殊的字体细节。例如一些印章会采用特殊的字体或书写风格，这些细节在伪造印章中往往难以完全复制。此外真印章的字体边缘通常较为锐利，而伪造印章的字体边缘较为模糊或出现毛刺。这些细微的差异都可以成为鉴别印章真伪的重要线索。

3. 印章的图案细节。除了字体之外，印章上通常还会刻有一些图案或标志，这些图案的细节也是鉴别印章真伪的关键。真印章的图案通常线条流畅、清晰，各个部分之间的比例协调。而伪造印章在图案细节上往往会出现瑕疵，如线条不流畅、比例失调等问题。可以通过仔细观察印章的图案细节，发现其中的差异并判断印章的真伪。

4. 特殊的图案元素。一些印章会采用特定的图案或符号作为防伪标志，这些元素在伪造印章中往往难以准确复制。此外真印章的图案中通常会有一些微小的细节或纹理，这些细节在伪造印章中被忽略或模糊处理。通过对比真假印章的图案细节，发现其中的差异并作出准确的鉴定。

5. 印油的表现。印油是印章的重要组成部分，其颜色、质地和干燥后的效果都可以为我们提供鉴别印章真伪的线索。真印章通常使用特定的印油，其颜色鲜艳、质地均匀，干燥后呈现出特定的光泽和纹理。而伪造印章使用劣质印油或替代品，导致印油颜色黯淡、质地不均匀，干燥后会出现裂纹或脱落等现象。在观察印油表现时，还需要注意一些特殊的印油特征。一些真印章的印油中添加了特殊的成分或标记，这些特征在伪造印章中往往难以完全复制。此外真印章的印油在长期使用过程中会逐渐渗透到印章的材质中，形成一种特殊的色泽和纹理。这种色泽和纹理在伪造印章中往往难以模拟。

（二）比对印章的尺寸和规格

在司法鉴定过程中，比对印章的尺寸和规格是鉴别印章真伪的关键步骤之一。尺寸和规格是印章制作时的重要参数，伪造者往往难以精确复制，因此通过比对可以帮助发现印章的真伪。

1. 印章尺寸的测量

印章的尺寸是其真伪鉴别的重要依据。真印章的尺寸通常是精确且统一的，而伪造印章由于制作技术或条件的限制，尺寸上会有所偏差。因此对印章的尺寸进行精确测量是鉴别真伪的第一步。在进行尺寸测量时，通常使用精确的测量工具，如卡尺或游标卡尺。测量印章的整体直径或边长，以确定其大致尺寸范围。然后对印章的各个部分进行详细测量，包括字体大小、图案尺寸等。这些测量数据将与真印章的标准尺寸进行比对，以发现其中的差异。测量过程中需要保持工具的准确性和操作的规范性，以避免误差的产生。同时对于不同种类的印章，如公章、财务章等，其尺寸标准有所不同，因此在进行比对时需要参照相应的标准规范。

2. 印章规格的比对

除了尺寸之外，印章的规格也是鉴别真伪的重要依据。规格包括印章的形状、边框、字体排列等特征。真印章的规格通常是统一的，而伪造印章可能在这些方面存在疏漏。在进行规格比对时，首先要了解真印章的标准规格，包括其形状（如圆形、方形等）、边框的样式和宽度、字体的排列方式等。然后通过肉眼观察或使用专业工具对疑似伪造印章进行比对。例如观察印章的边框是否与真印章一致，字体排列是否整齐划一，以及是否存在额外的图案或文字等。规格的比对需要细心且耐心，因为一些细微的差异不容易被发现。同时对于不同种类的印章，其规格也有所不同，因此在进行比对时需要结合具体情况进行分析。

3. 比对方法

在进行印章尺寸和规格的比对时，可以采用以下方法提高鉴别的准确性：

（1）使用专业工具进行精确测量：如前所述，使用卡尺或游标卡尺等精确测量工具对印章的尺寸进行详细测量，以获得准确的测量数据。

（2）参照标准规范进行比对：根据不同类型的印章，参照相应的标准规范进行比对。这些标准规范通常包括国家或行业标准，以及印章制作厂商提供的技术参数。

（3）综合多个特征进行判别：在比对过程中，综合考虑印章的尺寸、规格以及其他外观特征等多个方面进行判别。单一特征的差异不足以确定印章的真伪，但多个特征的综合分析可以提高鉴别的准确性。

（4）寻求专业意见：对于复杂或疑难案例，寻求司法鉴定机构或专业人士的意见。他们具有丰富的经验和专业知识，能够提供更为准确和权威的鉴别结果。

（三）分析印章的使用痕迹和磨损情况

在司法鉴定中，分析印章的使用痕迹和磨损情况是鉴别印章真伪的重要手段之一。印章在使用过程中会留下独特的痕迹，而长时间的频繁使用也会导致印章出现磨损。通过对这些痕迹和磨损的细致分析，可以获取大量关于印章使用历史和真伪的线索。

1. 印章使用痕迹的分析

（1）印油渗透情况

真印章在使用过程中，印油会逐渐渗透到印章的材质中，形成一定的渗透痕迹。这些痕迹通常表现为印油颜色在印章表面和内部的不均匀分布。伪造印章往往难以模拟这种自然的印油渗透情况，因此通过观察印油的渗透深度和均匀性，可以对印章的真伪进行初步判断。

（2）印章盖印的压力和角度

每次盖章时，盖印的压力和角度都会有所不同，从而在纸张上留下独特的痕迹。真印章的使用痕迹通常表现出一定的稳定性和规律性，而伪造印章由于使用者不熟悉真印章的使用习惯，导致盖印的压力和角度与真印章存在明显差异。通过比对疑似伪造印章与真印章在纸张上留下的痕迹，可以分析出盖章时的压力和角度是否一致，进而判断印章的真伪。

（3）多次使用的叠加痕迹

印章在多次使用过程中，会在纸张上留下叠加的痕迹。这些痕迹可以提供关于印章使用频率和使用方式的重要信息。通过分析这些叠加痕迹，可以判断印章的使用是否符合常理，进一步验证印章的真实性。

2. 印章磨损情况的分析

（1）磨损位置和程度

印章在长时间使用过程中，某些部分会因为频繁接触纸张而产生磨损。真印章的磨损通常呈现出自然、均匀的特点，而伪造印章由于制作或使用不当，导致磨损位置和程度与真印章不符。

（2）磨损形态和特征

印章的磨损形态和特征也是鉴别真伪的重要依据，真印章的磨损通常表现为边缘的圆滑、字体的模糊等，而伪造印章由于材质或制作工艺的问题，导致磨损形态与真印章存在显著差异。

3. 分析方法和技巧

（1）使用专业设备进行观察

为了更准确地分析印章的使用痕迹和磨损情况，可以使用专业设备如放大镜、显微镜等进行观察。这些设备可以放大印章的细节部分，能够更清晰地看到印油的渗透情况、盖印的压力和角度以及磨损的形态和特征。

（2）综合多个因素进行判断

在分析印章的使用痕迹和磨损情况时，需要综合考虑多个因素进行判断。单一因素的差异不足以确定印章的真伪，但多个因素的综合分析可以提高鉴别的准确性。例如结合印章的尺寸、规格、字体特征等多个方面进行综合分析。

（3）寻求专业意见和辅助手段

对于复杂或疑难案例，可以寻求司法鉴定机构或专业人士的意见。他们具有丰富的经验和专业知识，能够提供更为准确和权威的鉴别结果。此外还可以利用一些辅助手段如化学试剂、紫外线灯等来检测印章上的特定成分或反应，以进一步验证印章的真实性。

（四）运用科技手段进行辅助鉴定

在司法鉴定领域，随着科技的不断发展，越来越多的科技手段被引入到印章真伪的鉴定过程中。这些科技手段的运用，不仅提高了鉴定的准确性和效率，还为鉴定工作带来了前所未有的便利。

1. 数字图像处理技术

数字图像处理技术在印章鉴定中发挥着重要作用，通过高分辨率扫描仪或数码相机，可以获取印章的高清图像，并利用图像处理软件对印章的纹理、字迹等细节进行精确分析。例如通过增强图像对比度、调整色彩平衡等手段，可以更加清晰地观察到印章的微观特征，如字体的笔画粗细、图案的线条纹理等。这些微观特征往往是伪造者难以完全复制的，因此可以成为鉴别真伪的重要依据。数字图像处理技术还可以用于印章的尺寸测量和形状分析，通过软件工具，精确地测量印章的直径、字体大小等参数，与真印章的标准尺寸进行比对，从而判断其真伪。

2. 光谱分析技术

光谱分析技术是一种非破坏性的检测方法，可以通过分析物质的光谱特征来鉴定其成分和结构。在印章鉴定中，光谱分析技术主要用于检测印章的材质和印油成分。例如利用红外光谱仪可以分析出印章的材质，如是否为金属、塑料或橡胶等；而紫外可见光谱则可以用于分析印油中的特定成分，如颜料或染料等。通过光谱分析技术，判断印章的材质和印油是否与真印章一致，从而进一步验证其真伪。这种方法特别适用于那些材质特殊或印油成分独特的印章。

3. 显微拉曼光谱技术

显微拉曼光谱技术是一种高灵敏度的分析方法，能够在微观尺度上对物质进行成分和结构分析。在印章鉴定中，这种技术可以用于检测印章表面的微小颗粒或残留物，从而获取更多关于印章使用历史和真伪的线索。如果印章在使用过程中曾经接触过某些特定物质（如墨水、纸张等），这些物质会在印章表面留下微小的残留物。通过显微拉曼光谱技术，检测到这些残留物的存在，并进一步分析其成分，从而为鉴定提供有力证据。

4. 人工智能与机器学习技术

近年来，人工智能与机器学习技术在司法鉴定领域的应用越来越广泛。在印章鉴定中，这些技术可以用于构建智能鉴定系统，通过大量的数据训练和学习，使系统能够自动识别和分类印章的真伪。具体来说，利用深度学习算法对大量的真、伪印章图像进行训练和学习，使系统能够自动提取出印章的关键特征并进行比对。这种方法不仅可以提高鉴定的准确性和效率，还可以避免因人为因素导致的误判或漏判。

5. 三维打印与扫描技术

三维打印与扫描技术为印章鉴定提供了全新的视角和手段，通过三维扫描仪，可以获取印章的三维模型和数据，与真印章的三维模型进行比对和分析。这种方法可以更加全面地观察印章的形态和结构特征，发现伪造者忽略的细节差异。同时三维打印技术还可以用于制作印章的实体模型或复制品，以便进行更加直观的比对和鉴定，这种方法特别适用于那些形状复杂或具有特殊结构的印章。

高仿印章印文的鉴定是一项复杂而细致的工作，需要鉴定人员具备丰富的经验和专业知识。通过细致观察印章的外观特征、比对尺寸和规格、分析使用痕迹和磨损情况以及运用科技手段进行辅助鉴定，更准确地判断印章的真伪。在未来的司法鉴定实践中，应继续探索和完善鉴定方法和技术手段，以应对不断变化的伪造技术带来的挑战。

第三节 印章鉴定的操作实践

一、实操经验

1. 准备工作

在进行印章鉴定之前，确保所有必要的工具和设备准备齐全。包括高质量的显微镜、相机、紫外线灯等。同时鉴定人员需对印章的材质、制作工艺及常见伪造方法有一定的了解。

2. 收集样本

收集待鉴定的印章样本时，注意保持其原始状态，避免任何污染或损坏。同时还需要收集已知真实印章的样本作为对比参照。

3. 初步观察

在显微镜下初步观察印章的外观特征，包括印章的形状、尺寸、字体、图案等。注意检查印章是否有磨损、裂纹或其他物理特征，这些特征为后续鉴定提供重要线索。

4. 材质分析

通过分析印章的材质，可以对其真伪进行初步判断。例如某些特定时期的印章使用特定的材料制作，这些材料的化学成分或物理特性可作为鉴定的依据。

5. 印章印文的比对

使用高精度相机拍摄待鉴定印章和真实印章的印文，通过图像处理软件进行比对。重点关注印文的线条粗细、字体形状、间距等细节特征。

6. 使用紫外线灯检查

某些伪造印章在紫外线照射下会显示出与真印章不同的荧光反应，使用紫外线灯进行检查是印章鉴定中的一个重要步骤。

7. 综合分析与判断

结合上述各步骤的检查结果，进行综合分析。注意考虑所有可能的伪造手段和鉴定方法的局限性。在此基础上，做出最终的真伪判断。

8. 记录与报告

详细记录鉴定过程中的所有观察结果和分析数据，并撰写鉴定报告。报告应包含鉴定方法、鉴定结果及结论，并附上必要的图片和说明。

二、典型案例分析与总结

诺和诺德（中国）制药有限公司在单位自查过程中发现了一份文件加盖有"诺和诺德（中国）制药有限公司合同专用章（2）"印文。为了落实这份文件上的加盖有"诺和诺德(中国)制药有限公司合同专用章(2)"是否为其正在使用的合同专用章,单位提供了正在使用的"诺和诺德(中国)制药有限公司合同专用章(2)"合同专用章加盖在一张A4纸上。公司申请鉴定中心对文件上的加盖有"诺和诺德(中国)制药有限公司合同专用章(2)"印章印文与现场加盖的"诺和诺德(中国)制药有限公司合同专用章(2)"印章印文进行鉴定,以确认公司是否存在多枚合同专用章。

图 5—1 检材印章

图 5—2 样本印章

公司提交了合同文件,其上加盖有"诺和诺德(中国)制药有限公司合同专用章(2)"的合同专用章,红色印油加盖形成,清晰完整,特征均能够反映明确,具有印章鉴定的检验条件。公司提供了现场加盖的"诺和诺德(中国)制药有限公司合同专用章(2)"印章印文,样本印文清晰完整,均为红色印油加盖形成,清晰完整,样本印章印文特征明确可辨，反映了合同专用章的概貌特征和细节特征。

将检材印文与样本印文进行分析检验，两者加盖使用的印油材质虽然不同，印章上的印油扩散程度会存在一定的差异，但是不会影响印章鉴定的结论。对检材印文与样本印文的概貌特征进行检验，分别用重合法和划线法进行比对检验，从两个方面对检材印文与样本印文的概貌特征进行了分析检验。再对检材印文和样本印文的细节特征上进行检验，对印文中的缺损特征或者多余印油的特征以及印文粘连特征均需进行细节检验，概貌特征和细节特征上均能发现大量的符合点。

综上所述，检材印文与样本印文的概貌特征和细节特征进行综合评断，符合点属于大量的，且属于本质性的，而差异点能够得到合理的解释，所以检材印章应该为加盖样本印文的印章，两个印章出自于同一印章。

第四节　印章鉴定的法律意义

一、印章鉴定在案件审判的应用

在法律实践中，印章作为文件真实性和合法性的重要标志，经常成为案件审判的关键证据。印章鉴定技术，通过科学的方法对印章的真实性、原始性进行验证，为案件审判提供了客观、准确的证据支持。

（一）印章鉴定在确认文件真实性中的应用

在涉及合同、协议、证明等法律文书的案件中，文件上的印章是判断其真实性的重要依据。当文件的真实性受到质疑时，法院或相关机构会委托专业的司法鉴定机构进行印章鉴定。鉴定人员会运用先进的科学技术手段，对印章的印文、印油、印压、磨损等特征进行细致的分析和比对，以确定印章的真实性和原始性。

在印章鉴定的过程中，鉴定人员会观察印章的外观特征，如印文的清晰度、线条的流畅性、印油的均匀性等。这些特征可以初步判断印章的真实性和使用情况。同时鉴定人员还会利用显微镜、红外光谱仪等精密仪器，对印章的微观特征进行更深入的分析。例如通过观察印章的磨损情况，判断其使用时间和频率；通过分析印油的成分，追溯印章的来源和使用环境。除了对印章本身的鉴定，印章鉴定还可以结合其他证据来综合判断文件的真实性。例如在一份合同中，如果合同上的印章与当事人之前使用过的印章在印文、尺寸、字体等方面完全一致，且合同内容与其他相关证据相吻合，那么这份合同的真实性就得到了进一步的印证。

在确认文件真实性的过程中，印章鉴定还可以揭示可能的伪造、变造行为。当鉴定人员发现文件上的印章与真实印章存在明显差异，或者印章的使用时间与文件形成时间不符等情况时，就意味着文件被伪造或变造。这时印章鉴定就为揭露犯罪行为、维护司法公正提供了有力的技术支持。印章鉴定在确认文件真实性中的应用还体现在对电子印章的验证上。随着电子技术的发展，电子合同、电子签名等电子文书越来越普及。在这些电子文书中，电子印章的真实性和有效性同样需要通过专业的技术手段进行验证。鉴定人员会利用密码学、数字签名等技术手段，对电子印章进行验证，以确保电子文书的真实性和法律效力。

印章鉴定并非万能，在实际操作中，还需要结合其他证据和情况进行综合判断。同时为了提高印章鉴定的准确性和可靠性，还需要不断加强鉴定人员的专业培训和技术更新，以确保鉴定结果的客观性和公正性。在未来的司法实践中，期待印章鉴定技术能够发挥更大的作用，为确认文件真实性提供更加科学、准确的依据。同时也希望相关机构和部门能够加强对印章制作、使用和管理等环节的监管力度，从源头上减少伪造、变造印章等违法行为的发生，维护社会秩序和法律权威。

（二）印章鉴定在解决权属纠纷中的应用

权属纠纷案件通常涉及多方当事人，各自持有不同的法律文书作为权益证明。这些文书中，印章是证明其真实性和合法性的关键要素。通过印章鉴定，可以准确判断文书上的印章是否真实，进而确认文书的法律效力。这对于确定权属关系、划分权益界限具有重要意义。

在印章鉴定的过程中，专业的司法鉴定人员会运用先进的技术手段，对文书上的印章进行全面细致的分析。包括印章的外观特征、印文内容、印油成分等多个方面。通过这些分析，可以判断印章是否真实、是否被篡改或伪造。这种科学的方法和技术手段，为权属纠纷的解决提供了客观、准确的证据支持。印章鉴定还可以帮助揭示可能存在的欺诈行为，在权属纠纷中，有时会出现伪造、变造印章以篡改权益证明的情况。通过印章鉴定，可以准确识别出这些伪造、变造的印章，从而揭露欺诈行为，保护当事人的合法权益。印章鉴定在解决权属纠纷中的应用还体现在对历史遗留问题的处理上。在一些历史悠久的权属纠纷中，由于时间久远、资料缺失等原因，往往难以确定权益的归属。这时印章鉴定可以发挥重要作用。通过对历史文书上的印章进行鉴定，可以追溯权益的来源和流转过程，为解决历史遗留问题提供有力证据。

在实际操作中，印章鉴定通常与其他证据相结合，形成一个完整的证据链。例如在一份涉及土地权属的纠纷中，除了对土地证上的印章进行鉴定外，还需要结合土地转让合同、相关税费缴纳记录等证据进行综合判断。这样印章鉴定在权属纠纷解决中起到了关键性的辅助作用，为法官判断提供重要依据。同时也应看到印章鉴定在权属纠纷解决中的局限性，由于印章鉴定依赖于技术手段和鉴定人员的专业素质，因此其结果会受到多种因素的影响。为了确保鉴定结果的准确性和公正性，需要加强对鉴定机构和鉴定人员的监管和培训，提高他们的专业素养和技术水平。随着科技的发展，电子印章的应用也越来越广泛。在权属纠纷中，电子印章的真实性和有效性同样需要通过专业的技术手段进行验证。鉴定人员需要不断更新知识，掌握新的技术手段，以适应电子印章鉴定的需求。

印章鉴定作为司法鉴定的重要组成部分，在案件审判中具有不可替代的法律意义。它通过科学的方法和技术手段，为法官提供了客观、准确的证据支持，有助于揭示事实真相、维护司法公正。随着科技的不断进步和印章鉴定技术的日益完善，相信印章鉴定将在未来的案件审判中发挥更加重要的作用。

二、法律效力分析

印章，作为法律文件和合同真实性的重要标志，其法律效力直接关系到文件的合法性和执行力。对印章的真实性和合法性进行鉴定，对于确定文件的法律效力具有至关重要的作用。

（一）印章鉴定的法律效力基础

印章鉴定，作为司法鉴定的一项重要内容，其法律效力基础深厚且坚实。它不仅源于印章本身的法律属性，还根植于印章鉴定技术的科学性和专业性，更得到国家法律法规的明确支持。

印章，特别是公章、法人章等，是组织、企业、单位身份的象征，代表着其正式的、法律上的承诺和认可。在法律文书中，印章的加盖往往意味着该文书已经得到了相关组织或个人的正式认可和授权，因此具有法律上的约束力。这种约束力是印章鉴定法律效力的重要基础之一。印章鉴定的科学性和专业性也是其法律效力的坚实基石，印章鉴定并非简单的肉眼观察或主观臆断，而是一门需要借助专业知识和科学技术手段进行严谨分析的过程。在印章鉴定中，鉴定人员需要综合运用印章学、痕迹学、物理学、化学等多个学科的知识，通过显微镜、光谱仪等精密仪器对印章进行细致入微的观察和检测。这些科学手段的运用，确保了印章鉴定的准确性和可靠性，进而赋予了其法律效力。国家法律法规的明确支持为印章鉴定的法律效力提供了有力保障。在我国，相关法律法规对印章的制作、使用、管理以及鉴定等方面都做出了明确规定。例如《中华人民共和国刑法》中对伪造、变造、买卖国家机关公文、证件、印章等犯罪行为进行了严厉打击；《中华人民共和国印章管理条例》则对印章的刻制、使用和管理提出了具体要求。这些法律法规的出台和实施，不仅规范了印章的相关行为，也为印章鉴定的法律效力提供了法律依据。

从法律实践的角度来看，印章鉴定的法律效力还体现在其对案件审判的重要影响上。在涉及合同纠纷、财产争议等案件中，印章鉴定往往成为关键证据之一。法院在审理案件时，会依据印章鉴定的结果来判断相关文书的真实性和合法性，进而作出公正的裁决。这充分体现了印章鉴定在法律实践中的重要地位和作用。

虽然印章鉴定具有深厚的法律效力基础，但在实际操作中仍需谨慎对待。因为印章鉴定并非万能，它也有一定的局限性和误差范围。因此在进行印章鉴定时，必须严格遵守相关法律法规和操作规程，确保鉴定结果的准确性和公正性。为了提高印章鉴定的法律效力，还需不断加强研究和探索。一方面，要推动印章鉴定技术的创新和发展，提高鉴定的准确性和效率；另一方面，要加强鉴定人员的培训和管理，提高他们的专业素养和职业道德水平。只有这样，才能确保印章鉴定在法律实践中发挥更大的作用，为维护司法公正和社会秩序提供有力保障。

（二）印章鉴定在法律实践中的应用与效力

在法律实践中，印章鉴定作为一种科学手段，对于明确案件事实、解决争议起着至关重要的作用。印章鉴定的应用不仅广泛，而且具有深远的影响力，其法律效力在法律实践中得到了充分的体现。

合同纠纷是法律实践中常见的案件类型，而印章鉴定在这类案件中往往扮演着关键角色。在合同签订过程中，双方当事人通常会在合同上加盖印章以表示认可和承诺。然而当合同发生纠纷时，印章的真实性往往成为争议焦点。此时通过印章鉴定可以准确地判断合同上的印章是否真实，进而确定合同的法律效力。如果印章被鉴定为真实，那么合同就具有法律效力，双方必须履行合同约定的义务；反之，如果印章被鉴定为伪造或无效，那么合同则不具有法律效力，双方可以据此解除合同或追究相关责任。因此在合同纠纷中，印章鉴定的法律效力直接关系到合同的执行和当事人的权益。

印章鉴定在刑事案件中也具有重要的应用与效力，在涉嫌伪造公文、证件、印章等犯罪行为中，印章鉴定是定罪量刑的关键证据之一。通过印章鉴定，可以准确地判断涉案印章的真实性，从而为定罪提供证据支持。例如在某起伪造公章案件中，犯罪嫌疑人私刻了某公司的公章并用于签订虚假合同。通过印章鉴定，办案机关成功地确定了涉案印章的伪造性质，进而为定罪提供了有力证据。这充分体现了印章鉴定在刑事案件中的法律效力。

在继承权纠纷、股权争议等案件中，印章鉴定也发挥着重要作用。在这些案件中，往往涉及到遗嘱、股权转让协议等法律文书的真实性问题。通过印章鉴定，可以准确地判断这些文书的真实性和合法性，从而为案件的解决提供关键证据。例如在某起继承权纠纷案件中，被继承人留下的遗嘱上加盖了印章。为了确定遗嘱的真实性，法院委托进行了印章鉴定。鉴定结果显示遗嘱上的印章与被继承人生前使用的印章一致，从而确认遗嘱的真实性。为案件的顺利解决提供了有力支持。

印章鉴定在法律实践中存在的挑战和局限性，一方面，随着科技的发展，伪造印章的技术手段也在不断更新换代，这给印章鉴定带来了新的挑战。因此鉴定人员需要不断学习和掌握新的鉴定技术，以适应新的形势需求。另一方面，印章鉴定并非万能，它也有一定的误差范围。在实际操作中，需要综合考虑其他证据和情况，以确保鉴定结果的准确性和公正性。为了提高印章鉴定在法律实践中的应用与效力，可以从以下几个方面入手：一是加强鉴定人员的培训和管理，提高他们的专业素养和鉴定能力；二是推动印章鉴定技术的创新和发展，引入更先进的科技手段和设备；三是加强与其他证据的结合运用，形成完整的证据链；四是完善相关法律法规和操作规程，确保印章鉴定的科学性和公正性。

印章鉴定作为司法鉴定的重要组成部分，其法律效力不容忽视。通过科学、专业的技术手段对印章进行鉴定，能够准确地判断文件的真实性和合法性，为法律实践提供有力支持。随着科技的发展和法律环境的变化，印章鉴定的技术和方法也在不断更新和完善。不断加强学习和研究，以适应新的法律实践需求，确保印章鉴定的准确性和法律效力得到充分发挥。在未来的法律实践中，期待印章鉴定能够发挥更大的作用，为维护司法公正和社会秩序提供有力保障。

第六章　朱墨时序鉴定技术

第一节　朱墨时序鉴定的原理

一、朱墨时序的基本概念

在文书司法鉴定领域，朱墨时序鉴定是一个重要的技术手段。通过对文书中字迹与印文的形成顺序进行鉴定，可以揭示文书的真伪、篡改等痕迹，为司法实践提供有力的证据支持。朱墨时序，即指文件中手写字迹与印文（如公章、签名等）的时间顺序关系。

（一）朱墨时序的定义

"朱"的含义：在朱墨时序中，"朱"通常指的是印章、印文或捺印的印油，这些印迹一般以红色为主，因此在司法鉴定中被称为"朱色"。印章或印文是文书中用以证明其真实性和法律效力的重要元素。

"墨"的含义："墨"则指的是与印章印文交叉的书写或打印的文字笔迹。这些笔迹有手写的，也有通过打印、复印等方式留下的，它们通常以黑色或深色油墨形式出现，在文书中承载着主要的信息内容。

时序的重要性：朱墨时序的关键在于确定"朱"与"墨"之间的先后顺序。这一顺序的确定对于鉴别文书的真伪、识别伪造或篡改行为至关重要。例如在一份正式文书中，通常要求先书写或打印文字内容，经过审核无误后再加盖印章，即"先墨后朱"的正常顺序。若文书中"朱"

与"墨"的顺序与此相反,即"先朱后墨",则表明文书存在伪造或篡改的嫌疑。

(二)朱墨时序与文书真实性

1. 正常时序与真实性确认

在正常的文书制作过程中,通常是先书写或打印文字内容,即"墨"部分,然后在审核无误后加盖印章,即"朱"部分。这种"先墨后朱"的时序是符合一般文书处理习惯的,也是证明文书真实性的重要依据。当文书的朱墨时序符合这一正常流程时,可以初步认定文书的真实性。

2. 异常时序与伪造嫌疑

如果文书的朱墨时序出现异常,如"先朱后墨",即文字笔迹覆盖在印章之上,这往往表明文书经过篡改或伪造。因为正常情况下,印章是在文字内容确定无误后才加盖的,反之则意味着有人试图通过改变原始文书的内容来达到某种不正当目的。这种时序的异常是揭示文书伪造行为的重要线索。

3. 时序鉴定的精确性

朱墨时序的鉴定需要借助专业的技术手段和丰富的鉴定经验,现代司法鉴定技术能够通过微观观察、化学成分分析等方法,精确判断朱墨时序。这种精确性不仅提高了文书真实性鉴定的可靠性,也为法庭审判提供了有力的科学证据。

4. 时序与法律效力

在法律实践中,文书的真实性直接关系到其法律效力。一份真实的文书能够作为有效的法律证据,保护当事人的合法权益;而一份伪造的文书则导致法律关系的混乱,甚至引发法律纠纷。因此朱墨时序的鉴定在确认文书法律效力方面起着至关重要的作用。

5. 时序鉴定的局限性

虽然朱墨时序鉴定在确认文书真实性方面具有重要作用,但它也存在一定的局限性。例如在某些特殊情况下,正常的朱墨时序也会被误认为异常,如在文书制作过程中因特殊需要而先盖章后填写内容等。在进行朱墨时序鉴定时,需要综合考虑各种因素,避免误判。

(三)朱墨时序鉴定的技术与方法

朱墨时序鉴定是文书司法鉴定中的重要环节,对于确定文书的真实性、识别伪造或篡改行为具有重要意义。随着科技的发展,朱墨时序鉴定的技术与方法也在不断进步和完善。

1. 显微镜观察法

显微镜观察法是朱墨时序鉴定的基础技术之一,通过使用高分辨率的显微镜,可以清晰地观察到朱色印迹与墨色笔迹之间的交叉关系、层次结构以及墨迹的分布状态。鉴定人员可以根据观察到的微观特征,如墨迹的渗透、扩散、覆盖等情况,来判断朱墨时序。这种方法操作简单,但对鉴定人员的专业经验和观察能力要求较高。

2. 光谱分析法

光谱分析法是一种利用光谱仪器对文书中的朱色和墨色进行成分分析的方法。通过对不同物质在光谱下的吸收、反射或发射特性进行测量和分析,可以确定文书中朱墨物质的种类和成分。这种方法可以准确地鉴别出印章印油和书写墨水的类型,从而为判断朱墨时序提供重要依据。光谱分析法具有高精度、无损检测等优点,但需要专业的光谱仪器和熟练的操作人员。

3. 色谱分析法

色谱分析法是通过将文书中的朱色和墨色样本进行色谱分离,然后根据色谱图的峰位、峰形和峰面积等信息来判断朱墨时序的方法。这种方法可以准确地分析出文书中使用的各种颜料、染料或墨水等成分,进而推断出朱墨时序。色谱分析法具有分离效果好、分析精度高等优点,但操作相对复杂,且需要专业的色谱设备和经验丰富的分析人员。

4. 化学试剂法

化学试剂法是通过使用特定的化学试剂与文书中的朱色和墨色发生反应,观察反应后的颜色变化、沉淀物生成等现象来判断朱墨时序的方法。这种方法可以直观地显示出朱墨物质的化学性质差异,从而为鉴定人员提供判断依据。但需要注意的是，化学试剂法可能会对文书造成一定程度的损伤，因此在使用时需要谨慎操作。

5. 综合分析法

在实际鉴定过程中，往往需要综合运用上述多种方法进行分析判断。鉴定人员应根据文书的具体情况选择合适的技术与方法进行组合应用，以提高鉴定的准确性和可靠性。同时还需要结合文书的整体布局、内容逻辑等方面进行综合分析，以确保鉴定结果的全面性和客观性。

根据以上内容，总结朱墨时序鉴定的技术与方法，不同技术方法的特点绘制如下表 6-1 所示：

表 6-1　　　　　　朱墨时序鉴定的技术与方法特点

技术与方法	特点
显微镜观察法	直观性：能够直接观察朱墨交叉部位的微观特征。 简单性：操作相对简单，对设备要求较低。 主观性：鉴定结果受鉴定人员经验和观察能力影响。
光谱分析法	精确性：通过化学成分分析，提供准确的物质鉴定。 客观性：结果不受主观因素影响。 复杂性：需要专业的光谱仪器和熟练操作人员。
色谱分析法	分离效果好：能够准确分析文书中使用的各种颜料、染料或墨水成分。 分析精度高：通过色谱图提供详细的成分信息。 操作复杂：需要专业的色谱设备和经验丰富的分析人员。
化学试剂法	直观性：通过观察化学反应判断朱墨时序。 快速性：相对快速的鉴定方法。 损伤性：可能对文书造成一定程度的损伤。
综合分析法	全面性：综合运用多种方法进行分析判断，提高鉴定的准确性和可靠性。 客观性：结合多种技术手段，减少主观因素的影响。 复杂性：需要综合运用多种技术方法，操作相对复杂。

（四）朱墨时序在法律实践中的应用

1. 合同纠纷中的关键证据

在商业活动中，合同是约束双方行为的重要法律文书。当出现合同纠纷时，朱墨时序鉴定技术常被用于验证合同的真实性和完整性。例如当合同中的某些条款被篡改或添加时，通过朱墨时序鉴定可以准确判断这些改动是在合同签订之前还是之后进行的，从而为法庭提供有力的证据，帮助法官做出公正的裁决。

2. 遗嘱争议中的真相探寻

在遗产继承案件中，遗嘱的真实性是决定性的因素。朱墨时序鉴定技术在这里发挥着举足轻重的作用。通过鉴定遗嘱中文字与签名、印章的先后顺序，可以判断遗嘱是否被伪造或篡改。这对于保护合法继承人的权益，防止欺诈行为具有重要意义。

3. 经济犯罪调查的有力武器

在经济犯罪调查中，如票据诈骗、伪造文件等案件，朱墨时序鉴定技术同样不可或缺。通过对涉案文书进行时序鉴定，揭露犯罪嫌疑人的伪造行为，为案件的侦破提供关键线索。不仅有助于打击经济犯罪，也维护了市场经济的正常秩序。

4. 知识产权保护的重要工具

在知识产权保护领域，朱墨时序鉴定也发挥着重要作用。例如在专利、商标等知识产权纠纷中，通过鉴定相关文件的真实性，保护创新者的合法权益，促进科技创新和知识产权的健康发展。

5. 提升司法公正性和效率

朱墨时序鉴定技术的应用不仅限于具体案件的解决，更在宏观上提升了司法的公正性和效率。通过科学的技术手段揭示文书真伪，减少误判和冤假错案的发生，增强公众对司法系统的信任。同时准确的鉴定结果也有助于缩短案件审理周期，提高司法效率。

朱墨时序鉴定是文书司法鉴定中不可或缺的一环，它通过对文件中字迹与印文形成顺序的精确判断，为揭示文件的真实性和完整性提供了科学依据。随着科技的发展，朱墨时序鉴定的技术手段也在不断进步和完善，为司法实践提供了更为准确、可靠的证据支持。这一技术的应用，不仅有助于打击伪造、篡改文件等违法行为，也维护了司法公正和社会秩序的稳定。

二、朱墨时序鉴定的科学依据

朱墨时序鉴定的科学依据主要建立在物理学、化学以及材料科学的基础之上。这些学科的理论和方法为朱墨时序鉴定提供了坚实的支撑，使得鉴定结果更具科学性和准确性。

（一）物质渗透与扩散原理

物质渗透是指液体通过纸张纤维间的空隙，由表面向内部逐渐渗入的过程。在朱墨时序鉴定中，当墨水或印油接触到纸张时，它们会开始渗透进纸张的纤维中。不同类型的墨水或印油，由于其成分和性质的差异，渗透的速度和深度也会有所不同。例如某些水性墨水的渗透速度较快，而油性印油则渗透得较慢。与渗透同时进行的还有扩散过程，扩散是指物质分子由于热运动而自发地从高浓度区域向低浓度区域移动的现象。在朱墨时序鉴定中，墨水或印油分子会在纸张表面进行扩散，形成一定的分布范围。不同类型的墨水或印油，其扩散速度和扩散范围也会有所不同。

在朱墨时序鉴定中，鉴定人员可以通过观察和分析墨水或印油在纸张上的渗透和扩散情况，来推断它们的施加顺序。如果先施加墨水后加盖印章，那么墨水会先渗透到纸张内部，而印油则会在墨水的基础上进行扩散。这种情况下，印油的扩散范围会受到墨水渗透的影响，表现出特定的形态。相反，如果先加盖印章后施加墨水，那么印油的渗透和扩散将不会受到墨水的影响，表现出不同的形态。

物质渗透与扩散原理还可以与其他鉴定技术相结合，提高鉴定的准确性和可靠性。例如在利用显微镜进行观察时，可以清晰地看到墨水与印油在纸张上的渗透和扩散情况，从而更准确地判断朱墨时序。同时光谱分析等化学方法也可以用来确定墨水和印油的化学成分，进一步验证渗透和扩散的情况。为了准确应用物质渗透与扩散原理进行朱墨时序鉴定，鉴定人员需要具备丰富的实践经验和专业知识。了解不同类型的墨水、印油以及纸张的性质和特点，熟悉各种渗透和扩散的形态特征，并能够根据具体情况进行综合分析和判断。

（二）化学反应原理

化学反应原理在朱墨时序鉴定中的应用，主要是基于不同化学物质之间的反应会产生颜色变化、新化合物的生成或其他可观测的物理化学现象。这些反应可以作为判断朱色印迹（如印章）与墨色笔迹形成先后顺序的重要依据。

墨水和印油中都含有特定的化学成分，当这些成分在特定的条件下相遇时，就会发生化学反应。例如某些酸性墨水与碱性印油相遇时，会发生酸碱中和反应，导致颜色变化或沉淀物的生成。这种颜色或物质的变化，可以被鉴定人员观察到，并作为判断朱墨时序的线索。化学反应原理还可以与其他鉴定技术相结合，提高鉴定的准确性和可靠性。例如在利用光谱分析确定墨水和印油的化学成分时，如果发现某些特定的反应产物，就可以进一步验证墨水和印油的施加顺序。这种综合应用的方法，使得鉴定结果更加科学、可信。化学反应原理的应用还需要注意一些影响因素，例如反应条件（如温度、湿度、酸碱度等）的变化会影响反应的速度和程度，从而影响鉴定结果。因此在进行朱墨时序鉴定时，需要严格控制实验条件，以确保鉴定结果的准确性。

虽然化学反应原理为朱墨时序鉴定提供了有力的科学依据，但它并不是万能的。在某些情况下，墨水和印油之间不会发生明显的化学反应，或者反应产物的检测难度较大。这时就需要综合运用其他鉴定技术和方法，如显微观察、物理性能测试等，以得出准确的鉴定结论。

（三）显微观察与光谱分析

1. 显微观察

显微观察是一种直观且有效的鉴定方法，通过使用高倍显微镜，鉴定人员可以清晰地观察到墨水与印油在纸张等载体上的微观分布、渗透情况和层次结构。这些微观特征往往能反映出朱墨时序的重要信息。

在显微观察中，鉴定人员需要关注几个方面：一是墨水与印油的渗透深度。如果墨水渗透到纸张的较深层，而印油仅停留在表面，表明墨水是先施加的。其次是观察墨水与印油的交叉部位。在这些部位，会看到墨水与印油相互融合、覆盖或排斥的现象，这些都是判断朱墨时序的线索。二是纸张纤维的形变、颜色变化等也是显微观察中需要注意的细节。

显微观察的优点在于其直观性和简便性。鉴定人员可以直接观察到墨水与印油的相互关系，而无需复杂的化学分析。然而，显微观察也受限于观察者的经验和技能，以及显微镜的分辨率和放大倍数。

2. 光谱分析的应用

光谱分析是一种基于物质对光的吸收、发射或散射特性的分析方法。在朱墨时序鉴定中，光谱分析主要用于确定墨水与印油的化学成分，从而推断它们的施加顺序。常用的光谱分析方法包括紫外可见光谱、红外光谱和拉曼光谱等。这些方法可以提供关于墨水与印油中化学键、官能团和分子结构的信息。例如某些特定的化学键在光谱中具有特征吸收峰，通过对比这些吸收峰的位置和强度，可以识别出墨水与印油的化学成分。光谱分析的优点在于其客观性和精确性，光谱数据是量化的，不依赖于观察者的主观判断。光谱分析还可以检测到微量的化学成分，这对于鉴定被稀释或污染的样本尤为重要。光谱分析也有其局限性，它需要专业的光谱仪器和熟练的操作人员。光谱分析通常只能提供物质的化学成分信息，而无法直接揭示朱墨时序。

显微观察和光谱分析在朱墨时序鉴定中各有优势，显微观察直观简便，但受限于观察者的经验和技能；光谱分析客观精确，但需要专业的仪器和操作。在实际应用中，鉴定人员应根据具体情况选择合适的方法，或者将两种方法相结合，以提高鉴定的准确性和可靠性。随着科学技术的不断发展，相信未来会有更多的先进技术应用于朱墨时序鉴定中，为司法鉴定提供更加准确、可靠的技术支持。

（四）材料科学的应用

材料科学，作为研究材料的组织结构、性质、生产流程和使用效能的综合性学科，在朱墨时序鉴定中发挥着不可或缺的作用。特别是在文书司法鉴定领域，材料科学为确定朱色印迹（如印章）与墨色笔迹形成的先后顺序提供了重要的科学依据。

纸张作为文书的常见载体，其物理和化学性质对墨水和印油的渗透、扩散以及固定起着至关重要的作用。纸张的纤维结构、孔隙率、吸墨性以及表面张力等特性，都会影响到墨水和印油在纸张上的表现。例如孔隙率较大的纸张会使墨水或印油更容易渗透，而表面张力较大的纸张则可能会阻碍液体的扩散。这些性质在朱墨时序鉴定中都是重要的考量因素。材料科学还关注墨水与印油的配方和性质，不同种类的墨水和印油，其成分、粘度、挥发性以及干燥速度等都会有所不同。这些性质不仅影响着墨水和印油在纸张上的渗透和扩散行为，还在墨水和印油之间产生特定的相互作用。例如某些墨水与印油发生化学反应，导致颜色变化或新化合物的生成，这些都可以作为朱墨时序鉴定的依据。

材料科学还为朱墨时序鉴定提供了先进的分析工具和技术，扫描电子显微镜（SEM）和透射电子显微镜（TEM）等高精度显微技术，能够揭示墨水与印油在纸张上的微观分布和相互作用机制。这些技术不仅可以提供墨水与印油渗透和扩散的直观证据，还能揭示出墨水与印油之间可能存在的化学反应或物理作用。除了上述的纸张和墨水印油分析外，材料科学还在朱墨时序鉴定的其他方面发挥着作用。例如在印章的制作材料上，不同的材料对印油的吸附和释放能力有所不同，这也会影响到印油在纸张上的表现。因此在鉴定过程中，对印章材料的分析也是不可或缺的一环。

朱墨时序鉴定的科学依据是多方面的，它涉及物理学、化学、材料科学等多个领域。这些学科的理论和方法相互补充、相互验证，使得朱墨时序鉴定结果更加准确可靠。随着科学技术的不断发展，朱墨时序鉴定的手段和方法也将不断更新和完善，为司法鉴定提供更加有力的支持。

三、朱墨时序鉴定的作用与意义

在日常生活和工作中，文书是信息传递和记录的重要工具。然而，随着社会的发展，伪造、篡改文书的情况也时有发生。为了维护法律的公正和权威，确保文书的真实性和合法性，朱墨时序鉴定技术应运而生。它不仅能够揭示文书被篡改或伪造的痕迹，还能为司法实践提供有力的技术支持。

（一）揭露伪造与篡改行为

在司法鉴定领域，揭露伪造与篡改行为是一项至关重要的任务。这些不当行为不仅损害了文书的真实性和可信度，还会对法律程序的公正性造成严重影响。

朱墨时序鉴定技术在揭露伪造与篡改行为中提供了一种科学、客观的方法来验证文书的真实性，通过对比朱色印迹与墨色笔迹的形成顺序，可以准确地判断出文书是否被伪造或篡改。这种方法避免了主观臆断和误判，提高了司法鉴定的准确性和公正性。朱墨时序鉴定技术为司法机关提供了有力的证据支持，在涉及伪造或篡改文书的案件中，朱墨时序鉴定结果往往成为关键证据，对于定案和量刑具有重要影响。这种技术手段的应用，不仅增强了司法机关的办案能力，也提升了公众对司法公正的信任度。朱墨时序鉴定技术在预防伪造和篡改行为方面也发挥了积极作用，通过广泛宣传和应用这项技术，可以让更多的人意识到伪造和篡改文书的严重后果，从而降低这类行为的发生率。

（二）维护司法公正与权威

司法公正是法治社会的基石，它确保了法律的平等实施，保障了每个人的合法权益。然而在当今社会，随着科技的发展，伪造和篡改文书的手段也日益高明，这给司法公正带来了极大的挑战。在这一背景下，朱墨时序鉴定技术显得尤为重要，它不仅能够揭露伪造与篡改行为，更能从根本上维护司法公正与权威。

朱墨时序鉴定技术为司法机关提供了科学的证据支持,在涉及文书的案件中,文书的真实性往往直接关系到案件的定性和判决结果。通过朱墨时序鉴定,司法机关可以准确地判断文书的真实性,从而确保案件得到公正处理。这种科学的证据支持,避免了因证据不足或证据伪造而导致的误判,保障了司法的公正性。朱墨时序鉴定技术提升了司法判决的权威性,在公众眼中,司法机关的判决应当是基于事实和证据的公正裁决。当司法机关采用朱墨时序鉴定技术来验证文书的真实性时,无疑增加了判决的可信度和权威性。公众会更加信任那些经过科学鉴定后的判决结果,从而增强了对司法机关的认可和尊重。

朱墨时序鉴定技术还有助于防止司法腐败和权力滥用,在一些案件中,存在当事人或相关利益方通过伪造或篡改文书来影响司法判决的情况。朱墨时序鉴定技术的应用,使得这种不正当手段无所遁形,有效地维护了司法的纯洁性和公正性。它确保了司法机关在处理案件时,能够基于真实、客观的证据作出公正的裁决,不受任何外部因素的干扰。朱墨时序鉴定技术还在一定程度上推动了司法体系的完善和发展,随着这项技术的广泛应用,司法机关在处理涉及文书的案件时更加得心应手,提高了办案效率和质量。同时也促使司法机关不断引进新技术、新方法,以应对日益复杂的案件情况,从而推动了整个司法体系的进步。

(三)推动司法鉴定技术的发展

朱墨时序鉴定技术不仅在揭露伪造与篡改行为以及维护司法公正与权威方面发挥着重要作用,而且还极大地推动了司法鉴定技术的发展。以下是其在这方面的主要贡献:

1. 技术创新与精确度提升:朱墨时序鉴定采用了先进的科学技术,如显微观察、光谱分析等,这些技术的引入使得司法鉴定的精确度得到了显著提升。通过高光学放大倍率的显微镜,可以清晰地观察到朱墨交叉时序的细微特征,从而为鉴定提供更为准确的依据。

2. 拓宽鉴定领域:朱墨时序鉴定技术的应用不仅局限于传统的文书鉴定,还逐渐扩展到更广泛的领域,如经济合同纠纷、遗嘱验证等。这种技术的广泛应用，进一步丰富了司法鉴定的内容和范围。

3. 标准化与规范化：随着朱墨时序鉴定技术的不断成熟，相关的鉴定标准和操作规范也逐渐形成。不仅提高了鉴定的准确性和一致性，还为司法鉴定行业的健康发展提供了有力支持。

4. 促进技术交流与合作：朱墨时序鉴定技术的发展，促进了国内外司法鉴定机构之间的技术交流与合作。通过分享经验、共同研究，推动了司法鉴定技术的不断进步和创新。

5. 培养专业人才：朱墨时序鉴定技术的普及和应用，也促进了司法鉴定专业人才的培养。越来越多的专业人士开始关注和学习这项技术，为司法鉴定行业注入了新的活力。

6. 提高司法鉴定公信力：朱墨时序鉴定技术的科学性和准确性，提高了司法鉴定的公信力。公众对经过这项技术鉴定的结果更加信赖，进一步增强了司法体系的权威性。

朱墨时序鉴定技术在司法鉴定中具有不可替代的作用和意义，它不仅能够揭露伪造和篡改行为，维护司法的公正和权威，还能推动司法鉴定技术的发展和创新。

第二节　朱墨时序鉴定的现有技术

一、显微观察技术在朱墨时序鉴定中的应用

显微观察技术是一种利用显微镜对微小物体进行细致观察和分析的方法。在朱墨时序鉴定中，显微观察技术被广泛应用于观察和分辨朱色印迹与墨色笔迹的微观特征，从而判断它们的形成顺序。这种技术以其直观性和精确性，在司法鉴定中占据着重要地位。

（一）显微观察的基本原理

显微观察技术主要依赖于光学显微镜或电子显微镜的高倍放大功能，

使鉴定人员能够清晰地观察到文书上的微观细节。主要基于以下几个基本原理：

(1) 光的折射与聚焦：显微镜利用透镜的特殊光学性质，通过光的折射和聚焦来放大被观察物体的像。当光线通过透镜时，会发生折射，即光线的传播方向会发生改变，使得光线能够朝向不同的方向聚焦，进而形成放大的虚像。

(2) 放大作用：显微镜通常由物镜和目镜组成，物镜位于被观察物体近处，起到收集、聚焦和初步放大的作用。目镜则用于进一步放大物镜所形成的虚拟图像，使其达到人眼可以直接观察的尺度。

(3) 高分辨能力：显微镜的分辨率与其光学系统的设计密切相关，高质量的透镜和精密的光学系统能够提供更清晰的图像和更高的分辨率，使得观察者能够看到被观察物体的更多细节。

(4) 照明系统：显微镜通常配备有照明系统，如白炽灯或荧光灯，以确保被观察物体得到均匀且足够的光线照明。适当的光照条件对于获取清晰的显微图像至关重要。

(二) 显微观察在朱墨时序鉴定中的具体应用

显微观察在朱墨时序鉴定中发挥着至关重要的作用，其具体应用主要体现在以下几个方面：

(1) 观察交叉部位的形态与特征：利用显微镜的高倍放大功能，可以清晰地观察到朱色印迹与墨色笔迹交叉部位的形态和特征。例如在高光学放大倍率下，可以观察到交叉部位碳粉表面是否被印油填充，以及碳粉表面的荧光反应等，这些都是判断朱墨时序的重要依据。

(2) 分析印迹与笔迹的相互关系：通过显微观察，可以分析朱色印迹与墨色笔迹之间的相对位置、覆盖关系和渗透情况。如果观察到印迹覆盖在笔迹之上，且没有相互渗透的现象，那么可以初步判断印迹是在笔迹之后形成的。

(3) 判断朱墨时序：根据显微观察的结果，结合其他鉴定技术，可以综合判断朱墨的时序。通过观察交叉部位的荧光反应、印迹与笔迹的渗透关系等，可以准确地确定朱墨的形成顺序。

（4）提供客观证据：显微观察的结果可以作为朱墨时序鉴定的客观证据，为司法审判提供有力支持。通过显微镜拍摄的照片或视频可以清晰地展示朱墨时序的鉴定过程，增加了鉴定的透明度和可信度。

（三）显微观察技术的优缺点分析

1. 优点：

（1）高精度观察：显微镜能够提供高倍放大的图像，使观察者能够看到植物或物体的微小结构，如细胞、细胞器等，从而实现高精度的观察。

（2）细节清晰可见：通过调节焦距和光线，显微镜可以清晰地展示样品的细节，提高分辨率，使观察者能够获得更清晰的图像，并准确地观察和记录特征。

（3）科研与教学应用：显微观察技术不仅在科学研究领域有广泛应用，而且在教学方面也起着重要作用。它可以将抽象的概念转化为形象的图像，有助于学生更好地理解和记忆相关知识。

2. 缺点：

（1）视野限制：显微镜观察的范围相对较小，即视野有限。意味着在同一时间内，观察者只能看到样品的一小部分区域。

（2）样品制备：为了获得清晰的显微图像，样品通常需要经过特殊的处理和制备。这一过程相对复杂，且对样品造成一定程度的损伤。

（3）设备成本与维护：高质量的显微镜设备购买成本较高，且需要定期维护和保养，以确保其性能和精度。

显微观察技术在朱墨时序鉴定中发挥着重要作用，通过利用显微镜的高倍放大功能，鉴定人员可以观察到文书上的微观细节，从而准确地判断朱色印迹与墨色笔迹的形成顺序。虽然该技术具有一定的局限性，但在实践中仍然被广泛应用并取得良好的效果。随着科学技术的不断发展，期待显微观察技术在朱墨时序鉴定中发挥更大的作用。

二、光谱分析技术在朱墨时序鉴定中的应用

光谱分析技术是通过测量物质在不同波长下的光谱特性，从而获取物质内部结构和化学成分信息的一种科学方法。在朱墨时序鉴定中，光谱分析技术能够揭示印迹与笔迹材料的化学成分差异，为判断它们的形成时序提供科学依据。

（一）光谱分析的基本原理

光谱分析的基本原理涉及物理学、化学以及光谱学的深奥知识，它是通过研究物质与电磁辐射的相互作用，从而获得有关物质内部结构和化学成分信息的一种方法。在朱墨时序鉴定中，光谱分析技术的应用为鉴定人员提供了一种非破坏性的检测手段，能够揭示出印迹与笔迹材料的特性及其时序关系。了解光谱是如何形成的，当一束光照射到物质上时，物质会吸收特定波长的光，同时反射、散射或透射其他波长的光。这个过程中，物质内部的原子、分子或离子会与光发生相互作用，导致光的能量状态发生变化。这种变化与物质的化学成分和结构密切相关，因为不同的化学成分和结构会对光产生不同的吸收、反射或散射效应。光谱分析的核心在于测量并记录物质在不同波长下的光谱特性，包括光的吸收、反射、散射或发射等。通过分析这些光谱特性，可以获得关于物质内部结构和化学成分的重要信息。例如在红外光谱分析中，物质会吸收特定波长的红外光，从而产生特定的吸收峰。这些吸收峰的位置和强度可以提供关于物质中化学键类型和结构的信息。

在朱墨时序鉴定中，光谱分析技术的应用主要基于以下原理：不同物质具有不同的光谱特征，这些特征可以作为物质鉴别的依据。同时随着时间的推移，物质的化学成分和结构可能会发生变化，从而导致其光谱特征也随之改变。因此通过分析印迹与笔迹材料的光谱特征及其变化情况，可以推断出它们的形成时序。光谱分析在朱墨时序鉴定中的应用主要包括以下几个步骤：一是利用光谱仪器对印迹和笔迹进行光谱扫描，获取它们的光谱数据。这些数据通常以波长为横坐标，以光的强度或吸

光度为纵坐标进行表示。二是通过对比印迹和笔迹的光谱特征，发现它们之间的差异和相似之处。这些差异和相似之处可以提供关于印迹和笔迹材料化学成分和结构的信息。三是结合其他鉴定技术和方法，如显微观察、化学分析等，综合判断朱墨的形成顺序。

光谱分析技术的准确性和可靠性受到多种因素的影响，如样品的制备和处理方法、光谱仪器的精度和分辨率、操作人员的技能水平等。在进行朱墨时序鉴定时，要严格控制这些因素，以确保鉴定结果的准确性和可靠性。

（二）光谱分析在朱墨时序鉴定中的应用实例

在朱墨时序鉴定中，光谱分析技术以其高精度和非破坏性的特点，成为了重要的鉴定手段。下面将通过一个具体的应用实例，详细阐述光谱分析在朱墨时序鉴定中的应用。

案例背景：在某起合同纠纷案件中，一份关键合同上的朱色印迹与黑色笔迹的形成时序成为了争议焦点。为了确定这两者的先后顺序，法院委托司法鉴定机构进行朱墨时序鉴定。

鉴定过程：

（1）样品准备：鉴定人员取得了合同原件，并确定了需要鉴定的朱色印迹和黑色笔迹的位置。为了确保鉴定的准确性，避免对原件造成损坏，鉴定人员采用了非接触式的光谱分析技术。

（2）光谱数据采集：利用光谱分析仪，鉴定人员对朱色印迹和黑色笔迹分别进行了光谱扫描。在扫描过程中，仪器发射出不同波长的光，并记录下了物质对不同波长的光的吸收、反射或散射情况，从而生成了各自的光谱数据。

（3）数据对比与分析：鉴定人员将朱色印迹和黑色笔迹的光谱数据进行了对比分析。通过对比两者在不同波长下的光谱特征，发现它们的化学成分和结构差异。朱色印迹含有特定的染料或颜料成分，而黑色笔迹则含有碳黑或其他颜料。

（4）时序判断：结合光谱数据和其他鉴定技术（如显微观察等），鉴定人员对朱墨时序进行了综合判断。他们发现,在朱色印迹的光谱数据中,出现了与黑色笔迹成分相吻合的特征峰,表明黑色笔迹在朱色印迹形成之前已经存在。因此可以推断出黑色笔迹先于朱色印迹形成。

(5)鉴定结论与意义:根据光谱分析的结果,鉴定人员得出了黑色笔迹先于朱色印迹形成的结论。这一结论对于案件的审理具有重要意义,因为它直接影响到合同的法律效力和相关责任的判定。同时光谱分析技术的非破坏性和高精度特点也得到了充分体现,为司法鉴定提供了有力支持。

通过这个应用实例,可以看到光谱分析在朱墨时序鉴定中的重要作用。它不仅能够揭示出印迹与笔迹的化学成分和结构差异,还能为判断它们的形成时序提供科学依据。随着科技的不断进步和光谱分析技术的不断完善,相信这一技术在司法鉴定领域的应用将会越来越广泛和深入。这个案例也提醒我们,在司法鉴定过程中,需要综合运用多种技术手段和方法进行综合分析,以确保鉴定结果的准确性和可靠性。对于光谱分析等高科技手段的应用,也需要不断加强研究和探索,以提高其在司法鉴定中的实用性和有效性。

(三)光谱分析技术的优势与挑战

光谱分析技术在多个领域,特别是在司法鉴定中的朱墨时序鉴定,显示出其独特的优势,但同时也面临着一些挑战。

1. 优势

(1)非接触性与无损性:光谱分析技术的一个显著优点是其非接触性,即可以在不直接接触样品的情况下进行检测。不仅避免了对样品的破坏,还保证了检测过程的清洁和安全性。在司法鉴定中,这一点尤为重要,保持样品的原始性和完整性是确保鉴定结果准确性的关键。

(2)高精度与分辨率:光谱分析技术能够提供极高的精度和分辨率,能够检测到物质中微小的化学成分和结构变化。这对于区分不同物质,特别是那些在外观上非常相似的物质,至关重要。在朱墨时序鉴定中,这种高精度可以帮助鉴定人员准确地区分印迹和笔迹的化学成分,进而判断它们的形成时序。

（3）广泛的适用性：光谱分析技术不仅适用于固体样品，还可以应用于液体、气体等多种形态的样品。这种广泛的适用性使得光谱分析技术在司法鉴定中具有更大的灵活性，可以应对不同类型的鉴定需求。

（4）定量与定性分析的结合：光谱分析不仅可以进行定性分析，确定物质的种类，还可以进行定量分析，确定物质中各成分的含量。这一特点在司法鉴定中具有重要意义，因为它可以帮助鉴定人员更全面地了解样品的化学成分和结构。

2. 挑战：

（1）样品制备的复杂性：虽然光谱分析技术具有非接触性和无损性的特点，但在某些情况下，为了获得更好的光谱信号，需要对样品进行一定的处理或制备。这一过程相对复杂，且需要专业人员操作，以避免对样品造成不必要的损伤。

（2）数据分析的难度：光谱分析产生的数据量通常很大，且这些数据包含大量的噪声和干扰信息。因此对数据的处理和分析需要专业的知识和技能。此外不同物质的光谱特征非常相似，进一步增加了数据解读的难度。

（3）仪器成本与维护：光谱分析仪器通常价格昂贵，且需要定期的维护和校准以保持其性能和精度。这对于一些资源有限的司法鉴定机构来说是一个挑战。

（4）技术更新迅速：光谱分析技术是一个不断发展的领域，新的方法和设备不断涌现。这要求司法鉴定人员不断学习和更新自己的知识，以适应技术的变化。

光谱分析技术在朱墨时序鉴定中发挥着重要作用，通过利用光谱分析的基本原理和应用实例，可以深入了解该技术在司法鉴定领域的实际应用价值。尽管光谱分析技术具有一定的优势，但也面临着一些挑战。随着科学技术的不断发展，期待光谱分析技术在朱墨时序鉴定中发挥更大的作用，为司法鉴定提供更加准确、客观的依据。

三、化学检验技术在朱墨时序鉴定中的应用

化学检验技术是通过分析物质的化学成分及其变化规律，来揭示物质性质和来源的一种方法。在朱墨时序鉴定中，化学检验技术能够探究印迹与笔迹材料的化学特性，从而判断它们的形成时序。

（一）化学成分的定性与定量分析

在朱墨时序鉴定中，化学成分的定性与定量分析是一项至关重要的技术。通过对印迹与笔迹材料的化学成分进行深入研究，可以获取关于这些材料的关键信息，进而推断出它们的形成时序。这种分析方法不仅科学、准确，而且在司法鉴定领域具有广泛的应用价值。

1. 定性分析：揭示材料的化学本质

定性分析的主要目的是确定印迹与笔迹材料中包含哪些化学物质，这一步骤对于后续的定量分析以及时序鉴定至关重要。通过一系列化学试验，如色谱分析、质谱分析等，我们可以准确地识别出材料中的染料、颜料、油墨等关键成分。在朱墨时序鉴定中，定性分析的准确性直接影响到后续判断的准确性。如果印迹与笔迹使用的是不同类型的染料或颜料，那么它们的化学成分将会有所不同。通过定性分析，可以明确这些差异，从而为后续的定量分析提供基础。定性分析还可以帮助识别存在的添加剂、杂质或污染物。这些物质虽然含量较低，但也对材料的性质和行为产生影响。因此在朱墨时序鉴定中，对这些物质的识别和分析同样不可忽视。

2. 定量分析：深入探究材料的化学特性

定量分析是在定性分析的基础上，进一步确定印迹与笔迹材料中各种化学成分的含量和比例。这一步骤对于准确判断朱墨时序至关重要，因为不同材料在时间推移下会发生不同的化学或物理变化。通过定量分析，可以获取关于材料中各种成分的具体数据，如质量百分比、摩尔百分比等。这些数据不仅可以用于比较不同材料之间的差异，还可以用于研究材料在时间推移下的变化规律。例如某些染料或颜料会随着时间的

推移而逐渐褪色或分解，通过定量分析，可以监测这些变化并推断出材料的形成时间。在朱墨时序鉴定中，定量分析还可以帮助揭示材料之间的相互作用和影响因素。如果印迹与笔迹材料之间存在化学反应或物理吸附等现象，那么它们的化学成分和含量可能会发生变化。通过定量分析，可以发现这些变化并探究其背后的机制。

3. 综合分析：准确判断朱墨时序

在朱墨时序鉴定中，要综合运用定性与定量分析的结果来进行综合判断。通过定性分析明确印迹与笔迹材料的化学成分；利用定量分析获取关于这些成分的具体数据；结合其他鉴定技术和方法（如显微观察、光谱分析等），对印迹与笔迹的形成时序进行准确判断。

（二）化学反应与老化现象的研究

化学反应是物质性质变化的重要驱动力，在朱墨时序鉴定中，研究印迹与笔迹材料涉及的化学反应至关重要。这些反应包括氧化、水解、交联等多种类型，它们会导致材料的颜色、质地或化学结构发生变化。例如，某些染料或颜料在与空气中的氧气接触后会发生氧化反应，导致颜色褪色或变化。通过分析这些反应的速度和程度，可以对印迹和笔迹的形成时间进行推断。水解反应也是一个重要的研究方向，特别是对于那些含有易水解基团的材料。水解会导致材料的化学结构发生变化，进而影响其物理性质和化学稳定性。除了上述反应外，交联反应也是一个值得关注的领域。在某些情况下，材料中的化学成分会通过交联反应形成更稳定的网络结构。这种反应通常会改变材料的机械性能和耐久性，因此可以作为判断材料年龄的一个指标。

老化现象是材料在长时间使用过程中逐渐发生的变化，在朱墨时序鉴定中，老化现象的研究同样具有重要意义。随着时间的推移，印迹与笔迹材料会经历多种老化过程，如光老化、热老化、氧化老化等。光老化是由于材料长时间暴露在阳光或强光下而引起的，紫外线等光线会导致材料中的化学成分发生降解或交联等反应，从而引起颜色褪色、表面开裂等老化现象。通过模拟光老化过程并观察材料的变化情况，对印迹与笔迹的形成时间进行推断。热老化则是由于材料长时间暴露在高温环境中而引起的，高温会加速材料中的化学反应速率，导致材料性能下降或结构变化。在朱墨时序鉴定中，可以通过分析热老化对材料性能的影响来推断其形成时序。氧化老化也是一个重要的研究领域，氧气是导致许多材料老化的主要因素之一。通过与氧气的反应，材料中的化学成分会发生降解或氧化等变化，从而引起颜色褪色、质地变硬等老化现象。通过分析这些变化与材料年龄的关系，可以为朱墨时序鉴定提供有力依据。

在司法鉴定实践中，化学反应与老化现象的研究为朱墨时序鉴定提供了科学的方法和手段。通过对印迹与笔迹材料中的化学反应和老化现象进行深入分析，可以更准确地判断它们的形成时序，从而为案件的侦破和审判提供关键线索。这种研究还有助于提高司法鉴定的准确性和公正性，传统的鉴定方法会受到人为因素或主观判断的影响，而基于化学反应和老化现象的研究则更加客观和科学。在未来的司法鉴定中，这种研究方法有望得到更广泛的应用和推广。

（三）微观结构与形态的分析

材料的微观结构决定了其宏观性质和表现，在朱墨时序鉴定中，对印迹与笔迹材料的微观结构进行深入分析，可以帮助了解其内部组织、颗粒大小、分布以及相互连接方式等关键信息。这些信息对于判断材料的来源、制造工艺以及使用历史等方面具有重要价值。不同类型的印迹与笔迹材料，其微观结构往往存在显著差异。通过对比和分析这些差异，可以对材料的种类和来源进行初步判断。此外材料在使用过程中会受到各种因素的影响，导致其微观结构发生变化。这些变化包括颗粒的聚集、分散、相变等。通过分析这些变化，推断出材料的使用历史和保存状况，进而为朱墨时序鉴定提供有力依据。

形态分析是对材料表面和内部形态的详细观察和研究，在朱墨时序鉴定中，形态分析主要关注印迹与笔迹材料的形状、尺寸、分布以及与其他材料的相互关系等方面。这些形态特征可以提供关于材料形成时序的重要线索。例如印迹与笔迹的形态特征受到多种因素的影响，如书写工具的类型、书写压力、书写速度以及纸张的吸墨性等。通过分析这些形态特征，可以对书写过程进行还原，并推断出印迹与笔迹的形成时序。形态分析还可以帮助识别出存在的伪造或篡改痕迹。通过对比原始材料和疑似伪造材料的形态特征，发现其中的差异和矛盾之处，从而为司法鉴定提供关键证据。

在朱墨时序鉴定中，微观结构与形态分析的综合应用具有显著优势。这两种分析方法可以相互补充和验证，提高鉴定的准确性和可靠性。微观结构分析主要关注材料的内部组织和颗粒特征，而形态分析则更侧重于材料的表面和形状特征。通过综合运用这两种方法，可以更全面地了解材料的本质和形成时序。微观结构与形态分析的综合应用还可以帮助揭示材料之间的相互作用和影响因素，例如在某些情况下，印迹与笔迹材料之间存在化学反应或物理吸附等现象。通过分析这些现象对微观结构和形态的影响，可以更深入地了解材料之间的相互作用机制，并为朱墨时序鉴定提供更有力的依据。

化学检验技术在朱墨时序鉴定中发挥着重要作用，通过对印迹与笔迹材料的化学成分、化学反应与老化现象以及微观结构与形态的综合分析，可以更准确地判断它们的形成时序。随着科学技术的不断发展，化学检验技术将继续完善和创新，为司法鉴定提供更加精确、可靠的依据。在未来的实践中，期待化学检验技术在朱墨时序鉴定中发挥更大的作用，为揭示案件真相提供有力支持。

第三节 朱墨时序鉴定在案件审判中应用

一、朱墨时序鉴定在刑事案件审判中的应用

在刑事案件审判中，证据的真实性和时序性对于案件的定性和量刑

具有至关重要的作用。朱墨时序鉴定技术，作为一种科学的鉴定方法，能够有效地揭示文件、证据的形成时序，从而为刑事案件的审判提供有力的技术支持。

（一）确立犯罪事实

在刑事案件审判中，确立犯罪事实是至关重要的环节。朱墨时序鉴定技术在这一环节中发挥着举足轻重的作用，它能够通过科学的分析，揭示出文件、证据的形成时序，从而为法庭提供确凿的证据，帮助确立犯罪事实。

明确朱墨时序鉴定的基本原理，这种鉴定技术主要依据的是物质的老化规律和化学反应原理。随着时间的推移，印迹与笔迹材料中的化学成分会发生变化，这些变化可以通过科学的检测方法进行分析。通过对比不同部分的化学成分变化，可以推断出它们的形成时序。这种技术对于辨别文件、证据的真实性和揭示犯罪事实具有重要意义。在刑事案件中，伪造、变造文件的情况屡见不鲜。这些伪造、变造的文件往往涉及到犯罪事实的认定和量刑的轻重。朱墨时序鉴定技术在这方面具有独特的优势。例如在一起伪造遗嘱的案件中，犯罪嫌疑人为了谋取不义之财，在原始遗嘱上添加了有利于自己的条款。通过朱墨时序鉴定，专家发现添加部分的化学成分与原始部分的化学成分存在明显的差异，从而推断出这些内容是后来添加的。这一鉴定结果为法庭提供了有力的证据，揭示了犯罪嫌疑人的伪造行为，为确立犯罪事实提供了关键支持。

除了伪造遗嘱案件外，朱墨时序鉴定技术在其他类型的刑事案件中也发挥着重要作用。在合同诈骗案件中，犯罪嫌疑人会篡改合同内容以逃避法律责任。通过朱墨时序鉴定，可以准确地识别出合同中被篡改的部分，从而揭露犯罪嫌疑人的诈骗行为。在一起案件中，犯罪嫌疑人将合同中的关键条款进行了篡改，试图逃避巨额赔偿。通过朱墨时序鉴定，专家发现篡改部分的笔迹与原始笔迹存在明显的时序差异，从而证明了犯罪嫌疑人的篡改行为。这一鉴定结果不仅为受害者挽回了损失，也为法庭提供了确凿的证据来定罪量刑。此外在一些涉及多份文件的案件中，朱墨时序鉴定技术也可以帮助法庭确立各份文件之间的关联性和时序性。在一起贪污案件中，犯罪嫌疑人涉嫌伪造多份报销单据以骗取公款。通过朱墨时序鉴定，专家发现这些单据之间的印迹与笔迹存在时序上的差异，从而证明了这些单据是在不同时间点伪造的。这一鉴定结果为法庭揭示了犯罪嫌疑人的贪污行为提供了关键线索。

（二）辨别证据真伪

在刑事案件中，证据的真实性是案件审判的基础。然而由于各种复杂原因，如利益驱使、报复心理等，都会出现伪造、篡改证据的情况。这些伪造、篡改的证据往往会对案件的审判结果产生重大影响，甚至导致冤假错案的发生。朱墨时序鉴定技术在辨别证据真伪方面具有独特的优势，该技术可以通过对文件中的印迹与笔迹进行时序分析，确定其形成时间，从而判断证据的真实性和完整性。这种时序分析基于物质的老化规律和化学反应原理，具有较高的科学性和准确性。在实际应用中，朱墨时序鉴定技术可以揭示出证据中的伪造、篡改痕迹。例如在涉嫌贪污的案件中，关键证据是一份报销单据。通过朱墨时序鉴定，专家发现单据中的某些部分与原始单据存在时序上的差异，这表明这些部分被后来添加或篡改。进一步调查后，确实发现了犯罪嫌疑人为了掩盖贪污事实而伪造证据的行为。这一鉴定结果不仅揭露了犯罪嫌疑人的罪行，也为法庭提供了确凿的证据，确保了案件的公正审判。

朱墨时序鉴定技术还可以用于辨别多份证据之间的关联性和真实性，在一些复杂案件中，往往存在多份相关证据，如何确定这些证据的真实性和相互关系是案件审判的关键。通过朱墨时序鉴定，可以确定各份证据的形成时间，从而判断它们之间的关联性和真实性。例如在一起连环盗窃案中，警方收集到了多份嫌疑人的书面供述。通过朱墨时序鉴定，专家发现其中一份供述的笔迹与其他供述存在明显差异，且形成时间较早。进一步调查后证实，这份供述是嫌疑人在被捕前为了混淆视听而伪造的。这一鉴定结果为案件的侦破和审判提供了重要线索。

朱墨时序鉴定技术在辨别证据真伪方面的应用不仅提高了刑事案件

的审判质量和效率,也保障了司法公正和社会正义。然而也应意识到技术的局限性,在实际应用中,需要结合其他证据和调查手段进行综合判断。随着科学技术的不断发展,应不断探索和创新朱墨时序鉴定技术的方法和应用领域,以更好地服务于司法实践。

(三) 辅助法庭量刑

朱墨时序鉴定技术主要通过以下几个方面辅助法庭进行量刑:

1. 确定犯罪行为的时序

在一些刑事案件中,犯罪行为的时序对于量刑具有重要影响。在故意杀人案中,如果犯罪行为是预谋已久的,与临时起意的犯罪行为相比,其恶性程度和社会危害性更大,量刑时也会相应更重。朱墨时序鉴定技术可以通过对现场留下的痕迹、文件等进行时序分析,确定犯罪行为的先后顺序和持续时间,从而为法庭提供更加准确的量刑依据。

2. 揭示犯罪嫌疑人的主观恶性程度

犯罪嫌疑人的主观恶性程度是量刑时需要考虑的重要因素之一,朱墨时序鉴定技术可以帮助法庭揭示犯罪嫌疑人在犯罪行为中的主观意图和恶性程度。例如在伪造文件案中,如果通过朱墨时序鉴定发现犯罪嫌疑人在文件上进行了多次伪造、篡改,这表明其主观上具有较大的恶性程度,法庭在量刑时可以考虑从重处罚。

3. 评估犯罪行为的社会危害性

社会危害性是量刑时需要考虑的另一个重要因素,朱墨时序鉴定技术可以帮助法庭评估犯罪行为对社会的危害程度。例如在涉及贪污、受贿等经济犯罪的案件中,通过朱墨时序鉴定可以确定犯罪行为的持续时间和涉及金额等关键信息,从而评估其对社会的危害程度,为量刑提供依据。

4. 朱墨时序鉴定在量刑中的具体应用案例

(1) 合同诈骗案

在一起合同诈骗案中,犯罪嫌疑人通过伪造合同骗取了大量资金。在量刑阶段,法庭委托专业机构进行了朱墨时序鉴定。鉴定结果显示,合同上的签名和印章是在不同时间点形成的，且与真实合同存在明显差异。这一鉴定结果揭示了犯罪嫌疑人的伪造行为，为法庭提供了确凿的证据。最终法庭根据朱墨时序鉴定结果和其他证据，对犯罪嫌疑人进行了从重处罚。

（2）故意杀人案

在另一起故意杀人案中，犯罪嫌疑人被指控预谋杀人。为了确定犯罪行为的时序和主观恶性程度，法庭同样进行了朱墨时序鉴定。鉴定结果显示，犯罪嫌疑人在案发前曾多次搜索和购买与杀人相关的工具和药品，这表明其具有明确的杀人意图和预谋。根据这一鉴定结果和其他证据，法庭认定犯罪嫌疑人的主观恶性程度较高，并依法从重处罚。

5. 朱墨时序鉴定在量刑中的挑战与展望

虽然朱墨时序鉴定在辅助法庭量刑方面具有重要意义，但在实际应用中也面临一些挑战。鉴定技术的准确性和可靠性需要不断提高；同时鉴定过程也需要更加规范化和标准化，以确保鉴定结果的公正性和客观性。

朱墨时序鉴定技术在刑事案件审判中具有重要的应用价值，它不仅可以确立犯罪事实、辨别证据真伪，还可以辅助法庭进行量刑。随着科学技术的不断发展，朱墨时序鉴定技术将更加完善和创新，为刑事案件审判提供更加科学、准确的证据支持。

二、朱墨时序鉴定在民事案件审判中的应用

随着社会的进步和法制的完善，民事纠纷的解决越来越依赖于科学、客观的证据。朱墨时序鉴定技术作为一种先进的司法鉴定手段，其在民事案件审判中的应用日益广泛，为法庭提供了关键性的证据支持，有助于揭示案件真相，确保审判的公正性和准确性。

（一）合同争议案件中的应用

在合同争议案件中，朱墨时序鉴定技术的应用显得尤为重要。合同，作为双方约定权利和义务的法律文件，其真实性和合法性是保障交易安全、维护市场经济秩序的关键。然而在实际商业活动中，由于各种原因，合同争议时有发生。在这些争议中，朱墨时序鉴定技术以其科学、精准的特点，为法庭提供了有力的证据支持，帮助解决合同争议。

朱墨时序鉴定技术在合同签署时间的确定上发挥着重要作用，在合同争议案件中，签署时间的真实性往往是双方争议的焦点之一。一方主张合同是在某个特定时间点签署的，而另一方则提出异议。此时朱墨时序鉴定技术可以通过对合同中的笔迹、印文等进行分析，科学确定签署时间，从而为法庭提供客观、准确的证据。朱墨时序鉴定技术还有助于揭示合同内容的真实性，在商业活动中，有时会出现合同内容被篡改或伪造的情况。通过朱墨时序鉴定，可以分析合同中的书写时序和印文时序，判断合同内容是否被后来添加或修改。这种技术手段的应用，有效地揭露了伪造、篡改合同的行为，保护了当事人的合法权益。朱墨时序鉴定技术还可以用于确定合同各方的身份，在合同签署过程中，有时会出现冒名顶替或伪造签名的情况。通过朱墨时序鉴定，可以对比合同中的签名与已知样本的书写时序特征，判断签名的真实性，从而确认合同各方的身份。在合同争议案件中，朱墨时序鉴定技术的应用不仅提高了审判的准确性和公正性，还有效地维护了市场经济秩序和交易安全。例如在一起涉及大额资金的合同纠纷案件中，双方对合同签署时间和内容产生了严重争议。通过朱墨时序鉴定技术的运用，法庭成功地确定了合同的签署时间和内容的真实性，为案件的公正审理提供了有力支持。

（二）遗嘱认证案件中的应用

遗嘱，作为个人财产分配意愿的法律表达，其真实性和法律效力在遗产分配中起着至关重要的作用。然而在实际操作中，遗嘱的真实性和有效性往往会受到质疑，引发家庭纷争和法律诉讼。在这类遗嘱认证案件中，朱墨时序鉴定技术以其独特的科学性和精确性，为法庭提供了关键性的证据，有助于确保遗嘱的真实性和法律效力。

朱墨时序鉴定技术在遗嘱签名真实性的验证上发挥着不可替代的作用，遗嘱的签名是其法律效力的重要组成部分，因此验证签名的真实性至关重要。通过朱墨时序鉴定，专家可以分析遗嘱上的签名与遗嘱内容的书写时序，判断签名是否在遗嘱内容书写之后形成，从而确认签名的真实性。这种技术手段的应用，有效地揭露了伪造签名的行为，保护了遗产分配的公正性。朱墨时序鉴定技术还有助于判断遗嘱是否是在立遗嘱人意识清醒、自愿且无外力干涉的情况下完成的。在遗嘱认证案件中，有时会出现对立遗嘱人精神状态或是否受到胁迫的争议。通过朱墨时序鉴定，可以分析遗嘱的书写时序和特征，判断立遗嘱人在书写遗嘱时的精神状态是否正常，是否受到外界因素的影响。这种分析为法庭提供了关于立遗嘱人真实意愿的重要线索。朱墨时序鉴定技术还可以用于确定遗嘱的修改和补充情况，在遗嘱的书写过程中，立遗嘱人会对遗嘱进行修改或补充。通过朱墨时序鉴定，可以确定修改或补充部分与原始遗嘱部分的书写时序关系，从而判断这些修改或补充是否是在立遗嘱人意识清醒的情况下进行的，对于确定遗嘱的最终内容和法律效力具有重要意义。

在遗嘱认证案件中，朱墨时序鉴定技术的应用不仅提高了审判的准确性和公正性，还有效地保护了遗产分配的公正性和立遗嘱人的真实意愿。例如在一起涉及巨额遗产的遗嘱认证案件中，通过朱墨时序鉴定技术的运用，法庭成功地确认了遗嘱的真实性和法律效力，为遗产的公正分配提供了有力支持。

（三）知识产权保护案件中的应用

在知识产权保护案件中，朱墨时序鉴定技术同样发挥着举足轻重的作用。随着科技创新和知识产权意识的日益增强，对于专利、商标、著作权等知识产权的保护变得尤为关键。朱墨时序鉴定技术以其科学、精确的特性，为知识产权保护提供了有力的技术支持，有效地打击了侵权行为，维护了创新者和权利人的合法权益。

在专利侵权案件中，朱墨时序鉴定技术能够帮助确定涉嫌侵权产品的设计或制造时间，从而判断其是否侵犯了先前已有的专利权。通过对比涉嫌侵权产品中的技术特征与专利文件中的技术描述，结合朱墨时序鉴定结果，可以准确地判断侵权行为的成立与否。这种技术手段的应用，不仅提高专利侵权判定的准确性，也为专利权人提供强有力的维权工具。在商标侵权案件中，朱墨时序鉴定技术同样具有重要的作用，商标作为企业品牌和产品的重要标识，其独特性和专有性对于维护市场秩序和消费者权益至关重要。商标侵权现象却屡见不鲜，给权利人带来了巨大的经济损失。朱墨时序鉴定技术可以通过分析涉嫌侵权商标与原创商标的创作时序，确定商标的原始性和合法性，进而揭露伪造、仿冒商标的违法行为。在著作权侵权案件中，朱墨时序鉴定技术也发挥着不可或缺的作用。著作权是保护文学、艺术和科学作品创作者权益的重要法律制度。随着数字技术的迅猛发展，著作权侵权问题也日益严重。朱墨时序鉴定技术可以通过对比涉嫌侵权作品与原创作品的创作时序和特征，确定作品的原创性和著作权归属，为著作权人提供有力的维权依据。

　　值得一提的是，朱墨时序鉴定技术在知识产权保护案件中的应用不仅限于上述几个方面。随着技术的不断进步和创新，朱墨时序鉴定技术将在更多领域发挥重要作用，如软件著作权保护、集成电路布图设计保护等。这些领域的知识产权保护同样面临着严峻的挑战，而朱墨时序鉴定技术的应用将为解决这些问题提供新的思路和方法。在知识产权保护案件中，朱墨时序鉴定技术的应用不仅提高了审判的准确性和公正性，还有效地保护了创新者和权利人的合法权益。然而也应意识到该技术的局限性，并结合其他证据和调查手段进行综合判断。加强朱墨时序鉴定技术的研究和应用推广，提高其在知识产权保护领域的应用水平。

　　朱墨时序鉴定技术在民事案件审判中的应用具有重大意义，它不仅提高了证据的科学性和可靠性，还有助于法庭更加公正、准确地审理案件。随着技术的不断进步和完善，朱墨时序鉴定将在未来民事审判中发挥更加重要的作用，为维护社会公平正义提供有力支持。

三、朱墨时序鉴定在案件审判中的证据效力及争议

　　朱墨时序鉴定技术在案件审判中的应用已经越来越广泛，它以其科

学性和精确性为审判提供了重要的证据支持。然而关于朱墨时序鉴定结果的证据效力及其在具体案件中所引发的争议也逐渐显现出来。这些争议主要集中在鉴定结果的可靠性、鉴定过程的标准化以及法庭对鉴定结果的解读等方面。

（一）朱墨时序鉴定结果的证据效力

朱墨时序鉴定是一种科学技术鉴定，其结果具有科学性和客观性，能够揭示文件、合同等书面材料中的书写时序，从而帮助判断其真实性和可信度。这种鉴定结果在法庭上具有重要的证据价值，往往能够成为案件审判的关键依据。

朱墨时序鉴定结果的证据效力取决于多个因素，一是鉴定方法的科学性和可靠性，朱墨时序鉴定技术必须建立在科学原理之上，且经过实践验证，确保其准确性和可靠性；二是鉴定人员的专业素质和经验，鉴定人员必须具备丰富的专业知识和实践经验，才能对鉴定对象进行准确的分析和判断；三是鉴定过程的合规性和透明度，鉴定过程必须符合法律规定的程序和要求，确保鉴定结果的合法性和公正性。

在法庭上，朱墨时序鉴定结果的证据效力还受到法官的审查和评判。法官会根据法律规定和司法实践，对鉴定结果进行严格的审查，包括鉴定方法的科学性、鉴定人员的资质、鉴定过程的合规性等方面。只有经过法官认可的鉴定结果，才能作为有效证据被采纳。朱墨时序鉴定结果的证据效力还与其与其他证据的相互印证程度有关。在案件审判中，单一的鉴定结果往往难以完全证明案件事实，需要结合其他证据进行综合判断。如果朱墨时序鉴定结果与其他证据相互印证，形成了完整的证据链，那么其证据效力将更加强大。

朱墨时序鉴定结果的证据效力也存在一定的局限性，一方面，鉴定结果会受到多种因素的影响，如书写材料、保存条件、鉴定技术等，导致鉴定结果存在一定的误差或不确定性。另一方面，鉴定结果只能揭示书写时序等有限的信息，对于案件的整体事实认定可能存在一定的局限性。在运用朱墨时序鉴定结果作为证据时，需要充分考虑其科学性和客观性，同时也要认识到其局限性，结合其他证据进行综合判断和分析。还需要不断完善朱墨时序鉴定技术的标准化和规范化建设，提高鉴定人员的专业素质和技能水平，以确保鉴定结果的准确性和可靠性。

（二）朱墨时序鉴定过程的标准化争议

朱墨时序鉴定的标准化争议，首先体现在鉴定方法的选择上。目前朱墨时序鉴定存在多种鉴定方法，每种方法都有其独特的理论依据和操作流程。由于缺乏统一的标准，不同的鉴定机构或专家会选择不同的方法，直接导致了鉴定结果的不一致性和难以比较。有的方法侧重于墨迹的渗透和扩散程度；有的则依据墨迹的层次和交叉情况进行分析；这种方法的多样性虽然为鉴定提供了更多的选择，但也增加了标准化的难度。鉴定流程的规范性也是标准化争议的一个焦点，在朱墨时序鉴定过程中，从样本的采集、保存到实验室的处理、分析，每一个环节都影响到最终的鉴定结果，目前这些环节并没有统一的操作规范。比如样本的保存条件、实验室环境的控制、仪器的校准等，都缺乏明确的标准和指导。这种情况不仅影响鉴定的准确性和可靠性，也增加了鉴定过程中的不确定性和风险。鉴定人员的资质认证也是标准化争议的一个重要方面，朱墨时序鉴定是一项高度专业化的技术，需要鉴定人员具备丰富的专业知识和实践经验。目前对于鉴定人员的资质并没有统一的标准和要求，导致鉴定人员水平的参差不齐，也增加了鉴定结果的主观性和不确定性。一些不具备相应资质的鉴定人员会进行不准确的鉴定，进而影响到整个司法程序的公正性和权威性。

针对以上争议，业内专家和学者纷纷提出了自己的看法和建议。有的专家认为，应尽快制定统一的朱墨时序鉴定方法和流程标准，以确保鉴定的准确性和一致性；也有学者提出，加强对鉴定人员的培训和资质认证，提高鉴定人员的专业水平和职业道德。

（三）法庭对朱墨时序鉴定结果的解读争议

朱墨时序鉴定结果的专业性导致了解读难度，由于这项技术涉及复杂的科学原理和技术分析，非专业人士往往难以准确理解鉴定报告中的专业术语和数据。这就要求法官在审理案件时，不仅要具备扎实的法律知识，还需要对朱墨时序鉴定技术有一定的了解。在现实中，法官的专业背景往往以法律为主，对于科学技术的掌握有限，因此在解读鉴定结果时存在困难。鉴定结果的模糊性也是引发解读争议的原因之一，在某些情况下，朱墨时序鉴定无法给出绝对明确的结论，而是提供一种可能性或倾向性。这种模糊性使得法官在解读结果时面临挑战，因为法律判决通常需要明确的是非判断。如何理解和运用这些模糊的鉴定结果，成为法庭上争议的一个重要方面。法庭对朱墨时序鉴定结果的解读还受到法律条文和司法解释的限制，在不同的法律体系中，对于鉴定结果的认可程度和运用方式存在差异。一些法律体系更倾向于接受科学技术证据，而另一些则更加谨慎。这种法律环境的不同导致了鉴定结果在法庭上的解读和运用存在不确定性。

除了上述因素外，法官的个人经验和主观判断也会对鉴定结果的解读产生影响。在面对复杂的鉴定报告时，法官会根据自己的经验和对案件的整体理解来解读鉴定结果。这种主观性虽然在一定程度上是不可避免的，但也增加了判决结果的不确定性和争议性。为了解决这些解读争议，有几个方面是可以考虑的。一是加强法官的科学技术培训，提高他们的专业素养和鉴定结果解读能力。二是推动朱墨时序鉴定技术的标准化和规范化，以减少鉴定结果的模糊性和不确定性。三是建立完善的专家证人制度，让专业人士在法庭上为法官提供专业的解释和建议。

朱墨时序鉴定技术在案件审判中的应用为法庭提供了重要的科学证据支持，但其证据效力及争议也不容忽视。为了确保朱墨时序鉴定结果的可靠性和公正性，需进一步加强鉴定技术的标准化建设、提高鉴定人员的专业水平、完善法庭对鉴定结果的解读机制等方面的努力。也应认识到朱墨时序鉴定技术的局限性，并在具体案件中结合其他证据进行综合判断和分析。

第七章　伪造与变造文件的鉴定技术

第一节　伪造证书、证件、票据的鉴定方法

一、伪造证书、证件、票据的常见手段

随着科技的不断发展，伪造技术也日益精进，使得伪造证书、证件、票据变得更加容易。

（一）扫描与复制

扫描与复制技术是伪造证书、证件、票据等文件的一种常见手段。这种技术的广泛应用和易操作性使得伪造者能够轻易地制作出与原件高度相似的伪造文件，给社会安全和诚信体系带来了极大的挑战。

扫描是伪造过程的第一步。伪造者使用高分辨率扫描仪将真实文件进行数字化转换，捕捉文件的每一个细节。这一步骤的关键在于选择适当的扫描参数，以确保扫描出的文件图像质量高，信息完整。随着科技的发展，现代扫描仪的分辨率越来越高，甚至可以捕捉到纸张的纹理、墨水的渗透等微观特征，这为后续的复制过程提供了高质量的图像数据。复制则是将扫描得到的数字图像通过打印机打印出来，形成实体伪造文件的过程。现代打印技术的快速发展使得复制的文件在视觉上与原件难以区分。尤其是喷墨打印和激光打印技术的广泛应用，使得伪造文件的质量大幅提升。喷墨打印机能够打印出高分辨率的图像，而激光打印机

则能在短时间内快速打印大量文件。尽管扫描与复制技术使得伪造文件变得容易,但这也为司法鉴定提供了新的挑战和机遇。鉴定专家可以通过对文件的仔细观察和分析,发现伪造文件的蛛丝马迹。真实文件的纸张、墨水、印章等物理特征往往与伪造文件存在差异。真实文件在制作过程中可能留下的独特痕迹,如打印机的打印头痕迹、纸张的纤维纹理等,也可以作为鉴定真伪的重要依据。

(二)篡改信息

篡改信息在伪造证书、证件、票据等文件中是一种常见且危险的违法行为。这种手段通常涉及对真实文件的修改或添加,以改变其中的关键信息,如姓名、日期、金额等,从而达到欺诈的目的。

1. 篡改信息的常见手段

(1)手工修改:这是最常见的篡改方式之一。伪造者使用刀片、剪刀等工具,直接对文件上的文字进行涂改或剪裁,然后粘贴上新的文字或图片。这种方式虽然原始,但却非常危险,因为一旦被发现,很难留下证据。

(2)计算机软件修改:随着科技的发展,越来越多的篡改行为开始借助计算机软件来完成。例如使用 Photoshop 等软件对图片进行修改,或使用 Word 等软件的编辑功能对文本进行修改。这些操作可以在短时间内完成,并且难以留下明显的修改痕迹。

(3)网络篡改:通过网络传输的文件容易被恶意篡改,一些不法分子会利用漏洞或病毒入侵他人的电脑或网络服务器,获取到真实的文件后进行篡改,再将其放回原处或通过网络传播。

2. 篡改信息的危害

(1)损害个人权益:篡改信息往往涉及到个人的隐私和财产安全,如身份证、护照等重要证件的篡改导致身份盗用、财产损失等问题。此外篡改信息还会影响到个人的信用记录和职业发展等方面。

(2)扰乱市场秩序:在商业领域,篡改信息会引发商业纠纷和市场混乱。例如篡改合同、发票等文档的信息会导致法律责任和商业信誉受损。长期下去，这将严重扰乱市场秩序并阻碍经济发展。

（3）威胁国家安全：在某些极端情况下，篡改信息被用于危害国家安全的活动。例如恐怖组织会通过篡改政府公告或散布虚假信息来制造社会恐慌和混乱。

（三）使用假印章

使用假印章是伪造证书、证件、票据等文件中的一种重要手段，它涉及到伪造、变造公文、证件、印章等违法犯罪行为。这种行为不仅侵害了他人的合法权益，也严重破坏了社会秩序和诚信体系。

制作假印章的方法多种多样，既有传统的手工雕刻，也有利用现代技术进行的精密制作。不法分子往往会根据需要，仿制各种公章、私章，甚至包括一些重要机构的印章。这些假印章在外观上与真印章相差无几，很难被普通人识别。使用假印章的目的通常是为了伪造或变造文件，以达到欺诈、逃避责任等不法目的。例如在合同、证书、证明等重要文件上加盖假印章，可以伪造出看似真实的文件，从而误导他人，获取不当利益。

使用假印章伪造的文件往往涉及他人的财产权、名誉权等合法权益。一旦这些伪造文件被用于不法活动，将给他人带来巨大的经济损失和精神损害。假印章的使用会严重破坏社会的正常秩序，在商业活动中，如果使用假印章伪造合同、发票等文件，将扰乱市场秩序，损害商业信誉。在行政管理领域，使用假印章会导致政府决策失误，影响社会稳定。印章作为一种权力的象征，代表着机构或个人的信誉和承诺。使用假印章将严重损害这种公信力，使人们对机构或个人的信任度降低。

（四）拼接与剪裁

1. 拼接手法

（1）不同文件拼接：伪造者会从多个不同的文件中选取需要的部分，然后将它们拼接在一起。例如从一份真实的合同和一份伪造的附件中各自截取一部分，然后合并成一个看似完整的文件。

（2）数字技术拼接：借助图像处理软件，如 Photoshop 等，伪造者可以轻松地将不同的图像或文本元素组合在一起,形成一份新的文件,这种数字拼接在视觉上很难被察觉。

2. 剪裁手法

(1) 选择性剪裁:伪造者会对文件进行选择性剪裁,以去除不利信息或突出特定内容。例如在一份报告中剪裁掉不利的数据或结论,使得文件更符合其期望的叙述。

(2) 篡改剪裁:除了简单的剪裁外,伪造者还对剪裁后的边缘进行修饰,以使剪裁部分与其他部分更自然地融合,需要一定的图像处理技术。

3. 拼接与剪裁的危害

经过拼接或剪裁的文件会误导决策者,导致错误的判断和行动。拼接与剪裁常被用于欺诈行为,如伪造财务报表、篡改合同条款等,以获取不正当利益。根据相关法律法规,对文件进行拼接与剪裁可能构成伪造、变造文件的违法行为,将面临法律责任。

(五) 高科技伪造

高科技伪造是指利用现代科技手段,如计算机、网络、数字技术等,进行文件伪造的行为。这种伪造行为具有高度的隐蔽性和复杂性,往往难以被察觉和识别。

1. 高科技伪造的手段和特点

(1) 数字化处理:利用计算机技术和图像处理软件,对原始文件进行篡改、添加或删除等操作,生成看似真实的虚假文件。这些操作包括改变图像的背景、合成图像、修改文字等。

(2) 网络传输:通过电子邮件、社交媒体或其他网络平台,将伪造的文件发送给目标受众。由于网络传播的匿名性和难以追踪的特点,高科技伪造往往难以被发现和制止。

(3) 三维打印技术:利用三维打印技术制作虚假的证件、印章等物品,这些物品在外观上几乎与真实物品无异,很难用肉眼辨别真伪。

2. 高科技伪造的危害

(1) 损害个人权益:高科技伪造的文件往往涉及个人的隐私和财产

安全，一旦被用于不法活动，将对个人造成巨大的经济损失和精神伤害。

（2）扰乱市场秩序：在商业活动中，高科技伪造的文件导致合同欺诈、虚假宣传等行为，扰乱市场秩序并损害商业信誉。

（3）威胁国家安全：在某些极端情况下，高科技伪造被用于危害国家安全的活动，如制造和传播虚假信息、煽动社会不稳定等。

综上，汇总伪造证书、证件、票据的常见手段，绘制如下表7－1：

表7－1　　　　　　伪造证书、证件、票据的常见手段

序号	伪造手段	描述	示例
1	伪造	制作假证书、证件或票据，通常使用假材料、假印章等手段。	制作假身份证、假学历证书等
2	篡改	对真实证书、证件或票据进行篡改，改变其中的信息或内容。	篡改成绩单上的分数、篡改发票上的金额等
3	冒用他人证件	盗用他人的真实证件进行非法活动。	冒用他人身份证办理银行业务等
4	使用失效证件	使用已经过期或已被注销的证件进行欺诈行为。	使用过期驾驶证驾驶车辆等
5	伪造印章	制作假印章，用于盖章伪造文件或证明。	伪造公司公章、政府机关印章等
6	复制	通过复印、扫描等手段复制真实证书、证件或票据。	复制真实的毕业证书、复制发票等
7	数码伪造	利用电脑软件对证书、证件或票据进行伪造或篡改。	利用Photoshop等软件篡改证书上的信息
8	团伙作案	多人合作，分工明确地伪造、贩卖假证书、证件或票据。	团伙制作假护照、团伙贩卖假发票等

了解这些常见的伪造手段有助于更好地识别和预防伪造文件的产生。

同时为了打击伪造犯罪，还需要掌握有效的鉴定方法。伪造证书、证件、票据的犯罪活动已经对社会造成了严重的危害。为了维护社会秩序和安全，必须加强对伪造文件的打击力度。通过深入了解伪造手段并掌握有效的鉴定方法，更好地识别和预防伪造文件的产生，为打击伪造犯罪提供有力的支持。加强公众的安全意识教育，提高大家对伪造文件的警惕性，共同维护一个安全、诚信的社会环境。

二、伪造证书、证件、票据的鉴定依据

在司法鉴定实践中，对伪造证书、证件、票据的鉴定，依赖于一系列科学的依据和方法。这些依据不仅涉及文件的物理特性，还包括制作过程中的技术细节和逻辑推理。通过综合运用这些鉴定依据，司法鉴定人员能够准确地识别出伪造的文件，为打击相关犯罪提供有力支持。

（一）物理特性的鉴定依据

1. 纸张特性

真实文件的纸张通常具有特定的质地、厚度、颜色和纹理。例如官方文件往往采用特定质量的纸张，其厚度、韧性和吸墨性都经过严格测试。而伪造文件为了降低成本或难以获取相同质量的纸张，往往会使用质地较差或颜色不对的纸张。真实纸张的纹理自然，而伪造纸张因制作工艺不同而显得过于光滑或粗糙。在鉴定过程中，可以通过放大镜或显微镜观察纸张的纤维结构、填充物和颜色分布等微观特征。真实文件的纸张纤维结构通常较为均匀，而伪造文件的纸张出现纤维断裂、颜色不均等异常情况。

2. 墨水特性

真实文件使用的墨水往往与伪造文件有所不同，真实文件的墨水颜色均匀，渗透纸张的程度适中，而伪造文件使用质量较差的墨水，导致颜色不均、渗透过深或过浅。同时真实文件的墨水成分稳定，不易褪色，而伪造文件因墨水质量问题而出现褪色或变色现象。在鉴定过程中，采用化学方法检测墨水的成分。例如使用特定的试剂与墨水反应，观察颜

色变化或沉淀物生成情况，从而判断墨水的真实性。此外还可以利用光谱分析等技术手段对墨水进行更深入的分析。

3. 印刷特性

真实文件的印刷工艺通常较为精细，字体清晰、排版整齐。而伪造文件因印刷设备或技术水平有限而出现字体模糊、排版错乱等问题。真实文件采用特定的印刷技术，如凹版印刷、凸版印刷等，这些技术留下的痕迹也可以作为鉴定的依据。在鉴定过程中，通过观察文件的印刷质量、字体形态和排版方式等特征来判断其真伪。同时还可以利用专业的印刷检测设备对文件进行更深入的分析，如检测印刷版面的微观结构、油墨分布等。

4. 制作工艺特性

除了纸张、墨水和印刷特性外，制作工艺也是鉴定伪造文件的重要依据。真实文件的制作工艺通常较为精细，如打孔、装订等方式都有一定的标准和规范。而伪造文件因制作工艺不精而出现打孔位置不准、装订松散等问题。在鉴定过程中，通过观察文件的制作工艺特征来判断其真伪。例如检查打孔位置是否准确、装订是否牢固等。同时还可以结合其他鉴定方法，如检查文件上的防伪标记、水印等特征来进一步验证文件的真实性。

（二）技术细节的鉴定依据

1. 防伪技术

真实文件往往采用先进的防伪技术，如隐形水印、荧光标记、安全线、磁性材料等，这些技术大大提高了文件的防伪能力。防伪技术不仅难以复制，而且通常需要使用专业的检测设备才能识别。伪造文件往往无法完全复制这些防伪技术，或者复制的质量很差，这就为鉴定人员提供了重要的线索。些高级证书或票据上使用隐形水印技术，只有在特定光线下才能观察到。如果一份文件声称采用了这种技术，但在相应光线下无法观察到水印，那么这份文件很可能是伪造的。

2. 制作工具痕迹

真实文件的制作过程中，往往会留下一些特定的工具痕迹，如打印机型号、打印头磨损情况等。这些痕迹对于鉴定人员来说，是宝贵的线索。伪造者无法获得与真实文件制作完全相同的工具，或者即使获得了相同工具，也难以完全模拟真实文件的制作环境。例如某些高级打印机在打印过程中会在纸张上留下微妙的纹理或标记，这些特征在伪造文件中很难完全复制。鉴定人员可以通过比对文件上的这些痕迹，来判断文件的真实性。

3. 文件格式与编码

真实文件通常遵循特定的格式和编码规则，这些规则是伪造者难以完全掌握的。例如身份证号码、驾驶证号码等都有特定的编码规则，如果伪造者不了解这些规则，很容易在编码上出现错误。此外一些文件还包含特定的数据结构或加密算法，这些都是伪造者难以攻克的难题。在鉴定过程中，鉴定人员可以通过检查文件的格式和编码是否符合规范，来判断其真实性。如果文件格式错误或编码不符合规则，那么这份文件很可能是伪造的。

4. 技术不符

伪造者在制作伪造文件时，会使用一些与真实文件不符的技术手段。例如会使用不同类型的打印机、墨水或纸张来制作文件。这些技术手段与真实文件的制作技术不符，因此会成为鉴定的重要依据。鉴定人员可以通过观察文件的制作技术特征，如打印质量、墨水渗透情况等，来判断其是否与真实文件的制作技术相符。

（三）逻辑推理的鉴定依据

1. 文件内容与相关信息的匹配度：鉴定人员会仔细核查文件上的信息，如姓名、日期、编号等，是否与其他可靠来源的信息相符。例如一份工作证明上的入职时间与该公司的存档记录不一致，就表明这份证明是伪造的。

2. 文件的逻辑连贯性：真实文件的内容通常具有逻辑连贯性，而伪造文件因伪造者的疏忽而包含逻辑矛盾。如文件中的时间线是否合理，或者提及的事件、地点和人物是否相互吻合等。

3. 文件背景信息的合理性：鉴定人员会评估文件所述的背景信息是否合理，例如一份声称在某特定日期签发的文件，如果那天是法定假日，则该文件存在疑点。

4. 文件用途与实际情况的对比：分析文件的用途是否与其内容相符，例如一份学历证明如果用于求职，其内容应该与该职位的教育背景要求相匹配。

5. 与其他证据的一致性：鉴定人员会对比同一案件中的其他证据，检查文件是否与其他证据相矛盾。如果一份文件与其他多项证据相冲突，那么它很大概率是伪造的。

6. 签发机构或个人的真实性：核查签发文件机构或个人的真实性，通过官方渠道确认公章、签名的真实性，或者验证签发机构是否存在。

7. 文件格式的规范性：检查文件格式是否符合官方规定或行业标准，伪造者不了解这些细节，从而在格式上露出马脚。

8. 文件流通的合理性：分析文件的流转路径和时间是否合理，一份重要文件的传递速度过快或过慢，都会表明其存在问题。

伪造证书、证件、票据的鉴定是一项复杂而细致的工作，司法鉴定人员需要综合运用物理特性、技术细节和逻辑推理等多方面的鉴定依据，才能准确判断文件的真伪。随着科技的发展，伪造技术也在不断演变，因此司法鉴定人员需要不断更新知识，提高鉴定能力，以应对日益严峻的伪造文件犯罪挑战。

三、伪造证书、证件、票据的具体鉴定技术

随着科技的发展，伪造技术也在不断演变，使得伪造证书、证件、票据的识别变得更加复杂。为了应对这一挑战，司法鉴定人员需要掌握一系列具体的鉴定技术。这些技术涉及文件的物理特性、制作工艺、防伪标记等多个方面。通过综合运用这些技术，更准确地识别伪造文件，为司法公正提供有力支持。

（一）显微观察技术

显微观察技术是一种常用的伪造文件鉴定方法，通过使用显微镜或高倍放大镜，可以观察到文件上的微观特征，如纸张纤维、墨水分布、印刷网点等。这些特征在伪造文件中往往难以完全复制，因此可以作为鉴定真伪的重要依据。

（二）光谱分析技术

光谱分析技术是一种利用光谱学原理对文件进行鉴定的方法，通过对文件上的物质进行光谱扫描，可以获取其独特的化学指纹信息。这种技术对于识别伪造文件中的特定物质成分（如特定类型的墨水或纸张添加剂）非常有效。

（三）数字图像处理技术

数字图像处理技术是一种通过计算机算法对图像进行增强、变换、分析、识别等处理的方法。在伪造文件鉴定中，该技术主要应用于文件图像的预处理、特征提取、图像比对和识别等方面。通过数字图像处理技术，更加清晰地观察到文件上的细节特征，进而判断文件的真伪。

（1）图像预处理：在伪造文件鉴定过程中，对文件进行数字化扫描或拍摄，获取高质量的图像。然后利用数字图像处理技术对图像进行预处理，包括去噪、增强、二值化等操作，以提高图像的质量和清晰度，为后续的特征提取和比对打下基础。

（2）特征提取：特征提取是数字图像处理技术的核心环节，通过对预处理后的图像进行边缘检测、纹理分析、形状识别等处理，提取文件中的关键特征，如文字笔画粗细、墨水渗透情况、纸张纹理等。这些特征在伪造文件中往往难以完全复制，因此可以作为鉴定真伪的重要依据。

（3）图像比对和识别：提取出关键特征后，接下来进行图像比对和识别。通过计算待鉴定文件与真实文件在特征上的相似度，判断待鉴定文件的真伪。还可以利用机器学习、深度学习等算法对大量真实和伪造文件进行学习训练，构建分类模型，实现自动化、智能化的文件真伪识别。

(四) 防伪标记识别技术

防伪标记识别技术主要是通过特定的检测设备和方法来识别文件上的防伪标记，从而验证文件的真伪。这些防伪标记可能是肉眼可见的，如特殊图案或文字，是隐藏的，需要借助特定工具才能观察到。防伪标记识别技术的关键在于准确识别这些标记，并对其进行解析，以判断文件的真实性。

防伪标记识别技术的种类和应用包括：

（1）水印识别技术：水印是一种常见的防伪标记，可以通过透光观察或特定设备检测出来。水印识别技术主要是利用光学原理，通过透光或反射光来观察文件上的水印图案，从而判断文件的真伪。这种技术简单易行，但对于复杂的水印图案，可能需要专业的设备和算法进行识别。

（2）安全线识别技术：安全线是一种嵌入纸张内部的防伪线，通常包含特定的图案或文字。安全线识别技术主要是通过观察安全线的位置、形状和颜色等特征，以及使用磁性检测设备来检测安全线中的磁性材料，从而验证文件的真实性。

（3）荧光标记识别技术：荧光标记是一种在特定波长紫外光照射下才能观察到的防伪标记。荧光标记识别技术需要使用紫外灯或荧光检测设备来观察文件上的荧光图案或文字，以判断文件的真伪。这种技术对于检测伪造文件非常有效，因为伪造者很难完全复制真实的荧光标记。

（4）磁性编码识别技术：磁性编码是一种利用磁性材料在纸张上记录特定信息的防伪技术。磁性编码识别技术主要是通过磁性检测设备来读取和分析文件上的磁性编码信息，从而验证文件的真实性。这种技术具有较高的安全性和可靠性，因为伪造者很难获取和复制真实的磁性编码信息。

伪造证书、证件、票据的鉴定技术是多维度的，需要综合运用多种方法进行全面分析。显微观察技术、光谱分析技术、数字图像处理技术和防伪标记识别技术等都是重要的鉴定手段。在实际鉴定工作中，司法鉴定人员应根据具体情况选择合适的技术组合，以提高鉴定的准确性和可靠性。

第二节 变造文件的技术分析

一、变造文件的类型与特点

变造文件因其欺骗性和隐蔽性，对司法鉴定构成了极大的挑战。了解变造文件的类型和特点，对于鉴定人员来说至关重要，有助于更准确地识别文件是否被篡改，并进一步揭露事实真相。

（一）添加与涂改变造

添加变造是指在原有文件上增加额外的文字、数字、图案或签名，从而改变文件的原始内容和意义。这种变造手法通常用于篡改合同金额、增加条款或者伪造签名等。鉴定添加变造的关键在于观察文件上新增内容的书写工具、墨水、纸张等是否与原文件一致。如果添加部分使用的墨水与原文件明显不同，或者书写工具留下的痕迹与原文件不符，那么就可能是添加变造。还可以利用专业的检测设备，如紫外线灯、显微镜等，来观察文件上的荧光反应、纸张纤维的排列等，从而判断是否存在添加变造。例如某些特定的荧光剂会在紫外线灯下发出特定的颜色，如果添加部分与原文件在荧光反应上存在差异，那么就很可能是添加变造。

涂改变造是指通过涂抹、刮擦、化学处理等手段，改变文件中的部分文字或数字。这种变造手法通常用于掩盖或修改文件中的关键信息，如日期、金额等。鉴定涂改变造的方法主要包括观察涂改部分的痕迹、颜色、纹理等。如果涂改部分的颜色与原文件明显不同，或者涂改后留下了明显的痕迹，如凹凸不平、颜色过渡不自然等，那么就可能是涂改变造。还可以利用化学方法进行检测，某些特定的化学试剂可以与涂改液发生反应，产生特定的颜色或气味，从而判断是否存在涂改变造。

在实际鉴定过程中，鉴定人员需要综合运用上述技术，对文件进行全面的分析。对文件的整体情况进行观察，判断是否存在异常痕迹或颜色差异。利用专业设备进行检测，获取更准确的鉴定结果。结合案件的具体情况和相关证据，进行综合判断。值得注意的是，随着科技的发展，添加与涂改变造的手法也在不断演变和升级。鉴定人员需不断学习和更新知识，掌握最新的鉴定技术和方法。同时还需保持严谨的科学态度和职业道德，确保鉴定结果的客观性和公正性。

（二）剪贴与拼凑变造

剪贴变造是指将一份文件或文档中的部分内容剪切下来，再粘贴到另一份文件或文档的相应位置，从而改变原有文件的内容和意义。这种变造手法在伪造合同、证明文件等方面尤为常见。鉴定剪贴变造的关键在于观察粘贴部分的边缘、纸张纤维、粘贴剂等特征。粘贴部分的边缘往往会出现不规整、断裂的纸张纤维，或者粘贴剂留下的痕迹，这些特征可以为鉴定人员提供重要的线索。还可以利用紫外线灯等设备观察粘贴部分与原文件在荧光反应上的差异，或者使用化学试剂检测粘贴剂的类型，从而进一步确认是否存在剪贴变造。

拼凑变造是指将多份文件或文档的片段组合在一起，形成一份新的、内容被篡改的文件。这种变造手法通常用于伪造复杂的文件或合同，以达到混淆视听、欺骗他人的目的。鉴定拼凑变造的方法主要包括观察文件的整体布局、文字排列、页码顺序等。拼凑变造的文件往往在这些方面存在明显的不协调或矛盾。同时还可以通过对比各部分的纸张、墨水、书写工具等特征，判断是否存在拼凑的痕迹。值得注意的是，拼凑变造的文件涉及多份原始文件，因此在鉴定过程中需要收集到所有相关的原始文件进行对比分析。

在实际鉴定过程中，鉴定人员需要综合运用上述技术，对涉嫌变造的文件进行全面的分析。以下是一个典型的案例：在某合同纠纷案件中，一份关键合同被怀疑进行了剪贴与拼凑变造。鉴定人员首先观察了合同的整体布局和文字排列，发现某些部分的文字排列与其他部分存在明显差异。接着利用紫外线灯观察荧光反应，发现粘贴部分的荧光反应与原文件不一致。最后通过对比分析各部分的纸张纤维和墨水特征，确认该合同确实存在剪贴与拼凑变造的情况。这个案例充分说明了综合运用各种技术和方法进行鉴定的重要性。同时也提醒我们在日常工作中要保持警惕，防止被伪造或变造的文件所欺骗。

变造文件的类型和特点多种多样，但无论何种类型的变造，都会留下一定的痕迹或线索。司法鉴定人员需要通过专业的技术手段和丰富的经验积累，准确识别这些痕迹并揭露文件的真实面貌。随着科技的发展，新的变造手段也不断涌现，要求鉴定人员不断学习和更新知识以适应新的挑战。只有不断提高自身的专业素养和技能水平才能更好地维护法律的公正和权威。

二、变造文件的识别方法

在司法鉴定实践中，准确识别变造文件是揭示真相、维护公正的关键一环。随着科技的发展，变造手段日益狡猾和隐蔽，因此，掌握科学有效的识别方法显得尤为重要。

（一）物理特征识别法

物理特征识别法是变造文件鉴定的重要技术手段之一，它依赖于对文件物理特征的细致观察和科学分析，以揭示文件是否被篡改或伪造。物理特征识别法不仅关注文件的整体外观，还深入探究文件的微观特征，为鉴定人员提供了丰富的信息和线索。物理特征识别法的应用基础是对文件材料的深入了解，不同类型的纸张、墨水、笔迹等都会呈现出独特的物理特征。纸张的质地、厚度、纹理以及墨水的颜色、粘稠度等都是鉴定过程中的重要参考因素。这些特征在正常情况下是稳定且一致的，一旦文件被变造，这些特征往往会发生变化，从而为鉴定人员提供线索。

在鉴定过程中，鉴定人员首先会对文件的整体外观进行检查。观察文件的颜色、光泽、质感等，以判断文件是否经过特殊处理或涂改。如果文件的颜色不均匀或出现异常的斑点、痕迹，那么意味着文件被篡改过。鉴定人员还会对文件的边缘、角落等容易被忽视的地方进行仔细检查,以寻找变造痕迹。除了整体外观检查外,物理特征识别法还强调对文件微观特征的探究。借助专业的仪器和设备,如显微镜、紫外线灯等,鉴定人员可以观察到文件表面的微观结构、纤维排列等细节信息。这些信息对于判断文件是否被变造至关重要。如果文件表面出现异常的纤维断裂、墨迹渗透等现象,那么表明文件经过了不正当的处理。在物理特征识别法中,笔迹分析也是不可或缺的一环。每个人的书写习惯和风格都是独特的,因此笔迹可以成为鉴定文件真伪的重要依据。鉴定人员会仔细分析文件中的笔迹特点,如字迹的大小、形状、力度等,以判断文件是否由同一人书写。如果文件中的笔迹出现明显的差异或矛盾,那么这意味着文件被篡改过或伪造了。

值得一提的是,物理特征识别法并非万能的。在某些情况下,变造者会采用高科技手段对文件进行精心伪造,使得文件的物理特征与原文件高度相似。因此鉴定人员需要具备丰富的实践经验和专业知识,才能准确识别出这些伪造痕迹。不断学习和掌握新的鉴定技术,以应对不断变化的伪造手段。

(二)光谱分析法

光谱分析法作为一种非接触、非破坏性的检测手段,在现代司法鉴定中发挥着日益重要的作用。它利用物质对不同波长光的吸收、反射、透射或发射的特性,来分析物质的成分、结构和状态。在文件鉴定领域,光谱分析法为识别文件的真伪、判断文件是否被篡改或伪造提供了科学依据。光谱分析法的原理是基于物质对不同波长的光具有不同的吸收、反射或发射特性。当一束光照射到文件材料上时,材料会吸收某些波长的光,而反射或透射其他波长的光。通过测量这些反射或透射光的强度和波长分布,获得关于材料成分和结构的信息。这些信息对于判断文件的原始性和完整性至关重要。

在文件鉴定中,光谱分析法主要应用于两个方面:一是确定文件材料的成分,二是检测文件中的添加或涂改痕迹。对于文件材料的成分分析,光谱法可以准确识别出纸张、墨水、颜料等物质的类型和来源。例如利用红外光谱法可以检测纸张中的纤维素、木质素等成分，从而判断纸张的种类和制造工艺。这对于鉴别文件的原始材料具有重要意义。

在检测文件中的添加或涂改痕迹方面，光谱分析法同样表现出色。当文件被添加或涂改时，新增或改变的部分往往与原始文件在光谱特性上存在差异。通过对比原始文件和疑似变造部分的光谱数据，可以准确地识别出添加或涂改的区域。这种方法对于揭露伪造和篡改行为具有关键作用。光谱分析法的优点在于其高精度和非破坏性。它可以在不破坏文件的前提下提供详细的化学和物理信息，为司法鉴定提供确凿的证据。光谱分析法还具有快速、准确的特点，使得鉴定过程更加高效和可靠。

（三）数字图像处理技术

随着信息技术的迅猛发展，数字图像处理技术已经成为司法鉴定领域中不可或缺的重要工具，特别是在文件鉴定方面，其应用日益广泛。数字图像处理技术利用计算机对图像进行增强、变换、分割、识别等处理，以提取有用信息，为司法鉴定提供客观、准确的依据。

在文件鉴定中，数字图像处理技术主要应用于图像增强、图像复原、边缘检测与轮廓提取、特征识别等方面。图像增强技术可以改善图像的视觉效果，突出文件中的关键信息，如文字、签名、印章等，便于鉴定人员观察和分析。图像复原技术则可以去除图像中的噪声、模糊等干扰因素，恢复文件的原始面貌。这些技术在处理模糊不清、质量低下的文件图像时尤为重要。边缘检测与轮廓提取是数字图像处理中的关键技术之一，可以帮助鉴定人员快速准确地定位文件中的关键区域，如文字的笔画、印章的边缘等。通过边缘检测算法，可以将这些关键区域的轮廓清晰地勾勒出来，便于后续的特征提取和比对。特征识别技术则是数字图像处理技术在文件鉴定中的核心应用，通过对文件图像中的特征进行提取和比对，确定文件的真伪、判断文件是否被篡改或伪造。例如利用特征识别技术对文件中的签名进行比对，验证签名的真实性；或者对文件中的文字、图案等关键信息进行识别和分析，以判断文件是否被篡改。数字图像处理技术的优势在于其客观性和准确性。通过计算机算法对图像进行处理和分析,减少人为因素的干扰,提高鉴定的准确性和可靠性。

(四)化学分析法

化学分析法是一种通过物质的化学反应、吸收光谱、发射光谱等化学性质和特征来确定和鉴别物质的方法。在文件鉴定中,化学分析法主要应用于文件材料的成分分析、墨水或颜料的鉴定以及文件保存状态的评估等方面。

通过化学分析法可以确定文件纸张、墨水等材料的化学成分,从而判断其来源和年代。例如利用色谱、质谱等分析技术可以精确测定纸张中的纤维素、木质素等成分,进而推断出纸张的生产年代和制造工艺。对于墨水或颜料,化学分析法可以鉴别其种类和成分,这对于判断文件的真伪和年代具有重要价值。不同年代、不同厂家生产的墨水或颜料,其化学成分和配方往往存在差异。墨水是文件书写的重要材料,其化学成分会随着时间的推移而发生变化。通过化学分析法,可以检测墨水中特定化学物质的含量和变化,从而推断文件的保存时间和历史。对于一些古老的文件,墨水已经褪色或变色。化学分析法可以帮助鉴定原始墨水的成分,进而恢复文件的原始内容。

文件在保存过程中可能会受到环境因素的影响,如湿度、光照、温度等,导致文件材料的化学性质发生变化。通过化学分析法可以检测这些变化,评估文件的保存状态,并为文件的保护和修复提供科学依据。化学分析法还可以用于检测文件上是否有害物质,如酸性物质、氧化物等,这些物质会对文件造成损害。及时发现并处理这些有害物质,有效延长文件的保存时间。

在一些涉及法律纠纷或历史研究的案例中,文件的真伪至关重要。化学分析法可以通过对比文件材料的化学成分与已知真品的化学成分来进行真伪鉴别。如果一份文件声称是某个历史时期的真品,但通过化学分析法发现其使用的墨水或纸张与该历史时期不符,那么这份文件的真实性就值得怀疑。

变造文件的识别是司法鉴定中的重要环节,对于揭示真相、维护法律公正具有重要意义。物理特征识别法、光谱分析法、数字图像处理技术和化学分析法等常用的变造文件识别方法，这些方法各有优缺点，鉴定人员在实际应用中需要根据具体情况选择合适的方法进行综合分析。

三、变造文件的技术手段分析

随着科技的进步和社会的发展，不法分子采用各种技术手段对文件进行变造的情况愈发普遍。这些变造手段不仅隐蔽，而且往往能够达到混淆视听的效果。对变造文件的技术手段进行深入分析，对于提高司法鉴定的准确性和公正性具有重要意义。

（一）常见变造手段概述

在司法鉴定领域，变造文件是一种较为常见的欺诈手段。所谓"变造"，指的是在原有文件的基础上，通过一系列技术手段对文件内容进行篡改或加工，以达到混淆视听、误导他人或逃避法律责任的目的。随着科技的发展，变造文件的手段也日益翻新，不仅技术含量更高，而且隐蔽性更强。

1. 添加与涂改：添加是指在原有文件上增加一些内容，如文字、数字、签名或印章等。这种手段通常用于伪造合同、协议或证明文件，以增加有利于变造者的条款或信息。涂改则是对文件上的某些内容进行直接修改，如更改日期、金额或关键信息等。这两种手段都需要对文件的原始内容进行精确的识别和定位，因此，变造者往往具有一定的专业知识和技术背景。为了掩盖添加或涂改的痕迹，变造者会采用与原文相似的字迹、墨水或工具进行书写，甚至利用专业的伪造技术来模仿原始文件的特征。此外还利用一些化学物质来消除原始墨迹，以便在原有位置上添加新的内容。

2. 剪贴与拼接：剪贴与拼接是另一种常见的文件变造手段，剪贴是指将一份或多份文件上的部分内容剪下，然后粘贴到另一份文件上。拼接则是将不同文件的内容进行组合，形成一份新的、内容被篡改的文件。这两种手段通常用于伪造证明材料、合同或协议等，以达到混淆视听的目的。在实施剪贴与拼接时，变造者需精心选择和剪裁所需的内容，并确保拼接后的文件在逻辑和形式上与原始文件保持一致。为了达到更好的伪装效果，还会对剪贴或拼接的部分进行二次加工，如调整字迹颜色、纸张质地等。

3. 复印与扫描变造：复印与扫描技术的普及为文件变造提供了更多的可能性，通过多次复印或扫描原始文件，并对生成的复印件或扫描件进行局部修改或替换，变造者可以轻松地制作出内容被篡改的文件。这种手段具有成本低、操作简便且隐蔽性强的特点，因此被广泛应用于各类欺诈活动中。为了防止复印或扫描变造，一些重要文件会采用特殊的防伪技术，如水印、安全线或荧光标记等。然而这些措施并不能完全杜绝变造行为的发生，因为变造者会利用图像处理软件对复印件或扫描件进行进一步的加工和处理。

4. 数字化高清重印：随着数字化技术的发展，高清重印成为一种新型的变造手段。变造者可以利用高分辨率扫描仪将原始文件数字化，然后通过专业的图像编辑软件进行局部修改或添加内容。最后再利用高分辨率打印机将修改后的文件打印出来，形成一份看似真实的伪造文件。这种手段的优点在于可以精确地控制文件的每一个细节，从而达到以假乱真的效果。然而数字化高清重印也需要较高的技术水平和设备投入，因此一般被用于比较重要的欺诈活动中。

(二) 常见变造技术手段的应对策略

1. 加强文件安全管理，从源头上加强文件的安全管理。对于重要文件，采取严格的保密措施，如使用加密技术、设置访问权限等，防止文件被非法获取和篡改。同时建立完善的文件管理制度，确保文件的存储、传输和使用过程都有明确的记录和监控，以便及时发现和追究变造行为。

2. 提升司法鉴定技术水平，针对变造文件的鉴定，不断提升司法鉴定技术水平。包括引进先进的鉴定设备和技术，培训专业的鉴定人员，以及建立完善的鉴定流程和标准。通过科学的鉴定方法，准确地识别出文件的真伪和被篡改的痕迹，为打击变造行为提供有力的证据支持。

3. 强化文件防伪措施，在文件上添加水印、安全线、荧光标记等防伪元素，增加文件的伪造难度。同时利用数字签名、时间戳等技术手段，确保文件的真实性和完整性；这些措施可以有效地降低文件被变造的风险。

4. 建立信息共享机制，通过加强部门之间的信息沟通和协作，可以及时发现和打击变造行为。例如建立全国性的文件鉴定信息共享平台，将各地司法鉴定机构的鉴定结果和案例进行汇总和分析，为后续的鉴定工作提供参考和借鉴。不仅可以提高鉴定效率，还可以避免重复劳动和资源浪费。

5. 完善法律法规体系，从法律层面加强对变造行为的惩治力度。通过完善相关法律法规体系，明确变造行为的法律责任和处罚措施，为打击变造行为提供有力的法律保障。加大对变造行为的宣传力度，提高公众对变造行为的认知度和警惕性，形成全社会共同抵制变造行为的良好氛围。

除了以上几个方面外，还可以采取一些其他的辅助措施来应对变造技术手段。例如定期对重要文件进行备份和存档，以防止数据丢失或被篡改；加强人员培训和教育，提高员工对文件安全管理的意识和能力；建立举报奖励机制，鼓励公众积极参与打击变造行为等。

变造文件的鉴定是司法鉴定中的重要环节，对于揭露犯罪、维护社会公正具有重要意义。通过对变造文件技术手段的深入分析，可以更加准确地识别出文件的真伪和是否被篡改。随着科技的不断发展，司法鉴定人员需要不断更新知识，掌握先进的鉴定技术，以应对日益复杂的变造手段。加强文件原始性和完整性的保护也是预防文件被变造的重要措施。

第三节 伪造与变造文件案例分析

一、伪造证书、证件、票据案例剖析

案例一：伪造毕业证书案

在当今竞争激烈的社会环境中，学历成为了衡量一个人能力的重要标准之一。然而，有些人为了达到求职或其他目的，不惜采用伪造毕业证书的手段。

某市的一家知名企业在招聘过程中，收到了一份引人注目的简历。简历中附带的毕业证书显示，应聘者小王毕业于一所国内知名大学，专业成绩优异。然而在面试过程中，公司人事部门对小王的学历产生了怀疑。为了验证毕业证书的真实性，公司决定委托司法鉴定机构进行鉴定。

司法鉴定机构在接到委托后，立即组织专家对小王的毕业证书进行了详细的鉴定。专家们观察了毕业证书的纸质、水印、印章等物理特征，发现与真实毕业证书存在显著差异。伪造毕业证书的纸质较为粗糙，水印模糊不清，而真实毕业证书的纸质细腻，水印清晰可见；伪造毕业证书上的印章颜色过于鲜艳，与真实印章的颜色存在明显差异。为了进一步确认毕业证书的真伪，司法鉴定机构还采用了化学方法对纸张成分进行检测。结果显示，伪造毕业证书使用的纸张与真实毕业证书的纸张成分不符。通过对印章的油墨进行分析，也发现了伪造证书上的印章油墨与真实印章油墨成分的差异。在确凿的证据面前，小王不得不承认了自己伪造毕业证书的事实。原来小王为了提升自己的求职竞争力，花费了一定的费用从非法渠道购买了一份伪造的毕业证书。他原本以为可以凭借这份"高学历"的简历轻松找到一份好工作，却没想到在面试过程中露出了马脚。

这起伪造毕业证书案例的背后，反映出了当前社会对学历的过度看

重以及一些人为了追求利益而不择手段的社会现象。学历作为衡量一个人受教育程度和能力的重要指标，对于求职和职业发展具有重要意义。当学历成为了一种"硬通货"，就难免会出现一些人为了获取更高的学历而不惜采用非法手段。除了个人因素外，社会环境和教育体系也存在一定的问题。当前一些用人单位在招聘时过分看重学历，甚至将学历作为录用的唯一标准。这种"唯学历论"的导向，使得一些人产生了伪造学历的动机。同时教育体系中也存在一些问题，如教育资源分配不均、教育质量参差不齐等，这些问题都会导致一些人在学历上处于不利地位，进而产生伪造学历的想法。

针对这起伪造毕业证书案例，应该从多个方面进行反思和改进。用人单位应树立正确的用人观念，不仅看重学历，更要注重应聘者的实际能力和综合素质。教育体系应加强改革和创新，提高教育质量和公平性，让更多人有机会接受优质教育并获得真实学历。政府和相关部门也应加强监管和打击力度，严厉打击伪造学历等违法行为，维护社会公正和诚信体系。

案例二：伪造身份证件案

身份证件是每个公民的重要身份证明，它承载着个人的基本信息和国家的认证。近年来伪造身份证件的案件屡见不鲜，给社会治安和个人权益带来了极大的威胁。

在某城市，一名男子李某因涉嫌诈骗被警方抓获。在调查过程中，警方发现李某使用的身份证系伪造。这张身份证上的信息与李某的真实信息完全不符，但制作精良，几乎可以以假乱真。这一发现引起了警方的高度重视，随即展开了深入调查。经过调查，警方了解到李某因个人原因需要一个新的身份来逃避法律责任，于是通过非法渠道购买了一张伪造的身份证。这张身份证不仅包含了李某的照片，还伪造了姓名、出生日期、身份证号码等关键信息。李某利用这张伪造的身份证，在银行开户、租房、购车等多个场合进行诈骗活动。

为了确认这张身份证的真伪，警方将其送往司法鉴定机构进行鉴定。

司法鉴定专家对身份证的印刷质量、字体、颜色等特征进行了详细检测。虽然伪造身份证在外观上与原版身份证相似度极高,但在一些细节上仍存在破绽。伪造身份证的印刷字体与真实身份证的字体存在微小差异,颜色也略显不自然。鉴定专家又利用专业的检测设备对身份证的芯片进行了检测。他们发现伪造身份证的芯片信息与真实身份证存在显著差异。伪造身份证的芯片数据无法与公安部门的数据库相匹配,进一步证明了其伪造的事实。在确凿的证据面前,李某对自己的犯罪行为供认不讳。他承认为了逃避法律责任和从事诈骗活动,特意购买了这张伪造的身份证。然而这张看似完美的伪造身份证竟然在司法鉴定面前露出了马脚。

这起伪造身份证件案给我们敲响了警钟,身份证件作为公民的重要身份证明,其真实性和安全性至关重要。伪造身份证件不仅侵害了公民的个人信息安全,还会被不法分子利用进行各种违法犯罪活动。因此必须加强对身份证件的监管和保护力度。

案例三:伪造票据案

在经济活动中,票据是资金流转和交易往来的重要凭证。近年来伪造票据的案件层出不穷,不仅扰乱了市场秩序,也给相关利益方带来了巨大的经济损失。

某公司在进行财务审计时,发现一张面额巨大的收据疑似伪造。该收据显示为公司支付了一笔巨额款项给一家供应商,但公司财务部门对此并无记录。这一异常情况立即引起了公司高层的注意,并决定委托司法鉴定机构对这张疑似伪造的票据进行鉴定。

司法鉴定机构在接到委托后,迅速组织专家团队对票据进行了全面的鉴定。专家们对票据的纸质、印刷质量、印章等物理特征进行了仔细检查。发现伪造票据的纸质与真实票据存在显著差异,纸质较薄,且手感明显不同。伪造票据的印刷质量也较差,字迹模糊,与真实票据的清晰印刷形成鲜明对比。进一步观察发现,伪造票据上的印章也存在问题。印章的颜色过于鲜艳,与真实印章的颜色有明显差异。伪造票据上的印章位置也略显偏移,与真实票据的印章位置不符。这些差异都成为了鉴定伪造票据的重要依据。除了物理特征的鉴定外，司法鉴定机构还利用专业的技术手段对票据进行了更深入的分析。通过对票据上的油墨进行化学分析，发现伪造票据使用的油墨成分与真实票据存在显著差异。这一发现进一步证实了该票据的伪造性质。在鉴定结果出来后，公司迅速报警并提供了相关证据。警方经过调查，成功抓获了伪造票据的犯罪嫌疑人。经审讯，犯罪嫌疑人承认了自己伪造票据的犯罪事实，并供述了伪造票据的目的和过程。

这起伪造票据案给公司带来了巨大的经济损失和声誉损害，同时也暴露了公司在财务管理和票据审核方面存在的漏洞。为了避免类似事件的再次发生，公司加强了内部管理和财务审核制度，提高了员工的法律意识和风险防范能力。

案例四：假币伪造案

北京警方在侦察过程中，发现了一起制造假币的窝点，对该窝点收缴的假币需要确认，将上述假币送至我鉴定所。

上述收缴的假币进行检验，外观检验，检材的水印、安全线特征与样本的水印、安全线特征未见明显差异。经显微镜检验，检材水印与样本水印的图案形态相近，但显微镜下可观测到检材的水印系浅黄色油墨加印形成，而样本的水印在显微镜下仅可见纸张纤维。经文检仪检验，检材水印可见油墨痕迹，而样本水印在显微镜下迎光下可见神色图案，平视可见白色轮廓，高光水印平视时略显深色，透视时呈透明状，仅可见纸张纤维。

综上所述，检材与样本的货币在显微镜下和文检仪下呈现出不同的纸张状态，差异点明显。检材货币非正式使用的货币。

二、变造文件案例剖析

北京某法院在审理劳动争议案件过程中，被告坚持其签署的劳动合同，并非原告提交给法院的劳动合同，怀疑原告恶意篡改，变造了这份劳动合同，遂向法院提交了鉴定申请，申请对原告提交的劳动合同是否存在编造进行鉴定。

　　在接受法院的鉴定委托之后，我所对劳动合同进行了相应的检验，外观上八页劳动合同均系黑色墨粉打印形成，纸张的白度未见明显的异常。对三页纸张的排版进行检验发现，第二页纸张的左边距较第八页偏做两毫米，第二页纸张的页码位置也较第八页的页码位置存在明显的异同。对三页劳动合同中相同位置的打印文字进行显微镜下检验，发现第二页纸张打印文字的着墨程度与第八页纸张打印文字的着墨程度存在明显差异。具体差异见下表7－2所示：

表7－2　　　　　　　　劳动合同篡改痕迹检验

检材	样本

续表

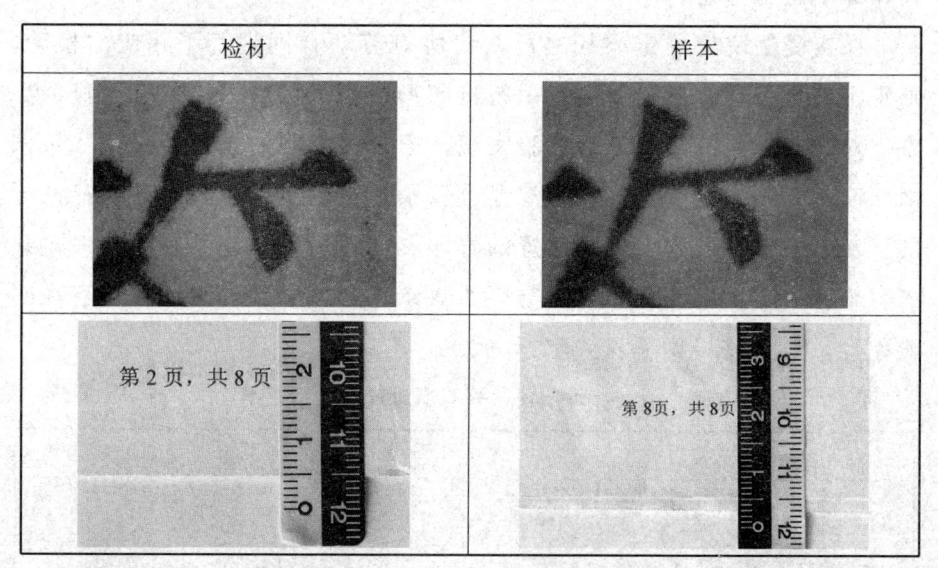

检材	样本
第2页，共8页	第8页，共8页

综上所述，第一页与第二、三页纸张在排版、着墨等细节特征上存在明显的差异，差异点较为明显，反映了不同次打印的特征，故得出劳动合同不是一次打印的结论。

三、案例中的鉴定技术与经验总结

1. 鉴定技术应用

（1）外观检验：对劳动合同的外观进行了全面的观察，包括纸张的颜色、质地，以及打印文字的排版和清晰度。通过这种初步的检验，可以发现一些明显的篡改痕迹或异常现象。

（2）排版检验：对劳动合同的排版进行了细致的检查，例如在第二页和第八页的排版比较中，发现了左边距和页码位置的细微差异。这种差异表明这两页是在不同的打印设置或不同的打印机上打印的，从而暗示了合同可能被篡改。

（3）显微检验：利用显微镜对劳动合同中的打印文字进行了深入的观察，通过比较不同页码上相同位置的打印文字的着墨程度，发现明显的差异。这种差异进一步支持了合同被变造的可能性。

2. 经验总结

(1) 细致入微的观察：在司法鉴定中，细致入微的观察是至关重要的。无论是纸张的外观、排版，还是打印文字的着墨程度，都会隐藏着篡改或变造的线索。因此鉴定人员需要具备敏锐的观察力和丰富的经验。

(2) 综合运用多种技术：本案的鉴定过程中综合运用外观检验、排版检验和显微检验等多种技术。这种综合应用的方法可以提高鉴定的准确性和可靠性，避免单一技术可能带来的误判。

(3) 保持客观公正：在司法鉴定中，保持客观公正是至关重要的。鉴定人员需要摒弃个人偏见和情感因素，仅根据科学的方法和证据来做出判断。这样才能确保鉴定结果的公信力和法律效力。

第八章 文书制作时间的鉴定

第一节 时间鉴定的原理与方法

一、基本原理

在司法鉴定领域,文书制作时间的鉴定是一个重要且复杂的任务。这一鉴定的目的在于确定某份文书的具体制作时间,或至少确定其制作的大致时间段,从而为司法调查、证据认定等提供关键线索。时间鉴定的基本原理主要基于物理、化学变化以及材料的自然老化过程。

(一)物理变化原理

在司法鉴定中,物理变化原理是鉴定文书制作时间的重要方法之一。物理变化主要指的是不涉及化学成分改变的变化,而是与材料的结构、形态或某些物理性质的变化有关。在文书制作时间的鉴定中,主要关注的是文书材料,特别是纸张,随时间的物理性质变化。

纸张是文书的主要载体,其物理性质的变化对鉴定制作时间具有关键作用。纸张主要由纤维素组成,而这些纤维素在纸张的生产、存储和使用过程中会受到温度、湿度、光照、压力等多种环境因素的影响,从而产生物理性质的变化。

其一纸张的形变,新生产的纸张通常比较平整,但随着时间的推移,由于环境湿度和温度的变化,纸张会逐渐产生翘曲、卷曲或波浪形变。

特别是在湿度较高的环境中，纸张容易吸收水分而膨胀，湿度降低时则会收缩，这种反复的膨胀和收缩最终会导致纸张形状的显著变化。鉴定人员可以通过观察和测量这些形变，来推断纸张的大致年代。其二纸张的颜色也会随时间发生变化，新纸张通常呈现出较为鲜亮的白色或淡黄色，但随着时间的推移，由于纸张中的木质素和其他添加剂的氧化，纸张会逐渐变黄或变暗。特别是在阳光或紫外线的照射下，这种颜色变化会更为明显。因此通过比对纸张的颜色，也可以对其年代进行一定的推断。其三纸张的机械强度也是鉴定制作时间的一个重要指标，新纸张的机械强度相对较高，但随着时间的推移，由于纸张中纤维素的降解和环境的侵蚀，其机械强度会逐渐下降。这种机械强度的变化可以通过撕裂强度、耐折度等实验进行量化评估，从而为鉴定提供更为准确的依据。除了纸张本身，文书上的书写或打印材料也会随时间发生物理变化。例如墨水的颜色会因为氧化或光照而褪色，打印的字迹会因为墨带的老化而模糊。这些变化同样可以为鉴定人员提供有关文书制作时间的线索。

物理变化原理在鉴定文书制作时间时存在一定的局限性，由于环境条件的差异和文书材料的不同，相同的物理变化可能在不同文书中表现出不同的速度和程度。因此在应用物理变化原理进行鉴定时，需综合考虑多种因素，并结合其他鉴定方法和技术手段以提高鉴定的准确性和可靠性。

（二）化学变化原理

与物理变化不同，化学变化涉及到分子结构的改变，这些改变通常更为深刻且不可逆。纸张、墨水等文书材料中的化学成分会随着时间的推移发生特定的化学反应，这些反应为鉴定人员提供了宝贵的线索。

纸张中的化学变化。纸张主要由纤维素组成，而纤维素在长时间的存储过程中会发生水解、氧化等化学反应。特别是当纸张暴露在潮湿环境中时，纤维素的水解会加速，导致纸张的强度下降、颜色变黄。同时纸张生产过程中添加的填料、增白剂等化学物质也会随着时间的推移发生降解，这些化学变化都可以通过特定的化学分析方法进行检测。墨水的化学变化同样对鉴定制作时间具有重要意义。不同类型的墨水，如圆珠笔墨水、钢笔墨水或打印机墨水，其化学成分和反应速率各不相同。某些墨水中的染料或颜料会随着时间的推移发生氧化或水解反应，导致颜色褪色或产生其他可见的变化。此外墨水中的溶剂也会随着时间的推移逐渐挥发，留下更为浓缩的染料或颜料，这一变化同样可以通过化学分析进行检测。除了纸张和墨水，文书上存在的其他化学物质，如指纹上的油脂、汗液中的盐分等，也会发生化学变化。这些化学物质与空气中的氧气、水分或其他物质发生反应后，会留下独特的化学标记，这些标记可以作为鉴定制作时间的依据。

在运用化学变化原理进行鉴定时，常用的技术手段包括色谱分析、质谱分析、红外光谱分析等。这些技术能够精确地检测文书材料中的化学成分及其变化，从而为鉴定人员提供有力的科学证据。

值得注意的是，化学变化原理在鉴定过程中也存在一定的挑战和局限性。化学反应的速率受多种因素影响，如温度、湿度、光照等，这些因素在不同环境中可能存在显著差异，从而影响鉴定的准确性。其次不同品牌、不同批次的纸张和墨水其化学性质有所不同，也增加了鉴定的复杂性。在应用化学变化原理进行司法鉴定时，需综合考虑各种因素，并结合其他鉴定方法和技术手段以提高鉴定的准确性和可靠性。随着科学技术的不断进步，会有更多先进的化学分析方法和仪器被应用于司法鉴定领域，为揭示文书制作时间提供更为精确和科学的依据。

（三）自然老化原理

自然老化原理在司法鉴定中占据着举足轻重的地位，特别是在确定文书制作时间方面。自然老化是指所有物体随着时间的推移，由于各种环境因素的综合作用，逐渐发生性能退化、结构变化或功能失效的过程。在文书材料的鉴定中，自然老化原理主要关注的是纸张、墨水等随时间的自然退化现象。

纸张作为文书的主要载体，其老化现象尤为明显。随着时间的推移，纸张会逐渐失去原有的柔韧性和强度，表面出现泛黄、脆化等现象。这种老化不仅影响纸张的外观,更会导致其物理性能和化学性能的下降。纸张的老化速度受多种因素影响,如纸张的制造工艺、存储环境、使用方式等。例如高温、高湿环境会加速纸张的老化过程,而良好的保存条件则可以延缓老化。除了纸张,墨水也会随时间老化。墨水的老化表现为颜色褪色、渗透扩散等现象。不同类型的墨水,其老化速度和表现也不同。例如水性墨水随着时间而褪色,而油性墨水则因油分的挥发而变色。墨水的老化不仅影响文书的可读性,也为司法鉴定提供了重要的时间线索。自然老化的过程虽然缓慢,但却是不可逆的。正是这种不可逆性,使得老化特征成为鉴定文书制作时间的重要依据。鉴定人员可以通过观察和分析文书材料的老化特征,如纸张的泛黄程度、墨水的褪色情况等,来推断文书的制作时间。这种推断虽然存在一定的主观性,但结合其他鉴定方法和技术手段,可以大大提高鉴定的准确性和可靠性。

在司法鉴定实践中,自然老化原理的应用需要与其他鉴定方法相结合。例如通过物理测试来量化纸张的机械性能下降程度,通过化学分析来检测纸张和墨水中化学成分的变化。这些测试和分析结果可以为鉴定人员提供更为客观、科学的依据。值得注意的是,自然老化原理虽然重要,但并非万能。由于纸张和墨水的种类繁多,老化速度和表现也各不相同。保存条件和使用方式等因素也会对老化过程产生显著影响。因此在应用自然老化原理进行司法鉴定时,需综合考虑各种因素,避免片面性和主观性。

文书制作时间的鉴定基本原理主要依赖于对文书材料随时间发生的物理、化学变化和自然老化过程的观察和分析。通过这些原理和方法的运用,司法鉴定人员可以在一定程度上还原文书的制作时间,为司法实践提供有力支持。

二、常见技术

在文书制作时间的鉴定过程中,除了基于物理、化学和自然老化等基本原理外,还需要借助一些先进的技术手段来确保鉴定的准确性和可靠性。

（一）显微技术

显微技术在司法鉴定中，特别是在文书制作时间的鉴定上，具有不可替代的作用。随着科技的进步，显微技术已经从简单的光学显微镜发展到电子显微镜，甚至是更为高级的扫描电子显微镜和透射电子显微镜，这些技术的运用极大地提高了文书制作时间鉴定的准确性和精度。显微技术主要是通过放大微小物体，让人们能够观察到肉眼无法看到的细节。在文书制作时间的鉴定中，显微技术主要用于观察和分析文书材料的微观结构和形态变化。例如纸张的纤维结构、墨水的分布和渗透情况等，都可以通过显微技术得到清晰的展现。

在文书制作时间的鉴定中，显微技术的应用主要体现在以下几个方面：一是纸张纤维的观察。随着时间的推移，纸张的纤维会发生老化、断裂等现象。通过显微技术，可以清晰地观察到这些纤维的变化，从而推断出纸张的大致年代。不同厂家生产的纸张，其纤维结构和形态也有所不同，这也可以作为鉴定纸张来源和制作时间的重要线索。二是墨水分布和渗透的观察，墨水在纸张上的分布和渗透情况会随着时间的推移而发生变化。新鲜的墨水通常会在纸张上形成清晰的印迹，而老化的墨水则会逐渐扩散、模糊。通过显微技术，可以精确地观察到这些变化，从而判断文书的制作时间。除了以上两个方面，显微技术还可以用于观察文书上的其他微观特征，如指纹、笔迹等。这些特征也可以为文书制作时间的鉴定提供重要的线索。

在实际应用中，显微技术通常需要与其他鉴定方法相结合，以提高鉴定的准确性和可靠性。例如通过物理测试来量化纸张的机械性能下降程度，或者通过化学分析来检测纸张和墨水中化学成分的变化。这些测试和分析结果可以为显微技术的观察提供更为客观、科学的依据。显微技术也有其局限性，显微技术的观察结果受到观察者主观因素的影响较大，因此需要具备丰富的实践经验和专业知识。其次显微技术只能观察到文书材料的微观结构和形态变化，而无法直接确定文书的制作时间。

因此在应用显微技术进行文书制作时间鉴定时，需要综合考虑各种因素，并结合其他鉴定方法和技术手段以提高鉴定的准确性和可靠性。

（二）色谱技术

色谱技术是一种广泛应用于化学、生物、医药等领域的分离和分析技术，在司法鉴定中也扮演着至关重要的角色，尤其是在文书制作时间的鉴定上。其基本原理是利用不同物质在固定相和移动相之间的分配平衡，将混合物中的各种组分分离开来。在文书制作时间的鉴定中，色谱技术主要应用于分析文书材料中的化学成分，特别是纸张和墨水中的有机物，以此来判断文书的制作时间。

色谱技术包含多种类型，如薄层色谱、气相色谱、高效液相色谱等，它们各有特点，但共同的目标都是实现复杂混合物的高效分离。在司法鉴定中，最常用的是薄层色谱和高效液相色谱。薄层色谱是一种简单、快速的色谱技术，它通过将样品溶液点在涂有吸附剂的薄层板上，然后用适当的溶剂展开，使各组分随展开剂在薄层板上展开而分离。这种方法对于分离和鉴定纸张或墨水中的染料、颜料等有机物特别有效。通过观察这些有机物的色谱行为，可以推断出它们的种类和浓度，进而判断文书的制作时间。高效液相色谱（HPLC）则是一种更为精确和高效的色谱技术。它利用高压输液系统将不同极性的单一溶剂或不同比例的混合溶剂、缓冲液等流动相泵入装有固定相的色谱柱，在柱内各成分被分离后，进入检测器进行检测，从而实现对试样的分析。在文书制作时间的鉴定中，HPLC主要用于分析纸张和墨水中的复杂有机物，如高分子化合物、添加剂等。这些物质的种类和浓度会随着时间的推移而发生变化，因此通过HPLC分析可以精确地判断文书的制作时间。

色谱技术在文书制作时间鉴定中的优势在于其高分辨率和高灵敏度。它能够准确地分离和鉴定文书材料中的微量成分，为鉴定人员提供客观、科学的依据。然而色谱技术也存在一定的局限性，色谱分析需要专业的设备和操作技术，对实验条件的要求较高。某些复杂样品的分离和鉴定受到其他成分的干扰，影响结果的准确性。在应用色谱技术进行文书制作时间鉴定时，需要综合考虑样品的性质、实验条件等干扰因素。为了克服这些局限性并提高鉴定的准确性，可以结合其他鉴定方法和技术手段进行综合分析。例如利用质谱技术对色谱分离的组分进行进一步的确认和结构分析；比较不同时间点的色谱图来观察化学成分的变化趋势；结合纸张的物理性能和化学性能进行测试和分析等。

（三）光谱技术

光谱技术是司法鉴定中一种非常重要的分析手段，它通过测量物质与光的相互作用，获取物质内部的结构和化学信息。在文书制作时间的鉴定中，光谱技术发挥着不可或缺的作用，能够帮助鉴定人员准确判断文书的真伪和制作时间。

光谱技术的种类很多，其中红外光谱、拉曼光谱和紫外可见光谱等在司法鉴定中应用最为广泛。这些技术各有特点，但共同的基本原理都是通过分析物质对光的吸收、反射或散射等性质，来揭示物质的内部结构和化学组成。

红外光谱技术是通过测量物质对红外光的吸收情况，来分析物质中的化学键和官能团。在文书制作时间的鉴定中，红外光谱可以用于分析纸张和墨水中的化学成分，特别是那些随时间发生变化的成分。例如纸张中的纤维素和半纤维素会随着时间的推移而降解，这种降解会导致红外光谱中的某些特征峰发生变化。通过观察这些变化，可以推断出纸张的老化程度，进而判断文书的制作时间。拉曼光谱技术则是基于拉曼散射效应，通过测量散射光的频率变化来分析物质的分子结构。在文书制作时间的鉴定中，拉曼光谱可以用于分析墨水中的颜料或染料分子。这些分子的拉曼光谱特征会随着时间的推移而发生变化，因此可以用于判断墨水的老化程度和文书的制作时间。紫外可见光谱技术则是通过测量物质对紫外光和可见光的吸收情况来分析物质的化学结构。在文书制作时间的鉴定中，紫外可见光谱可以用于分析纸张和墨水中的荧光物质。这些荧光物质的激发和发射光谱特征会随着时间的推移而发生变化，因此也可以用于判断文书的制作时间。

光谱技术在文书制作时间鉴定中的优势在于其非破坏性和高精度，它可以在不破坏文书材料的情况下获取其内部结构和化学信息，为鉴定人员提供客观、科学的依据。然而光谱技术也存在一定的局限性，例如某些物质的光谱特征不够明显或者容易受到其他因素的干扰，导致鉴定结果的不确定性增加。

（四）质谱技术

质谱技术是一种在司法鉴定中广泛使用的分析技术，其基本原理是通过电离样品分子，然后根据不同质荷比（m/e）的离子在电磁场中具有不同的运动轨迹这一特性，将离子按质荷比进行分离，并记录其强度，从而得到样品的质谱图。这项技术能够提供样品的分子量、分子式以及结构信息，因此在确定文书的制作时间方面也具有独特的应用价值。在文书制作时间的鉴定中，质谱技术主要应用于分析纸张、墨水等文书材料的化学成分及其变化。随着时间的推移，这些材料中的化学成分会发生变化，如纸张中的纤维素会降解，墨水中的染料或颜料也会分解或转化。这些变化会导致化学成分的质量和丰度发生变化，从而反映在质谱图上。

质谱技术的一个显著优势是其极高的分辨率和灵敏度，它能够检测到微量的化学成分，并准确地测量其质量。这对于分析文书材料中的老化产物、添加剂、污染物等至关重要。例如分析纸张中纤维素的降解产物，确定纸张的老化程度，进而推断出文书的制作时间。除了提供分子量信息外，质谱技术还可以结合其他技术，如串联质谱（MS/MS），以获得更详细的结构信息。有助于鉴定人员更准确地了解文书材料的化学组成和结构变化，从而更精确地判断文书的制作时间。

在实际应用中，质谱技术通常需要与其他技术相结合，如色谱－质谱联用技术（GC－MS、LC－MS 等）。这种联用技术能够先通过色谱技术将复杂样品中的化学成分进行分离，然后再利用质谱技术进行定性和定量分析。大大提高了分析的准确性和可靠性。

（五）热分析技术

热分析技术是研究物质在受热过程中所发生的各种物理和化学变化的技术。这项技术通过测量物质在加热或冷却过程中的各种热物理性质或化学性质的变化，如质量、温度、热量等，来获取物质的热稳定性、相变、分解、化合等反应的信息。在司法鉴定中，热分析技术主要应用于文书制作时间的鉴定，特别是针对纸张、墨水等文书材料的热性质进行分析。热分析技术主要包括热重分析（TGA）、差热分析（DSC）和差示扫描量热法（DSC）等。这些技术各有特点，但共同的基本原理都是通过测量物质在加热过程中的物理或化学性质的变化来揭示其内部结构和性质。

热重分析是通过测量物质在加热过程中的质量变化来研究其热稳定性和组成。在文书制作时间的鉴定中，热重分析可以用于分析纸张和墨水的热分解过程。随着时间的推移，纸张和墨水中的化学成分会发生变化，这些变化会导致它们的热稳定性发生改变。通过热重分析，可以观察到这些变化并推断出文书的制作时间。差热分析则是通过测量物质在加热过程中与参比物之间的温度差来研究其热性质和相变过程。在司法鉴定中，差热分析可以用于分析纸张中的纤维素和半纤维素的热转变温度。这些物质的热转变温度会随着时间的推移而发生变化，因此可以用于判断纸张的老化程度和文书的制作时间。差示扫描量热法是一种更为精确的热分析技术，它通过测量物质在加热过程中的热量变化来研究其热性质和化学反应。在文书制作时间的鉴定中，差示扫描量热法可以用于分析纸张和墨水中的化学反应，如纤维素的氧化降解、墨水中染料的热分解等。这些反应会随着时间的推移而发生变化，因此可以用于判断文书的制作时间。

热分析技术的优势在于其非破坏性和定量性，它可以在不破坏文书材料的情况下获取其热性质和化学反应的信息，为鉴定人员提供客观、科学的依据。同时热分析技术还可以进行定量分析，通过测量物质的质量变化、热量变化等参数来推断文书的制作时间。

显微技术、色谱技术、光谱技术、质谱技术和热分析技术等常见技术手段在文书制作时间鉴定中发挥着重要作用。这些技术能够提供客观、科学的证据，帮助鉴定人员准确判断文书的制作时间。然而，每种技术都有其局限性，因此需要综合运用多种技术手段以提高鉴定的准确性和可靠性。

第二节 文书制作时间鉴定在审判中的应用

一、案例应用

（一）文书制作时间鉴定原理

书写形成时间不但可以鉴定手写笔迹的产生时间，还能鉴定出打印文书的产生时间。书写时间鉴定依据是构成文字的有色颜料、比如圆珠笔油、钢笔水、印泥、复印墨粉等。这些有色颜料在纸张上形成文字以后，会随时间的推移发生变化。依据一定的规律，就能分析这种变化经历了多长的时间，从而推测出笔迹产生时间，不过只有在两段笔迹所用的纸张是同一张纸上，有的甚至要求笔油种类一致的情况下，才能比对出两段笔迹产生的先后顺序。

笔记书写形成时间鉴定是公认的世界性难题，虽然已经能够解决部分问题，但精确度不高，不够精准，而司法鉴定又是非常严谨的，所以目前无法认可。由于这项检验的高复杂性、高风险性，对于纯蓝钢笔、碳素钢笔、签字笔、复写纸等书写色料字迹的时间检验，国内外目前正在积极研究，但目前尚无公开公布的精准性研究成果。

两个签字的先后顺序除非有一定的时间差，从纸张、墨迹等细小部分的区别可以判断先后顺序，但笔迹形成时间的鉴定目前从技术上无法精准。一是通过对不同笔记墨水成分的检验，可以判断其是否为同一支笔书写，或者是否同一人同一支笔一次性书写形成，如果不是，则存在伪造的可能性。二是如果笔迹、打印文字与印章或者指印有交叉、重叠的位置，从仪器设备和显微镜等手段可以看出先捺印、盖章还是先签字、打印，即朱墨时序。

（二）案例分析

在一起产品质量纠纷案件中，原告佛山市育才中学诉称其购买的产自上海鉴藏科技实验发展有限责任公司的教具存在质量问题。上海鉴藏科技实验发展有限责任公司表示教具为仿冒产品，非其公司出售。学校向法庭提交乐《授权书》作为证据，表示其购买的教具出自该公司。上海鉴藏科技实验发展有限责任公司辩称不知该份《授权书》的存在，向法院申请《授权书》进行朱墨时序鉴定。

对《授权书》进行外观检验，其上"上海鉴藏科技实验发展有限责任公司"印文为红色印油加盖形成，落款处"上海鉴藏科技实验发展有限责任公司"为黑色墨粉打印形成。红色印油与黑色打印文字有交叉部分，覆盖的位置多于三处。经文检仪检验，"上海鉴藏科技实验发展有限责任公司"印文较为完整，未见印油明显收缩的现象，而"上海鉴藏科技实验发展有限责任公司"打印文字交叉部分存在墨粉缺失，笔画收缩的现象。经显微镜和荧光显微镜检验，"上海鉴藏科技实验发展有限责任公司"印油笔画完整，"上海鉴藏科技实验发展有限责任公司"打印文字上方未见印油的荧光反应。在红色印油上方明显存在黑色墨粉堆积现象。根据上述仪器的检验结果，明确《授权书》中"上海鉴藏科技实验发展有限责任公司"的印章印文先于"上海鉴藏科技实验发展有限责任公司"打印文字形成，属于先朱后墨。具体鉴定结果见下表8-1所示：

表 8—1　　　　　　　　文字书写形成时间鉴定结果

显微镜检验打印文字		
白光	蓝光	绿光

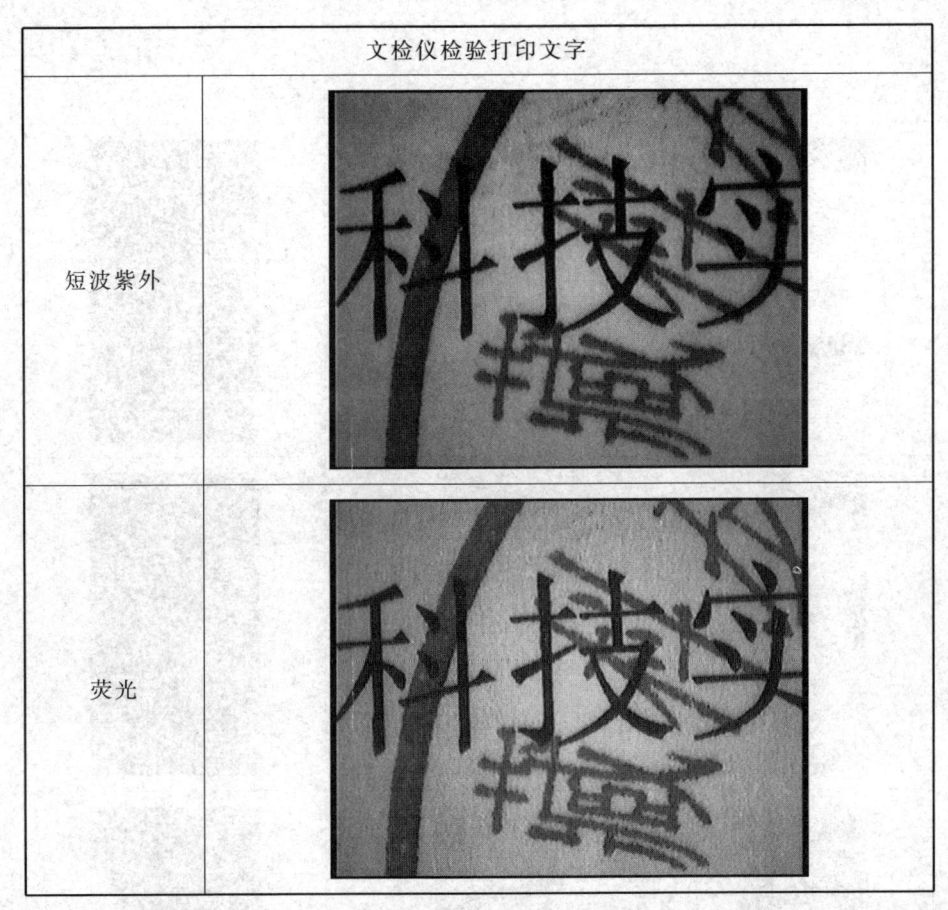

续表

文检仪检验打印文字	
短波紫外	
荧光	

二、审判依据

本案涉及一起产品质量纠纷，核心证据为一份《授权书》，其真实性直接关系到案件的定性和责任判定。根据原被告双方的陈述及提交的证据，本案审判的关键在于确定《授权书》的真实性以及其形成过程。为此法院依据专业技术手段对《授权书》进行了详细的司法鉴定，特别是对印章和文字的形成时序进行了科学分析，现就审判依据阐述如下。

（一）专业技术鉴定的权威性

本案中，法院委托专业鉴定机构对《授权书》进行了朱墨时序鉴定。

该鉴定利用了文检仪、显微镜和荧光显微镜等高科技仪器，对印章印文与打印文字的形成时序进行了精确分析。鉴定结果显示，《授权书》中"上海鉴藏科技实验发展有限责任公司"的印章印文先于打印文字形成，这一科学结论为判断《授权书》的真实性提供了有力支持。

（二）印章与文字时序的法律意义

印章与文字时序，在司法实践中是一个极具法律意义的问题。时序，即时间顺序，指的是在一份文书中印章与文字形成的先后顺序。这一顺序往往能反映出文书制作的真实性和合法性，因此在法律文书的鉴定中占据重要地位。

印章与文字时序对于判断文书的真实性至关重要，在正常情况下，一份正式的法律文书或合同应该是先打印或书写文字，然后在文字上方加盖印章，以表示认同和确认。这种"先墨后朱"的顺序符合一般的文书制作流程。如果一份文书中的印章是在文字之前加盖的，即"先朱后墨"，那么这份文书的真实性就值得怀疑。因为这意味着文书是在已有印章的空白纸张上后续添加的文字，这种情况通常与伪造或篡改文书有关。印章与文字时序也是确定法律责任的重要依据，在商业交易中，合同是双方权利义务的明确载体。如果合同中的印章与文字时序被篡改，就会导致合同无效或被撤销，进而影响双方的法律责任。如果一方在未经另一方同意的情况下，擅自在已有对方印章的合同上添加或修改条款，那么这种行为就构成欺诈或伪造证据，需要承担相应的法律责任。

印章与文字时序的鉴定还有助于揭示潜在的犯罪行为，在一些经济犯罪案件中，犯罪分子会通过伪造印章和篡改文书来实施诈骗或逃避法律责任。通过对印章与文字时序的精确鉴定，可以揭露这些犯罪行为，为打击犯罪提供有力的证据支持。在法律实践中，对印章与文字时序的鉴定需要借助专业的技术手段和严谨的程序。鉴定人员需要具备丰富的专业知识和实践经验，以确保鉴定结果的准确性和公正性。同时法院和司法机关也需要重视对印章与文字时序鉴定的运用，将其作为判断文书真实性和确定法律责任的重要依据。

(三)《授权书》的真实性问题

根据司法鉴定结论,《授权书》中的印章印文先于打印文字形成,这与正常文书的制作流程不符。结合被告上海鉴藏科技实验发展有限责任公司的陈述,该公司并未出具过此份《授权书》,且对《授权书》的存在表示不知情。因此法院有理由怀疑《授权书》的真实性,并进一步审查其来源和制作过程。

(四) 举证责任的分配

在民事诉讼中,举证责任原则上由主张权利的一方承担。本案中,原告佛山市育才中学主张其购买的教具来源于被告上海鉴藏科技实验发展有限责任公司,并提交了《授权书》作为证据。然而经司法鉴定,《授权书》的真实性存疑。因此原告需进一步举证证明《授权书》的真实性及其来源的合法性,否则将承担举证不能的法律后果。

(五) 法律责任的判定

若经进一步审查,《授权书》确系伪造,则原告佛山市育才中学涉嫌提供虚假证据,将承担相应的法律责任。同时若被告上海鉴藏科技实验发展有限责任公司能够证明其并未出售涉案教具给原告,且原告无法提供其他有效证据证明其主张,则被告无需承担因产品质量问题而产生的法律责任。

第三节 时间鉴定在法律中的作用

一、法律效力

在法律领域,文书的制作时间往往直接关系到其法律效力。一份合同、遗嘱或法律文件的生效时间,决定其是否具有法律效力,进而影响相关权利与义务的判定。因此准确鉴定文书的制作时间,对于确定法律文件的效力、解决法律争议以及维护各方当事人的合法权益至关重要。

（一）时间的权威性

在法律的世界里，时间是一个严肃而权威的概念。它不仅是记录事件发生顺序的线性标记，更是判定权利、义务和责任的关键因素。时间的权威性在法律领域中无处不在，贯穿于合同的签订、遗嘱的设立、侵权行为的认定以及刑事案件的定罪量刑等各个环节。

时间的权威性体现在它对法律行为的成立和生效具有决定性的影响。在合同法中，合同的成立时间直接关系到合同双方的权利和义务的确定。一旦合同成立，双方就必须按照约定的内容履行各自的义务，否则将承担相应的法律责任。同样在遗嘱法中，遗嘱的设立时间也至关重要。如果遗嘱人在设立多份遗嘱的情况下去世，那么最后一份合法有效的遗嘱将被视为遗嘱人的最终意愿，并据此进行遗产分配。时间的权威性还体现在它对证据效力的认定上，在诉讼过程中，证据的时效性是判定其是否具有证明力的重要因素之一。例如在刑事案件中，如果关键证据是在案发后很长时间才被收集到，那么其真实性和可靠性会受到质疑。相反，如果能够及时收集并提交相关证据，那么其证明力将会大大增强。时间的权威性在这里起到了至关重要的作用，它直接关系到证据是否能够被法庭采纳并作为定案的依据。时间的权威性还体现在它对法律程序的影响上。在法律程序中，各个环节的时间节点都有严格的规定。在民事诉讼中，当事人必须在规定的期限内提起诉讼、提交证据、进行答辩等，否则将面临不利的法律后果。这些时间节点的设定不仅保证了法律程序的顺利进行，也确保了当事人的合法权益得到及时有效的保护。

时间的权威性还源自于它的不可逆性。时间一去不复返，每一刻都是独一无二的。这种不可逆性使得时间成为了一个可靠的记录者，它能够客观地记录下每一个事件的发生和发展。在法律领域中，这种记录功能使得时间成为了一个重要的证据来源。无论是合同的签订时间、侵权行为的发生时间还是刑事案件的案发时间，都可以通过相关证据来加以确定。而这些时间点的确定，往往对案件的审理结果产生重大影响。

（二）时间鉴定与证据的真实性

时间鉴定，即通过对相关材料或物品进行科学分析，确定其存在或形成的时间，从而为证据的真实性提供有力支持。在司法实践中，许多证据都会随着时间的推移而发生变化，如笔迹的褪色、纸张的老化等。时间鉴定正是利用这些变化，通过专业的技术手段来判断证据的真实性和可信度。

时间鉴定可以帮助确认证据的形成时间。在许多案件中，证据的形成时间是判断其真实性的关键。例如在一份书面合同中，如果合同的签署日期与合同内容所反映的时间不符，那么这份合同的真实性就会受到质疑。通过时间鉴定，可以科学地确定合同的实际签署时间，从而验证其真实性。时间鉴定还可以揭示证据的篡改或伪造行为。在一些案件中，为了达到某种目的，当事人会对证据进行篡改或伪造。这种行为往往会留下时间上的痕迹。通过时间鉴定，发现这些痕迹，从而揭露证据的虚假性。此外时间鉴定在确认证据保存状态方面也发挥着重要作用。随着时间的推移，证据会受到自然或人为因素的影响而发生变化。这些变化会导致证据的真实性和可信度降低。然而通过时间鉴定，可以了解证据在不同时间点的保存状态，从而评估其是否受到过外部因素的影响以及影响的程度。时间鉴定还能够解决多个证据之间的时间冲突。在复杂的案件中，存在多份相互矛盾的证据。通过时间鉴定，可以确定每份证据的形成时间，从而帮助法官或陪审团判断哪份证据更为可信。

（三）时间鉴定与法律的公正性

法律的公正性是法治社会的基石，它要求法律在实施过程中不偏不倚，对所有人一视同仁。时间鉴定作为一种科学技术手段，在法律实践中发挥着至关重要的作用，它有助于确保法律的公正性，防止误判和冤假错案的发生。

时间鉴定为法律事实认定提供了客观依据。在法律纠纷中，事实的认定是至关重要的。很多时候，案件的关键点就在于某个事件发生的确切时间。时间鉴定能够通过科学的方法，准确地确定事件发生的时间，从而为法官提供一个客观的、不受人为因素影响的判断依据。这种客观性的增强，有助于减少主观臆断和偏见，确保法律判决的公正性。时间鉴定有助于揭露和防止证据造假。在法律实践中，证据的真实性和完整性对于案件的公正裁决至关重要。然而有时为了利益或其他目的，证据会被篡改或伪造。时间鉴定可以通过对证据材料进行科学分析，确定其形成时间，从而揭露造假行为，维护法律的公正性。这种技术手段的应用，使得任何试图通过篡改证据来影响法律判决的行为都无所遁形。

再者时间鉴定有助于平衡当事人之间的举证责任。在法律诉讼中，举证责任的分配往往影响着案件的胜负。如果一方当事人能够提供经过时间鉴定的确凿证据，那么他在举证责任上就会占据有利地位。这种平衡作用有助于确保当事人在法律面前的平等地位，防止因举证不力而受到不公正的待遇。时间鉴定还能够提高法律程序的透明度和公信力。当时间鉴定作为证据被引入法庭时，其科学性和客观性可以增强公众对法律程序的信任。人们相信，通过科学的时间鉴定得出的结论，比单纯依赖人为判断和证词更加可靠和公正。这种信任有助于维护法律的权威性和公信力，进而促进社会的稳定和和谐。

（四）时间鉴定的法律效力体现

时间鉴定结果具有法定证据效力。在法律诉讼中，经过科学、规范的时间鉴定所得出的结论，往往被视为重要的证据之一。这种证据由于其科学性和客观性，通常具有较高的可信度，能够在法庭上起到关键性的证明作用。因此时间鉴定结果为案件的裁决提供了有力的依据，直接影响了判决的结果。时间鉴定有助于明确法律关系的产生、变更和消灭的时间点。在合同、继承、物权等法律关系中，时间的确定对于权利义务的分配至关重要。例如在合同纠纷中，合同的签订时间、履行期限等都是确定双方权利义务的关键因素。时间鉴定可以帮助确定这些关键时间点，从而明确法律关系的具体内容，为法律裁决提供准确的依据。

时间鉴定在刑事法律中也具有显著的法律效力。在刑事案件中，犯罪嫌疑人的作案时间、犯罪行为的持续时间等都对案件的定性和量刑具有重要影响。时间鉴定可以帮助确定这些关键时间点，为检察机关提供准确的起诉依据，同时也为法院提供公正的裁判依据。对于确保刑事法律的正确实施，维护社会公正和法治秩序具有重要意义。时间鉴定还在一定程度上弥补了人证的不足，在法律诉讼中，人证往往受到记忆、情感等因素的影响，其证言存在偏差或不确定性。而时间鉴定作为一种科学技术手段，能够提供更为客观、准确的证据，从而在一定程度上弥补了人证的不足，提高了证据的可信度和证明力。

综上所述，文书制作时间的鉴定在法律中具有举足轻重的地位。它不仅是揭示事实真相的重要手段，也是维护法律公正性和权威性的有力保障。随着科学技术的不断发展，时间鉴定技术将会更加成熟和完善，为法律领域提供更加精确、可靠的技术支持。

二、实践意义

时间鉴定在法律实践中具有不可或缺的重要地位。它不仅关乎证据的真实性和可信度，更是确保法律公正性的一道坚实屏障。通过科学的时间鉴定技术，我们可以准确地确定文书的制作时间，从而为法律程序提供有力的支撑。

（一）确保证据的真实性

在法律诉讼中，证据的真实性是至关重要的。它是法官裁决案件、还原事实真相的基础。而时间鉴定作为一种科学的技术手段，为确保证据的真实性提供了有力的支持。

首先明确什么是证据的真实性。在法律语境中，证据的真实性指的是证据所反映的事实是真实存在的，没有经过伪造或篡改。证据的真实性是法律程序公正的基石，如果证据不真实，那么整个法律程序的公正性就会受到严重的质疑。时间鉴定在确保证据真实性方面发挥着重要的作用。在很多案件中，关键证据往往与时间紧密相关。例如一份合同的签订时间、一份遗嘱的设立时间，甚至一起交通事故的发生时间，都会成为案件胜负的关键。在这些情况下，时间鉴定就显得尤为重要。时间鉴定技术通过对相关材料进行科学分析，可以准确地判断出材料的形成时间或事件发生的时间。这种技术的运用，使得更加准确地判断证据的真实性。例如，在一份书面合同中，如果合同的签署日期与合同内容所反映的时间不符，那么这份合同的真实性就会受到质疑。此时通过时间鉴定，可以科学地确定合同的实际签署时间，从而验证其真实性。

除了书面证据外，时间鉴定还可以应用于其他类型的证据，如监控视频、电子数据等。这些证据在形成过程中，都会留下与时间相关的信息。通过时间鉴定，确定这些证据的形成时间，进而判断其真实性。时间鉴定还可以帮助揭露伪造的证据。在一些案件中，为了达到某种目的，当事人会对证据进行伪造或篡改。这种行为往往会留下时间上的痕迹。通过时间鉴定，发现这些痕迹，从而揭露证据的虚假性。不仅有助于维护法律的公正性，也有助于保护无辜者的权益。

（二）维护法律的公正性

法律的公正性是法治社会的核心原则之一，它要求法律面前人人平等，不偏不倚地裁决每一个案件。时间鉴定作为一种重要的司法技术手段，在维护法律公正性方面发挥着不可或缺的作用。

时间鉴定有助于消除证据的不确定性。在法律诉讼中，证据的真实性和时间节点是至关重要的。如果关键证据的时间节点存在争议，那么整个案件的公正性就可能受到质疑。时间鉴定技术可以通过科学的方法来确定证据的确切时间，从而消除这种不确定性，确保案件裁决的公正性。时间鉴定有助于防止证据造假。在一些案件中，当事人会出于各种目的伪造或篡改证据。这种行为严重损害了法律的公正性。时间鉴定技术可以通过对证据材料进行科学分析，确定其形成时间，从而揭露造假行为，维护法律的公正性。

时间鉴定有助于确保法律程序的公正性。在法律程序中，各个环节的时间节点都有严格的规定。如果某个环节的时间被篡改或伪造，那么整个法律程序的公正性就会受到破坏。时间鉴定可以帮助确定这些时间节点是否被严格遵守，从而保障法律程序的公正性和合法性。时间鉴定还可以平衡当事人之间的举证责任。在法律诉讼中，举证责任的分配往往影响着案件的胜负。有时一方当事人会因为举证不力而受到不公正的待遇。时间鉴定可以提供客观的时间依据，帮助当事人更好地履行举证责任，从而确保当事人在法律面前的平等地位，维护法律的公正性。

除了上述方面，时间鉴定还有助于提高司法裁决的公信力。公正的司法裁决是法治社会的基石，而时间鉴定作为一种科学技术手段，为司法裁决提供了客观、准确的依据。当人们看到法院利用时间鉴定技术来确保裁决的公正性时，他们会更加信任和支持法律的裁决结果。

（三）提升司法效率与准确性

在现代司法体系中，效率和准确性是评价司法工作质量的重要指标。时间鉴定作为一种先进的科学技术手段，对于提升司法效率和裁决的准确性起到了至关重要的作用。

时间鉴定技术能够显著提高司法效率。在传统的司法实践中，由于缺乏科学的鉴定手段，法官和律师往往需要花费大量的时间和精力去核实证据的真实性和时间节点。这不仅增加了司法成本，还延长了案件的审理周期。然而通过时间鉴定技术，可以迅速且准确地确定关键证据的时间节点，从而大大缩短案件调查和审理的时间。例如在涉及合同争议或知识产权侵权的案件中，通过时间鉴定可以快速确定相关文件的形成时间，帮助法官更快地作出裁决。

时间鉴定有助于提高司法裁决的准确性。在司法实践中，准确性是至关重要的，因为错误的裁决不仅会导致当事人的权益受损，还会影响社会的公平正义。时间鉴定技术通过科学的方法来确定证据的时间节点，从而为法官提供了更为可靠的裁决依据。这种准确性不仅体现在时间节点的确定上，还体现在对证据真实性的判断上。通过时间鉴定，可以揭露伪造的证据，确保进入司法程序的证据都是真实可靠的。时间鉴定还有助于完善证据链条。在一些复杂的案件中，证据分散且难以串联起来形成完整的证据链条。时间鉴定可以帮助确定各个证据之间的时间关系，从而将它们有机地连接起来，形成一个完整且逻辑严密的证据链条。不仅有助于法官更好地理解案件的真相,还能提高裁决的准确性和说服力。

(四) 推动司法鉴定技术的创新与发展

时间鉴定技术的不断进步和应用,对司法鉴定技术的创新与发展起到了重要的推动作用。这种推动作用主要体现在以下几个方面:

1. 技术进步推动鉴定方法的创新:随着科学技术的快速发展,时间鉴定技术也在不断进步。例如通过原子钟等高精度设备的应用,时间鉴定的精度得到了显著提升,达到了千亿分之一秒甚至更高的精度。这种技术进步为司法鉴定提供了新的方法和手段,使得鉴定结果更加准确和可靠。

2. 拓宽鉴定领域和应用范围:时间鉴定技术的应用不仅局限于传统的刑事侦查和民事诉讼领域,还逐渐扩展到了知识产权保护、网络安全、商业纠纷等多个领域。这种跨领域的应用促进司法鉴定技术的多元化发展,满足不同领域对司法鉴定的需求。

3. 促进鉴定技术的国际交流与合作:时间鉴定技术的创新和发展也推动了国际间的交流与合作。各国在司法鉴定领域共享技术成果和经验,共同制定国际标准,提高了司法鉴定的国际认可度和互操作性。例如在国际刑事案件中,时间鉴定技术的合作应用有助于确定犯罪嫌疑人的行踪和犯罪时间,从而加强跨国司法合作。

4. 提升司法鉴定行业的整体水平:时间鉴定技术的进步和应用提高了整个司法鉴定行业的专业水平。随着新技术的不断涌现和应用,司法鉴定人员需要不断学习和掌握新知识,以适应技术发展的要求。这种持续的学习和进步有助于提升司法鉴定行业的整体素质和服务质量。

5. 为司法鉴定提供新的研究方向:时间鉴定技术的发展也为司法鉴定领域提供了新的研究方向和课题。如何利用最新的技术手段提高时间鉴定的精度和可靠性,如何将时间鉴定技术与其他鉴定技术相结合以提供更全面的证据支持等。这些研究方向的探索和实践将进一步推动司法鉴定技术的创新与发展。

第九章 鉴定意见的评估与证据运用

第一节 鉴定意见的评估标准

一、评估方法

在司法鉴定过程中,鉴定意见的评估是一个严谨而复杂的过程。评估方法的选择直接影响到鉴定意见的准确性和可信度,进而关系到司法裁决的公正性。

(一)逻辑分析法

逻辑分析法是评估鉴定意见的一种重要方法,其核心在于运用逻辑推理原则,对鉴定意见中的论断进行严密的分析与评估。这种方法要求评估者不仅具备扎实的专业知识,还需熟练掌握逻辑推理的技巧,以确保能够准确识别鉴定意见中的逻辑漏洞或潜在问题。

在司法鉴定中,逻辑分析法的应用主要体现在以下几个方面:

1. 逻辑分析法有助于检验鉴定意见的连贯性和一致性。一个合理的鉴定意见应当在逻辑上是自洽的,即各个部分之间应当相互协调、相互支持。通过逻辑分析法,可以检查鉴定意见中的各个论断是否存在矛盾或冲突,从而判断其整体的可信度。例如在一份关于伤痕成因的鉴定意见中,如果鉴定人提出的伤痕形成机制与伤痕的实际特征不符,那么就可能通过逻辑分析法揭示出这一矛盾,进而对鉴定意见的准确性提出质疑。

2. 逻辑分析法还可以帮助评估者识别鉴定意见中的隐含假设或前提。在司法鉴定中，鉴定意见往往基于某些特定的假设或前提而得出。这些假设或前提有时并未明确表述，但却对鉴定意见的形成至关重要。通过逻辑分析法，深入挖掘这些隐含的假设或前提，并对其合理性进行评估。如果发现某些假设或前提缺乏科学依据或存在明显的逻辑问题，那么就需要对鉴定意见持谨慎态度。

3. 逻辑分析法还可以用于评估鉴定意见中的证据链条是否完整和严谨。一个可靠的鉴定意见应当基于充分且合理的证据链条而得出。通过逻辑分析法，检查鉴定意见中所依据的证据是否充分、是否存在遗漏或矛盾之处。例如在一起交通事故责任认定的案件中，如果鉴定意见仅依据部分现场照片和目击者证言就得出事故责任方的结论，而忽略了其他关键证据如行车记录仪数据等，那么这一鉴定意见就存在证据链条不完整的问题。此时通过逻辑分析法揭示出这一问题，就有望引导鉴定人进一步完善证据链条，提高鉴定意见的准确性和可信度。

逻辑分析法并非万能的评估工具。它虽然能够帮助识别鉴定意见中的逻辑问题和潜在矛盾，但并不能完全替代其他评估方法如对比验证法、专家评审法等。在实际应用中，应当综合运用多种评估方法，以便更全面、更准确地评估鉴定意见的质量和可信度。

（二）对比验证法

对比验证法在司法鉴定中扮演着举足轻重的角色，它是一种通过比较不同来源的证据或信息，来验证和评估鉴定意见准确性的有效手段。在纷繁复杂的司法实践中，鉴定意见往往不是孤立存在的，而是需要与其他证据相互印证，以构建一个完整、真实的案件事实。对比验证法在这一过程中起到了至关重要的作用。

对比验证法能够帮助司法人员全面、客观地审视鉴定意见。在司法鉴定中，鉴定人员因主观因素、技术限制或信息缺失等原因，导致鉴定意见存在一定的偏差或局限性。通过与其他证据进行对比验证，可以及时发现并纠正这些潜在的问题，从而提高鉴定意见的准确性和可靠性。对比验证法能够增强证据链条的完整性和说服力。在司法实践中，单一的鉴定意见往往难以完全证明案件事实，需要与其他证据相互支持、相互印证。通过对比不同来源的证据，构建一个更加完整、更加真实的证据链条，使得案件事实更加清晰、更加可信。例如在刑事案件中，鉴定意见指出嫌疑人的DNA与现场遗留的物证相符，但这并不足以证明嫌疑人就是罪犯。此时如果能够找到其他目击证人或视频监控等证据来印证嫌疑人的犯罪行为，那么案件的定罪量刑就会更加准确、更加公正。

对比验证法还有助于揭示鉴定意见中的矛盾或疑点。在某些情况下，不同来源的证据存在不一致或相互矛盾的情况。这时通过对比验证法可以及时发现这些问题，并引导司法人员进一步深入调查、核实证据。例如在交通事故责任认定的案件中，如果目击证人的证言与鉴定意见存在明显差异，那么就需要进一步核实相关证据，以确定事故的真正原因和责任方。对比验证法还可以促进司法鉴定技术的不断发展和完善。通过与其他先进技术或方法进行对比验证，可以发现现有鉴定技术存在的不足和局限性，从而推动相关技术的改进和创新。这不仅有助于提高司法鉴定的准确性和效率，还有助于维护司法公正和社会稳定。

（三）专家评审法

在司法鉴定中，专家评审法是一种依托专业领域内的资深专家，对鉴定意见进行细致评审与评估的方法。这一方法的应用，旨在借助专家们深厚的专业知识和丰富的实践经验，对鉴定意见的科学性、准确性和客观性进行全面的考量，从而为司法裁决提供更加坚实可靠的依据。专家评审法的核心在于选择适当的专家。这些专家通常在各自领域内有深厚的学术背景和丰富的实践经验，他们的意见往往具有高度的权威性和可信度。在司法鉴定中，这些专家被邀请对鉴定意见进行评审，不仅能够发现鉴定意见中可能存在的问题，还能提供宝贵的改进建议。实施专家评审法的过程中，专家们会对鉴定意见进行全面而深入的审查。他们会从专业角度出发，对鉴定方法、鉴定过程以及鉴定结论等各方面进行严格的审视。这一过程中，任何潜在的逻辑漏洞、技术缺陷或事实错误都难逃专家的法眼。通过这样的评审，可以极大地提高鉴定意见的质量和准确性。

专家评审法的优势在于其专业性和权威性，由于参与评审的专家都是在各自领域内具有深厚造诣的人士，他们的意见和建议往往能够直击问题的核心，为司法鉴定提供有力的专业支持。专家评审法还能在一定程度上减少主观偏见和误判的可能性，因为专家们通常会基于事实和数据进行判断，而非个人情感或偏见。然而专家评审法也存在一定的局限性，专家的选择至关重要。如果选择了不合适或缺乏相关经验的专家，那么评审结果的准确性和可信度就会大打折扣。专家评审过程中存在主观性，尽管专家们会尽力保持客观，但他们的判断仍然会受到个人经验、知识背景和价值取向的影响。

为了克服这些局限性，实施专家评审法时需要采取一系列措施来提高其有效性和可靠性。例如通过多渠道、多方式寻找和筛选合适的专家，确保他们具备足够的资质和经验；同时建立完善的评审机制和流程，确保评审过程的公正性和透明度；对评审结果进行复核和验证，以确保其准确性和可信度。专家评审法与其他评估方法并不是相互排斥的，而是可以相互补充的。在实际操作中，可以将专家评审法与其他方法如逻辑分析法、对比验证法等结合起来使用，以便更全面地评估鉴定意见的准确性和可靠性。

（四）实验验证法

实验验证法在司法鉴定中是一种非常重要的方法，它是指通过实验手段对鉴定意见进行验证和确认的方法。在某些类型的司法鉴定中，特别是物证鉴定、痕迹检验、毒物分析等领域，实验验证法具有不可替代的作用。通过实验，可以模拟案件中的实际情况，还原现场，从而验证鉴定意见的科学性和准确性。

实验验证法的应用通常涉及专业实验室和精密的仪器设备，以及严谨的实验设计和操作流程。在司法鉴定中，实验验证法的主要目的是对已有的鉴定意见进行科学的检验,以确保其真实性和可靠性。这种方法特别适用于那些需要通过实验数据来支持或反驳的鉴定意见。在实施实验验证法时,要根据鉴定意见的具体内容设计实验方案。包括确定实验目的、选择适当的实验方法、制定详细的操作步骤、预设实验结果的评判标准等。实验过程中,必须严格遵守实验室安全规范,确保实验人员的安全,同时保证实验结果的准确性和可靠性。在物证鉴定中,实验验证法常用于检验物证上的痕迹、物质成分等是否与案件相关。例如在刑事案件中,通过对嫌疑人衣物上残留的物质进行实验分析,可以验证其是否与案发现场的物质一致,从而为案件侦破提供关键线索。在交通事故鉴定中,实验验证法也可以用来模拟碰撞过程,验证事故发生的可能性和原因。在毒物分析中,实验验证法也发挥着重要作用。通过对疑似中毒者的生物样本进行实验检测,确定体内是否存在有毒物质,以及毒物的种类和浓度。这对于确定死因、明确中毒原因以及追究相关责任具有重要意义。

评估鉴定意见的方法多种多样,每种方法都有其独特的适用范围和局限性。在实际应用中,应根据具体情况选择合适的方法进行评估。同时各种评估方法之间也可以相互补充和验证,以提高鉴定意见的准确性和可靠性。通过科学严谨的评估过程,可以更好地运用鉴定意见作为证据支持司法裁决的公正性和准确性。

二、标准制定

制定明确的评估标准是确保司法鉴定意见质量的关键。这些标准不仅为鉴定人员提供了操作指南,也为法庭在审理案件时提供了判断依据。通过制定一系列细致且全面的评估标准,能够更加客观地衡量鉴定意见的质量,从而确保司法鉴定的公正性和权威性。

(一)科学性标准

在司法鉴定中,科学性标准是评估鉴定意见的首要准则。这一标准强调的是鉴定方法、技术和结论必须建立在科学原理和实证研究的基础之上，确保鉴定结果的准确性和可靠性。科学性标准的实施，不仅关乎鉴定意见的质量，更是维护司法公正、保障当事人权益的重要基石。

科学性标准要求鉴定方法和技术必须具有科学依据，在进行司法鉴定时，鉴定人员应选择经过验证、具有可靠性的方法和技术。这些方法和技术应基于科学原理，经过大量实证研究证明其有效性和准确性。例如在DNA鉴定中，应采用国际公认的DNA分析技术，确保鉴定结果的可靠性。科学性标准要求鉴定过程必须遵循科学的方法和程序。鉴定人员在进行鉴定时，应严格按照科学的方法和程序进行操作，避免主观臆断和偏见。他们需要具备严谨的科学态度，对每一个步骤都进行精确的控制和记录，以确保鉴定结果的客观性和准确性。同时鉴定过程中还应注重实验数据的分析和比对，确保鉴定结论的科学性和合理性。科学性标准还要求鉴定意见必须基于充分的科学证据。鉴定人员需要对所有相关的科学证据进行全面的审查和分析，确保鉴定意见有充分的科学依据。这些证据可以包括实验数据、研究报告、专家意见等。通过对这些证据的深入分析和比对，鉴定人员可以形成更加科学、准确的鉴定意见。

在实施科学性标准时，还需要注意以下几点：一是要不断更新鉴定方法和技术。随着科学技术的不断发展，新的鉴定方法和技术不断涌现。鉴定人员应密切关注科技发展的动态，及时引进和应用新的鉴定方法和技术，以提高鉴定的科学性和准确性。二是要加强鉴定人员的科学素养和专业技能培训。鉴定人员是实施科学性标准的关键。他们应具备扎实的科学素养和专业技能，能够熟练掌握和应用各种鉴定方法和技术。因此，应加强对鉴定人员的培训和教育，提高他们的专业素养和操作技能。三是要建立完善的科学评估机制。为了确保鉴定意见的科学性和准确性，应建立完善的科学评估机制。包括对鉴定方法、技术和结论进行定期评估和审查，及时发现和纠正存在的问题和不足。同时还应鼓励社会各界对鉴定意见进行监督和评价，促进司法鉴定工作的不断改进和提高。

（二）客观性标准

客观性标准强调的是鉴定意见必须来源于可观测、可验证的客观事实。鉴定人员在进行鉴定时，不能依赖于个人的主观感受或偏见，而应基于实际存在的证据和事实作出判断。这就要求鉴定人员必须具备严谨的科学态度，对每一个证据进行仔细的观察和分析，确保其真实性和可靠性。客观性标准要求鉴定过程和结果必须公开透明。鉴定人员在进行鉴定时，详细记录鉴定的步骤、方法和所使用的技术，以便其他人能够理解和验证鉴定过程。同时鉴定结果也应以清晰、明确的方式呈现，避免出现模棱两可或含糊不清的情况。这种公开透明性不仅能够增强鉴定意见的可信度，还能够接受社会各界的监督和评价，从而确保司法鉴定的公正性和权威性。客观性标准还要求鉴定人员保持中立和公正的态度。鉴定人员在进行鉴定时，应不受任何外部因素的影响，包括政治压力、经济利益或其他任何可能导致偏见的情况。他们应以事实为依据，以法律为准绳，客观、公正地作出鉴定意见。这种中立性和公正性不仅能够维护司法鉴定的权威性和公信力，还能够保障当事人的合法权益。

在实施客观性标准时，还需要注意以下几个方面：一是要加强鉴定人员的职业道德教育。鉴定人员是实施客观性标准的关键。他们应具备高尚的职业道德和职业操守，能够自觉遵守职业道德规范，保持中立、公正的态度进行鉴定。因此，应加强对鉴定人员的职业道德教育，提高他们的职业素养和责任意识。二是要建立完善的监督机制。为了确保鉴定意见的客观性，应建立完善的监督机制对鉴定过程进行全程监督，确保鉴定人员严格遵守客观性标准。同时，还应鼓励社会各界对鉴定意见进行监督和评价，及时发现和纠正存在的问题和不足。三是要加强技术更新和标准化建设。随着科学技术的不断发展，新的鉴定技术和方法不断涌现。为了适应这种变化，应加强技术更新和标准化建设，确保鉴定技术和方法的科学性和客观性。同时还应建立完善的技术规范和操作指南，为鉴定人员提供明确的操作指导和依据。

（三）完整性标准

完整性标准要求鉴定人员在进行司法鉴定时，必须对案件涉及的所有相关证据进行全面、细致的审查和分析。这意味着鉴定人员不能仅仅关注部分证据或某一方面的信息,而应尽可能地收集、整理和分析所有与案件相关的证据,以确保鉴定意见的完整性和准确性。

在实施完整性标准时,鉴定人员需要遵循以下原则:第一,全面性原则。鉴定人员应对案件涉及的所有相关证据进行全面审查,包括但不限于现场勘查记录、物证、书证、证人证言等。只有全面收集和分析证据,才能形成完整、准确的鉴定意见,避免关键信息的遗漏。第二,细致性原则。鉴定人员在对证据进行审查时,应细致入微,对每一个细节都进行仔细的观察和分析。有时候关键的线索就隐藏在细微之处,只有通过细致的审查才能发现。第三,关联性原则。鉴定人员应分析证据之间的相互关系,确定它们之间的逻辑联系和影响。这有助于揭示案件的整体情况和内在逻辑,确保鉴定意见的完整性和连贯性。

完整性标准的实施还需要注意以下几个方面:一是要加强证据收集的全面性和系统性。鉴定人员应主动与办案机关、当事人等沟通,了解案件的整体情况和相关证据,确保收集到全面、真实的证据材料。二是要注重证据之间的印证和比对。鉴定人员应对不同来源的证据进行相互印证和比对,以验证其真实性和可靠性。同时还应关注证据之间的矛盾和冲突,进行深入分析,提出合理的解释和推断。三是要形成完整、准确的鉴定意见。鉴定人员应根据所收集的证据和相关信息,形成完整、准确的鉴定意见。不仅包括对案件事实的认定,还应包括对证据的分析、解释和推断。同时鉴定意见应以清晰、明确的语言表达,避免出现含糊不清或模棱两可的情况。

完整性标准的实施对于司法鉴定的准确性和公正性具有重要影响。如果鉴定意见存在遗漏或忽视重要信息的情况,那么它就可能无法全面、准确地揭示案件真相,从而影响司法公正和当事人权益的保障。因此鉴定人员应严格遵守完整性标准,确保鉴定意见的完整性和准确性。

(四)一致性标准

一致性标准的实施基于一个核心理念:任何有效的鉴定意见都必须与案件中的其他证据和事实相吻合。这意味着鉴定人员在进行司法鉴定时，不仅要关注技术手段和程序，还要对案件的整体情况有深入的了解，以确保鉴定意见与案件的其他部分相协调。在实施一致性标准时，鉴定人员需要遵循几个关键步骤。对案件的所有相关证据进行详细的审查，包括物证、书证、证人证言等。通过全面了解案件的各种证据，鉴定人员能够形成对案件的完整认识，这是确保鉴定意见一致性的基础。鉴定人员需要对各种证据进行综合分析。包括技术层面的分析，如DNA比对、指纹鉴定等，还包括对证据间的逻辑关系和时间顺序的考量。通过综合分析，鉴定人员能够发现证据之间的矛盾或不一致之处，从而及时调整鉴定方法和思路，确保鉴定意见的一致性。

一致性标准还要求鉴定人员在进行鉴定时，必须保持客观中立的立场。他们不能受到任何外部因素的影响，如政治压力、经济利益等，以确保鉴定意见的公正性和一致性。鉴定人员应以事实为依据，以法律为准绳，客观公正地作出与案件事实和证据相一致的鉴定意见。在实施一致性标准时，还需要注意与办案机关、当事人等的沟通与协作。鉴定人员应及时向办案机关提供鉴定意见，并就鉴定过程中的相关问题进行解释和说明。同时接受当事人的质询和解释，以增强鉴定意见的透明度和可信度。

制定明确的评估标准是确保司法鉴定意见质量的重要保障。通过遵循科学性、客观性、完整性和一致性等标准，我们能够更加客观地评估鉴定意见的质量，提高司法鉴定的准确性和公正性。同时，这些标准也为法庭在审理案件时提供了有力的判断依据，有助于维护司法公正和当事人权益。在未来的司法鉴定实践中，我们应继续完善和优化评估标准体系，以适应不断变化的法律环境和社会需求。

第二节 鉴定意见在法律中的应用

一、司法程序中的运用

（一）作为证据使用

在司法程序中，鉴定意见以其独特的科学性和专业性，常常被视为重要的证据之一。作为证据使用的鉴定意见，其重要性在于能够为法官、检察官和侦查人员提供有力的科学依据，帮助他们更加准确地认定案件事实，从而作出公正的裁决。

鉴定意见的科学性是其在司法程序中作为证据使用的基础。司法鉴定专家依据专业知识和技术手段，对案件中的专门性问题进行分析和判断，所形成的鉴定意见具有较高的科学性和可信度。这种科学性使得鉴定意见在证据体系中占据重要地位，为司法人员提供了可靠的参考。鉴定意见的专业性也是其作为证据使用的关键因素。在许多案件中，涉及的问题往往具有高度的专业性，超出了普通人的认知范围。鉴定意见由具备专业知识和技能的专家出具，能够对这些专业性问题进行权威解答，为司法人员提供科学的判断依据。这种专业性使得鉴定意见在涉及复杂技术或专业问题的案件中发挥着举足轻重的作用。

在司法实践中，鉴定意见作为证据使用的案例不胜枚举。在刑事案件中，对于现场遗留的物证如血迹、指纹等，司法鉴定专家可以通过DNA比对、指纹鉴定等技术手段进行分析，出具鉴定意见。这些鉴定意见在案件审理过程中，往往成为定罪量刑的重要依据。在民事案件中，如交通事故、医疗事故等，司法鉴定专家可以对事故原因、损害程度等进行鉴定，出具的鉴定意见同样在案件审理中发挥着关键作用。

鉴定意见作为证据使用也并非绝对可靠，。由于鉴定过程受到多种因素的影响，如鉴定人员的专业水平、鉴定设备的精度、鉴定方法的科学性等，因此需要对鉴定意见进行严格的审查和评估。在司法程序中，法官、检察官和侦查人员应当对鉴定意见进行审慎分析，结合其他证据进行综合判断，以确保其真实性和可靠性。此外为提高鉴定意见作为证据使用的可信度，需要不断完善司法鉴定制度和技术手段。一方面，加强对司法鉴定机构的监管和管理，确保其具备相应的资质和条件；另一方面，推动司法鉴定技术的创新和发展，提高鉴定的准确性和可靠性；同时加强对鉴定人员的培训和教育，提高他们的专业素养和职业道德水平。

（二）辅助法官判断

在司法审判中，法官是案件裁决的最终决定者，他们需要全面、客观地审视案件事实和证据，以确保裁决的公正性和准确性。然而在现代社会，随着科技的不断发展和专业化程度的提高，许多案件涉及复杂的技术或专业问题，超出了法官的常规认知范围。在这种情况下，鉴定意见作为一种由专业人士提供的科学判断，对于辅助法官进行案件判断显得尤为重要。

鉴定意见为法官提供了科学的分析方法和结论，有助于法官更好地理解和评估案件中的专业问题。例如在涉及医学、工程学、化学等领域的案件中，司法鉴定专家可以利用专业知识和技术手段对关键证据进行检验和分析，并出具具有权威性的鉴定意见。这些意见不仅解释了技术细节，还为法官提供了科学的判断依据，使得法官能够在面对复杂技术问题时作出更加准确和合理的裁决。鉴定意见还可以帮助法官识别和理解案件中的关键信息，在一些案件中，关键证据隐藏在大量的技术数据或专业术语中，非专业人士难以理解和评估。司法鉴定专家可以通过对数据的解读和对术语的解释，将这些复杂的信息转化为法官容易理解的格式，从而帮助法官更好地把握案件的核心问题。

除了提供科学分析和解释关键信息外，鉴定意见还可以为法官提供判断案件事实的重要参考。在一些争议较大的案件中，双方当事人提出截然不同的证据和主张，导致法官难以判断。此时司法鉴定专家出具的鉴定意见可以作为一个中立的第三方意见，为法官提供一个相对客观的判断标准。法官可以根据鉴定意见来权衡双方证据的可信度和证明力，从而作出更加公正的裁决。

（三）增强证据链的完整性

鉴定意见能够提供科学、客观的证据，填补证据链中的空白。在许多案件中，关键证据可能因时间、环境等因素而损毁或消失，导致证据链出现断裂。此时司法鉴定专家可以通过科学的方法和技术手段，对残留的证据进行检验和分析，从而提供有力的鉴定意见。这些意见能够填补证据链中的空白，使得整个证据链更加完整、连贯。鉴定意见能够与其他证据相互印证，增强证据的真实性和可信度。在证据链中，各个证据之间需要相互支持、相互印证，才能形成有力的证明体系。鉴定意见作为其中的一环，可以与其他证据进行比对和验证。如果鉴定意见与其他证据相一致，那么整个证据链的真实性和可信度就会得到增强。这种相互印证的关系有助于法官更加准确地认定案件事实，作出公正的裁决。

鉴定意见还能够对证据链中的其他证据进行解释和说明，帮助法官更好地理解案件事实。在一些复杂案件中，证据涉及专业知识或技术细节，非专业人士难以理解。此时司法鉴定专家可以利用专业知识和技术手段对证据进行解释和说明，使得法官能够更好地理解案件事实。这种解释和说明有助于法官更加准确地评估证据的价值和意义，从而增强证据链的完整性和说服力。

（四）促进司法公正与效率

司法公正与效率是现代法治社会的两大基石。在司法实践中，这两者往往相互关联、相互影响。而鉴定意见，作为一种科学的证据形式，对于促进司法公正与效率起着至关重要的作用。

鉴定意见的科学性和专业性有助于实现司法公正，在许多涉及复杂技术或专业问题的案件中，非专业人士很难对证据进行准确评估。司法鉴定专家通过科学的方法和技术手段，对案件中的专门性问题进行分析和判断，所形成的鉴定意见为法官提供了有力的科学依据。使得法官能够在充分了解案件事实的基础上作出公正的裁决，避免了因专业知识不足而导致的误判或错判。鉴定意见也有助于提高司法效率。在一些复杂案件中，如果没有专业的鉴定意见作为参考，法官需要花费大量时间和精力去研究相关技术或专业问题；而鉴定意见的引入，使得法官能够更快地理解案件中的技术细节和专业问题，从而加速案件的审理进程。此外鉴定意见还可以帮助法官更加准确地认定案件事实，减少不必要的争议和上诉，进一步提高了司法效率。

除了上述直接作用外，鉴定意见还在司法公正与效率的平衡中发挥着间接作用。一方面，公正的司法鉴定能够增强公众对司法系统的信任感。当公众看到司法鉴定专家以科学、客观的态度为案件提供专业意见时，他们会更加相信司法系统的公正性和权威性。这种信任感有助于减少社会对司法裁决的质疑和不满，从而维护了司法的稳定性和权威性。另一方面，高效的司法鉴定也有助于减轻司法系统的负担。随着科技的发展，越来越多的案件涉及到复杂的技术或专业问题。如果每个案件都需要法官花费大量时间去研究这些问题，那么司法系统的效率将会大大降低；而鉴定意见的引入，使得法官能够专注于对法律问题的审理和裁决，提高了司法效率。

鉴定意见在司法程序中的运用是多方面的，它既可以作为重要证据支持案件事实的认定，也可以辅助法官进行专业判断，同时还能够增强证据链的完整性并促进司法公正与效率。然而也应认识到鉴定意见并非绝对可靠，其准确性和可信度受到多种因素的影响。在运用鉴定意见时，需要综合考虑其他证据和情况，以确保司法程序的公正性和准确性。

二、法律效果的分析

鉴定意见作为法定证据之一，在法律程序中具有举足轻重的地位。当鉴定意见被法庭采纳并作为定案依据时，其将直接影响案件的判决结果。因此对鉴定意见的法律效果进行深入分析，对于确保司法公正、维护当事人权益具有重要意义。

（一）提升案件审理的科学性

鉴定意见为法官提供了科学的判断依据。在许多涉及复杂技术或专业问题的案件中，法官往往缺乏相关的专业知识和经验，难以对案件中的专门性问题进行准确判断。司法鉴定专家可以利用其专业知识和技术手段，对案件中的关键证据进行检验和分析，并形成具有权威性的鉴定意见。这些意见不仅为法官提供了科学的判断依据，还帮助法官更好地理解案件中的技术细节和专业问题，从而作出更加准确和科学的裁决。鉴定意见有助于消除法官对专业问题的疑虑。在审理涉及专业问题的案件时，法官会因为对相关知识的不了解而产生疑虑，进而影响对案件的准确判断。而鉴定意见作为专业人士的科学判断，能够有效地消除法官的疑虑，增强其对案件事实的信心。当法官对鉴定意见给予充分信任时，他们将更加自信地作出裁决，从而提高案件审理的科学性和准确性。鉴定意见还可以帮助法官避免受到非专业因素的影响。在审理案件过程中，法官会受到各种非专业因素的影响，如公众舆论、政治压力等，这些因素会干扰法官对案件的客观判断。而鉴定意见作为中立、客观的科学判断，能够帮助法官保持清醒的头脑，坚持科学的判断标准，避免受到非专业因素的干扰。

除了上述直接作用外，鉴定意见还可以通过提高司法透明度来间接提升案件审理的科学性。当鉴定意见作为证据被公开时，公众可以更加清楚地了解案件中的技术细节和专业问题，有助于增强公众对司法制度的信任度。同时公开的鉴定意见也可以接受社会的监督和质疑，从而促进司法鉴定行业的规范化和科学化发展。然而要充分发挥鉴定意见在提升案件审理科学性方面的作用，还需要加强司法鉴定制度的建设和完善。一方面，提高司法鉴定人员的专业素质和技能水平，确保他们能够提供科学、准确的鉴定意见；另一方面，加强对鉴定机构和鉴定人员的监管和管理，确保他们的中立性和公正性；同时推动司法鉴定技术的创新和发展，以适应社会发展的需要。

（二）增强证据链的完整性

在刑事诉讼和民事诉讼中，证据链的完整性对于案件的裁决具有决定性的影响。一个完整的证据链能够清晰地还原案件的事实真相，帮助法官作出公正、准确的裁决。而鉴定意见，作为法定证据的一种，对于增强证据链的完整性起到了不可或缺的作用。

鉴定意见能够填补证据链中的技术空白。在许多案件中，关键证据涉及复杂的技术或专业问题，这些问题超出了普通人的理解范围。此时司法鉴定专家的介入变得至关重要。他们可以利用专业知识和技术手段对证据进行科学的分析和解读，从而形成具有权威性的鉴定意见。这些意见不仅为法官提供了科学的判断依据，更重要的是，它们能够填补证据链中的技术空白，使得整个证据链更加完整和连贯。鉴定意见能够与其他证据相互印证，增强证据链的可信度。在证据链中，各个证据之间需要相互支持、相互印证，才能形成有力的证明体系。鉴定意见作为其中的一环，可以与其他证据进行比对和验证。例如在刑事案件中，现场勘查笔录、物证、证人证言等可能与鉴定意见相互呼应，共同指向同一事实。这种相互印证的关系不仅增强了单个证据的可信度，也使得整个证据链更加坚实和有力。

鉴定意见还能够对证据链中的其他证据进行解释和说明。在一些复杂案件中，某些证据难以被普通人理解或解释。此时司法鉴定专家可以利用其专业知识对这些证据进行科学的解释和说明，使得法官和陪审团能够更好地理解其含义和价值。这种解释和说明不仅有助于法官更加准确地评估证据的价值和意义，还能够使得整个证据链更加清晰和易于理解。

鉴定意见在增强证据链完整性的同时，也需要经过严格的审查和质证。法官在审理案件时，应当对鉴定意见进行仔细的分析和评估，确保其真实性和可靠性。当事人也有权对鉴定意见提出质疑，并要求重新鉴定或补充鉴定。这种严格的审查和质证程序有助于确保鉴定意见的科学性和公正性，从而进一步增强证据链的完整性。

（三）促进纠纷的公正解决

在法治社会中，纠纷的公正解决是维护社会秩序和公平正义的重要基石。而鉴定意见，作为一种科学的证据形式，对于促进纠纷的公正解决起着至关重要的作用。

鉴定意见能够提供客观、科学的依据，帮助裁判者更加准确地认定案件事实。在许多专业性强的纠纷中，如医疗事故、建筑工程质量等，裁判者往往缺乏相关的专业知识，难以对案件事实进行准确判断。司法鉴定专家可以利用其专业知识和技术手段，对案件中的关键问题进行科学分析，并形成具有权威性的鉴定意见。这些意见为裁判者提供了科学的判断依据，有助于其更加准确地认定案件事实，从而作出公正的裁决。鉴定意见有助于消除当事人的疑虑和争议，促进双方达成和解。在纠纷解决过程中，当事人往往因为对案件事实的认知差异而产生争议。而鉴定意见作为专业人士的科学判断，能够在一定程度上消除当事人的疑虑，帮助他们更加客观地看待案件事实。当双方对鉴定意见表示认同时，有助于减少争议，促进双方达成和解，从而快速、公正地解决纠纷。鉴定意见还可以提高纠纷解决的效率。在传统的纠纷解决方式中，双方往往需要通过长时间的协商、调解或诉讼来达成解决。而鉴定意见的引入，可以使得双方更加快速地了解案件事实，减少不必要的争议和拖延。不仅有助于降低纠纷解决的成本，还能够及时恢复当事人的合法权益，促进社会和谐稳定。此外鉴定意见的公开性和透明度也有助于提升纠纷解决的公正性。当鉴定意见作为证据被公开时，公众可以更加清楚地了解案件事实和裁决依据。这种公开性和透明度能够增强公众对纠纷解决过程的信任感，减少暗箱操作的可能性，从而确保纠纷得到公正解决。

综上所述，鉴定意见在法律中的应用具有显著的法律效果。它不仅提升了案件审理的科学性，还增强了证据链的完整性，并促进了纠纷的公正解决。然而鉴定意见并非绝对可靠，其真实性、合法性和关联性仍需经过严格的法庭审查和质证。在运用鉴定意见时，应保持审慎态度，确保其发挥最大的法律效果。

第三节　鉴定人的责任与义务

一、法律责任

（一）出具真实、准确的鉴定意见

鉴定人的首要法律责任是出具真实、准确的鉴定意见。在司法鉴定领域，鉴定意见的真实性和准确性是至关重要的。这不仅关乎案件事实的认定，更影响着司法公正和社会信任。

真实、准确的鉴定意见是司法鉴定工作的基石。鉴定意见是鉴定人根据专业知识、技能和经验，对案件中的专门性问题进行分析、判断后得出的结论。这个结论必须基于客观事实，不能有任何主观臆断或偏见。只有真实、准确的鉴定意见，才能为法官、检察官、律师及当事人提供有价值的证据，帮助他们更好地理解和解决案件中的专门性问题。出具真实、准确的鉴定意见是鉴定人职业道德的要求。作为司法鉴定人，必须具备高尚的职业道德和严谨的工作态度。在鉴定过程中，应秉持客观、公正的原则，不受任何外界因素的干扰，确保鉴定意见的客观性和公正性。鉴定人还应不断提高自己的专业素养和技能水平，以保证鉴定意见的科学性和准确性。出具真实、准确的鉴定意见也是维护司法鉴定行业公信力的需要。司法鉴定作为法律职业的一种，其公信力是行业存在和发展的基础。如果鉴定人出具的鉴定意见不真实、不准确，不仅会损害当事人的合法权益，还会破坏司法鉴定的公信力，影响整个行业的形象和发展。因此鉴定人必须时刻牢记自己的法律责任，严守职业道德规范，出具真实、准确的鉴定意见。

为确保鉴定意见的真实性和准确性，鉴定人在进行鉴定时，必须遵循科学的方法和程序。他们需要对检材进行仔细的检查和分析，结合案件的具体情况和专业知识，进行综合判断。同时鉴定人还应保持与同行的交流和合作，共同提高鉴定水平，确保鉴定意见的科学性和准确性。真实、准确的鉴定意见还需要得到法律的认可和支持，在法律程序中，鉴定意见需要经过法庭的质证和审查，才能作为定案的依据。这就要求鉴定人在出具鉴定意见时，不仅要考虑专业技术的要求，还要符合法律程序的规定，以确保鉴定意见在法律上的有效性。

(二) 遵守法律和职业道德

在法律职业领域中，司法鉴定人扮演着举足轻重的角色。他们所承担的不仅仅是技术性的鉴定工作，更是法律和道德的守护者。遵守法律和职业道德，对于司法鉴定人来说，不仅是一种责任，更是一种使命。

司法鉴定人作为法律职业的一部分，首先要严格遵守国家法律法规。法律是社会秩序的基石，也是每个公民必须遵守的行为准则。对于司法鉴定人而言，遵守法律不仅意味着要在鉴定过程中遵循法定的程序和规定，包括在出具鉴定意见时要确保其内容合法、合规，不违背法律法规的精神和原则。这种对法律的严格遵守，不仅体现了司法鉴定人的专业素养，更是对法律权威的维护和尊重。除了遵守法律，职业道德也是司法鉴定人必须恪守的重要准则。职业道德是行业内部的行为规范，它要求从业人员在履行职责时保持诚实、公正、客观的态度，不得利用自己的专业知识和地位谋取私利，不得偏袒任何一方当事人，更不能参与任何形式的违法违规行为。对于司法鉴定人来说，职业道德的重要性不言而喻。他们的鉴定意见往往直接关系到案件的判决结果和当事人的切身利益，因此保持职业道德的纯洁性和高尚性，对于维护司法鉴定的公信力和权威性至关重要。

在实际工作中，司法鉴定人要时刻提醒自己遵守法律和职业道德的重要性。在面临各种诱惑和压力时，要坚守原则和底线，不为任何非法利益所动摇。同时司法鉴定人还应积极参与职业道德教育和培训活动，不断提升自己的道德素养和职业操守，以更好地履行自己的职责和使命。

司法鉴定人遵守法律和职业道德的重要性不仅体现在其个人行为上，还对整个司法体系的公正性和权威性产生深远影响。他们是司法程序中的重要一环，其鉴定意见往往对案件的判决结果产生直接影响。此外司法鉴定人还应树立榜样作用，通过自己的言行影响和带动整个行业的风气。他们应该以高尚的道德情操和专业的法律素养，赢得社会的尊重和信任。同时司法鉴定机构也应加强对鉴定人的法律教育和职业道德培训，确保每一位鉴定人都能够明确自己的责任和义务，以更加严谨、专业的态度投入到司法鉴定工作中去。

（三）接受法律监督和质疑

法律监督是司法鉴定工作中的重要保障机制。司法鉴定活动涉及法律、科学、技术等多个领域，其结果直接关系到案件的判决和当事人的切身利益。因此对司法鉴定进行严格的法律监督，能够确保其科学性和公正性，防止权力滥用和鉴定失误。这种监督不仅来自司法机关，还包括社会公众、媒体等各方面的关注。通过多方面的监督，可以及时发现并纠正鉴定过程中可能存在的问题，确保鉴定意见的准确性和公正性。

与此同时，接受质疑也是司法鉴定人必须面对的挑战。由于司法鉴定涉及复杂的专业知识和技术问题，其结论难免会受到不同方面的质疑。这些质疑来自当事人、律师、法官或其他专业人士。面对质疑，司法鉴定人需要保持开放和包容的态度，认真听取各方意见，并对自己的鉴定意见进行重新审视和评估。这种接受质疑的态度，不仅有助于提升鉴定人的专业素养，还能够增强司法鉴定意见的可信度和说服力。在接受法律监督和质疑的过程中，司法鉴定人需要展现出高度的专业素养和职业道德。他们应该以事实为依据，以法律为准绳，客观、公正地出具鉴定意见。同时还需要具备良好的沟通能力和解释能力，以便在面对质疑时能够清晰地阐述自己的鉴定依据和过程，消除误解和疑虑。

司法鉴定机构也应建立完善的内部监督机制，对鉴定人的工作进行定期检查和评估，确保其符合法律法规和职业道德的要求。机构还应积极回应社会各界的质疑和批评，及时公布相关信息，增加透明度和公信力。接受法律监督和质疑并不意味着司法鉴定人要承受无端的指责和攻击，在面对不合理或恶意的质疑时，鉴定人有权依法维护自己的合法权益和职业尊严。他们可以通过法律途径寻求公正和保护,确保自己的鉴定工作不受不当干扰。

总结来说,鉴定人在司法鉴定过程中承担着重要的法律责任。他们必须出具真实、准确的鉴定意见,严格遵守法律和职业道德规范,并接受法律监督和质疑。只有这样,才能确保司法鉴定的科学性、公正性和权威性,为法治社会建设提供有力支撑。

二、职业道德

在司法鉴定领域,职业道德不仅是对鉴定人个人品行的要求,更是对其职业行为的规范和约束。一个优秀的鉴定人,除了具备扎实的专业知识和丰富的实践经验外,还必须恪守职业道德,以确保鉴定工作的公正性和权威性。

(一)恪守职业道德的重要性

1. 保障司法鉴定的公正性和权威性

司法鉴定是法律程序中的关键环节,其公正性和权威性对于案件的判决结果具有决定性的影响。鉴定人作为司法鉴定的核心执行者,其职业道德的高低直接关系到鉴定结果的公正性和权威性。恪守职业道德的鉴定人会秉持客观、中立的态度,不受任何外界因素的干扰,只根据事实和科学原理进行分析和判断。这样的态度和行为能够确保鉴定意见的公正性,进而保障司法鉴定的权威性。

2. 维护司法鉴定行业的公信力和形象

鉴定人作为司法鉴定行业的代表,他们的言行举止直接关系到整个行业的公信力和形象。恪守职业道德的鉴定人会以高度的责任感和使命感,认真对待每一个鉴定任务,出具真实、准确的鉴定意见。这样的行为不仅能够赢得社会的尊重和信任,还能够提升司法鉴定行业的整体形象。反之如果鉴定人违背职业道德,出具虚假或不公正的鉴定意见,将会严重损害司法鉴定行业的公信力和形象。

3. 促进司法鉴定行业的健康发展和社会和谐稳定

恪守职业道德有助于营造一个公平、公正、有序的竞争环境，促进司法鉴定行业的健康发展。在这样的环境下，鉴定人能够专注于提升自己的专业素养和技能水平，通过正当竞争来获取市场份额和客户认可。公正、准确的司法鉴定意见也有助于维护社会和谐稳定。在涉及纠纷和冲突的案件中，公正的鉴定意见往往能够化解矛盾、平息纷争，为社会的和谐稳定作出贡献。

恪守职业道德对于鉴定人个人而言也具有重要意义。一方面，遵守职业道德可以提升鉴定人的职业素养和综合能力，使其在职业生涯中更具竞争力。另一方面，恪守职业道德也是鉴定人实现自我价值和社会价值的重要途径。通过出具公正、准确的鉴定意见，鉴定人可以为法治社会建设贡献力量，实现个人价值与社会价值的统一。

（二）职业道德的核心内容

1. 诚实守信：职业道德的基石

诚实守信是司法鉴定人职业道德的首要原则，也是其最基本的要求。司法鉴定工作涉及法律、科学、技术等多个领域，其结果直接关系到案件的判决和当事人的切身利益。鉴定人必须提供真实、准确的鉴定意见，不得捏造或篡改数据，不得出具虚假鉴定报告。这是司法鉴定人最基本的职业操守，也是其职业道德的基石。

诚实守信原则要求司法鉴定人始终保持高度的道德自觉和职业操守，对待每一个鉴定任务都要认真负责、实事求是。在鉴定过程中，要严格遵守科学原理和技术规范，确保鉴定结果的准确性和可靠性。同时还要对鉴定过程中获知的案件信息和当事人隐私严格保密，不得泄露给任何无关人员，以维护司法鉴定工作的严肃性和权威性。

2. 客观公正：职业道德的灵魂

客观公正是司法鉴定人职业道德的灵魂，也是其最核心的要求。司法鉴定工作的本质就是要求鉴定人根据事实和证据作出客观、公正的判断，为案件的判决提供科学依据。因此，鉴定人必须秉持客观、公正的态度，不受任何个人情感或利益的影响，确保鉴定意见的公正性和权威性。

在司法鉴定实践中，客观公正原则要求鉴定人始终保持清醒的头脑和独立的判断能力，不被任何外界因素所干扰。在鉴定过程中，全面了解案情、仔细研究检材、认真分析证据，确保鉴定意见的准确性和公正性。同时还要勇于接受质疑和挑战，对自己的鉴定意见进行不断的反思和完善，以提高司法鉴定工作的质量和水平。

3. 专业负责：职业道德的保障

专业负责是司法鉴定人职业道德的重要保障，也是其最基本的职责所在。司法鉴定工作是一项高度专业化的工作，要求鉴定人具备扎实的专业知识和丰富的实践经验。只有具备专业素养和技能水平的鉴定人才能出具科学、准确的鉴定意见，为案件的判决提供有力支持。

专业负责原则要求司法鉴定人始终保持高度的专业素养和职业操守，不断学习和掌握新知识、新技术，提高自己的专业技能水平。在鉴定过程中，要严格遵守技术规范和操作流程，确保鉴定结果的准确性和可靠性。还要对鉴定意见承担法律责任和社会责任，勇于面对挑战和困难，为司法鉴定事业的健康发展贡献力量。

4. 尊重法律与程序

作为司法鉴定人，尊重法律是职业道德不可或缺的一部分。鉴定人必须熟悉并遵守国家法律法规，确保鉴定活动在法律框架内进行。这不仅涉及对鉴定程序的严格遵守，还包括对法律原则的深刻理解和应用。在司法鉴定过程中，任何违反法律规定或程序要求的行为都是不被接受的，都会影响到鉴定结果的合法性和公正性。

5. 持续学习与专业发展

司法鉴定是一个不断发展的领域，新的科学技术和鉴定方法不断涌现。因此职业道德要求鉴定人具备持续学习的精神，不断更新自己的知识和技能。这不仅是为了保持个人的专业素养，更是为了确保鉴定工作的科学性和准确性。通过参加专业培训、研讨会和交流活动，鉴定人可以不断提升自己的专业水平，为司法鉴定事业的进步做出贡献。

6. 尊重与合作

司法鉴定工作往往需要与其他专家、律师、法官等多方进行合作。在这个过程中，尊重他人、保持良好的沟通和合作态度是职业道德的重要体现。鉴定人应该尊重他人的意见和观点，愿意倾听并接受合理的批评和建议。同时鉴定人还应该主动寻求与其他专业人士的合作，共同推动司法鉴定工作的顺利进行。

7. 社会责任感

作为司法鉴定人，除了承担法律责任外，还应该具备强烈的社会责任感。鉴定人不仅要关注个人的职业发展和经济利益，更要关注司法鉴定工作对社会公正和法治建设的影响。在鉴定过程中，鉴定人应该始终保持高度的道德警觉，避免任何可能损害社会公共利益的行为。

职业道德是司法鉴定人不可或缺的品质之一，它不仅关系到鉴定意见的公正性和权威性，还影响到司法鉴定行业的整体形象和健康发展。因此鉴定人必须时刻牢记自己的职业道德责任与义务，以高尚的道德情操和专业的职业素养投身于司法鉴定事业中。只有这样才能赢得社会的广泛认可和尊重，为法治社会建设贡献自己的力量。

第十章　文书司法鉴定的发展趋势

第一节　新技术在鉴定中的应用

一、技术革新

随着科技的不断发展，新的技术手段逐渐渗透到文书司法鉴定的各个领域。这些新技术的引入，极大地提高了鉴定的科学性和准确性，同时也为鉴定工作带来了前所未有的便利。技术革新不仅改变了传统鉴定的方式，还为解决复杂、疑难案件提供了新的思路和方法。

（一）新技术手段介绍

1. 数字图像处理技术

数字图像处理技术是通过计算机对图像进行去噪、增强、复原、分割、特征提取等操作，以改善图像质量或从中提取有用信息的过程。在文书司法鉴定中，这项技术主要应用于对文书图像的处理和分析。

（1）图像增强与复原，对于因保存不善或年代久远而变得模糊、褪色的文书，通过数字图像处理技术可以去除噪声、增强对比度，使文字和图案更加清晰可辨。对于受损严重的文书，如被涂抹或污损的部分，可以通过图像复原技术尝试恢复原始内容。通常需要对文书的受损程度和原因进行深入分析，并选择合适的复原算法。

（2）特征提取与比对，利用数字图像处理技术，可以自动或半自动地提取文书中的关键特征，如字迹、印章、水印等。这些特征对于后续的比对和鉴定至关重要。提取出的特征可以与已知样本进行比对，以验证文书的真实性或识别伪造、变造的痕迹。例如在字迹鉴定中，可以通过比对检材与样本字迹的特征点、笔画顺序、运笔方式等来判断是否为同一人所写。

（3）文书内容识别与解读，对于大量或难以辨认的手写或打印文书，可以利用光学字符识别（OCR）技术将其转换为可编辑的文本格式，便于后续的分析和检索。通过训练机器学习模型来识别特定的文书特征或模式，训练模型来识别伪造文书的常见手法或特征，从而提高鉴定的准确性和效率。

（4）数字图像处理技术的优势与挑战

数字图像处理技术具有非接触性、高效性、可重复性等优势。它可以在不破坏原始文书的情况下进行精确的鉴定分析，大大提高文书司法鉴定的效率和准确性。然而，这项技术也面临着一些挑战，如技术更新迅速导致鉴定人员需要不断学习和掌握新技术、对复杂文书的处理能力还有待提高等。

2. 人工智能与机器学习：

（1）人工智能的应用

自动化处理与分类：人工智能可以通过自然语言处理和图像识别技术，对大量的文书进行自动化的归类和索引。例如系统可以自动识别文书的类型、发送者、接收者等关键信息，并进行相应的分类存储，便于后续的检索和分析。

内容分析与解读：利用自然语言处理技术，人工智能可以深入解析文书的具体内容，提取关键信息，如时间、地点、人物、事件等，有助于鉴定人员快速理解案件的核心要点。

模式识别与预测：人工智能可以学习和识别文书中的常见模式，如伪造文书的典型特征，从而辅助鉴定人员判断文书的真实性。基于历史数据，人工智能还能预测某一类型文书的可能变化趋势或风险点。

（2）机器学习的应用

数据训练与模型建立：通过大量的历史文书数据训练，机器学习可以构建出预测模型，用于识别新文书的特征。这些模型能够不断学习并优化自身的预测准确性。

智能比对与匹配：利用机器学习算法，可以对不同文书之间的相似度进行智能比对。例如在字迹鉴定中，机器学习可以帮助识别出不同文书中字迹的相似度和差异点，为鉴定提供科学依据。

风险评估与预警：基于机器学习模型的预测结果，对特定类型的文书进行风险评估，并在发现异常时及时发出预警。对于预防和打击文书伪造等违法行为具有重要意义。

（3）结合应用的优势与挑战

优势：人工智能与机器学习的结合应用可以大大提高文书司法鉴定的效率和准确性。自动化处理减少了人工操作的时间和成本，而智能比对和风险评估则增强了鉴定的科学性和可靠性。

挑战：面临着数据隐私和安全性的挑战，机器学习模型的准确性和可解释性也是当前研究的热点和难点。

3. 光谱分析技术

光谱分析技术是通过物质吸收、发射或散射光线的特征波长和强度来确定其化学组成和结构的一种分析方法。不同的物质会产生不同的光谱，这是因为它们的化学组成和结构不同，导致在与光的相互作用时产生不同的光谱响应。

（1）光谱分析技术在文书司法鉴定中的应用

物质鉴别：通过光谱分析，可以准确鉴别文书中所使用的墨水、纸张等物质的成分，从而判断文书的真伪。拉曼光谱法具有检测位点小、无损伤检测等优势，能够快速检出字迹的异同点，为司法鉴定提供有效证据。

时间鉴定：光谱分析还可以用于判断文书的形成时间。随着时间的推移，文书中的某些物质会发生化学或物理变化，这些变化会在光谱中体现出来。通过分析这些变化，可以推测文书的形成时间。

痕迹检测：在文书上留下的指纹、油污等痕迹，也可以通过光谱分析技术进行检测和鉴别，对于确定文书是否被篡改或伪造具有重要意义。

2. 光谱分析技术的优势与挑战

优势：光谱分析技术具有非破坏性、高灵敏度和高分辨率等特点，能够提供丰富的化学和结构信息，为文书司法鉴定提供有力支持。

挑战：样品制备的复杂性、光谱数据的解释和分析难度等，不同光谱技术之间的互补性和选择性也是需要考虑的问题。

4.3D 打印与虚拟现实技术

（1）文书复制与模型制作

通过 3D 打印技术，精确复制关键文书或文书的局部特征，如印章、手写签名等，供鉴定人员细致观察和比对。制作文书的 3D 模型，有助于从多个角度观察文书的物理特征，如纸张的纹理、墨水的渗透等。

（2）辅助实验与分析

利用 3D 打印技术模拟不同书写工具或墨水在纸张上的表现，以分析原始文书中的异常现象。通过打印出的模型，进行各种物理或化学实验，以验证某些假设或理论，而不会对原始文书造成破坏。

2. 虚拟现实技术

（1）场景重建与模拟

虚拟现实技术可以重建文书被创作或发现时的场景，帮助鉴定人员更好地理解当时的环境和条件。通过模拟不同的光线和角度，可以观察文书在不同情境下的可视效果，有助于发现隐藏的细节或特征。

（2）交互式分析与讨论

利用虚拟现实技术，鉴定人员可以在一个共享的虚拟环境中对文书进行交互式分析，提高团队协作效率。通过模拟实验，测试不同因素对文书的影响，如温度、湿度等环境因素对墨水扩散或纸张老化的影响。

（3）教育与培训

虚拟现实技术还可以用于文书司法鉴定的教育和培训，通过模拟真实的鉴定场景和案例，提升鉴定人员的专业技能和经验。

（二）新技术在文书司法鉴定中的应用实例

随着科技的飞速发展，新技术在文书司法鉴定中的应用越来越广泛，为司法鉴定带来了革命性的变革。

近年来，一起涉及合同伪造的案件引起了广泛关注。该案件中，一份关键合同的真实性成为了争议焦点。为了确定合同的真实性，鉴定机构引入了多种新技术进行综合分析。

鉴定人员采用了数字图像处理技术对合同进行高清扫描，并利用图像增强技术突出了合同中的关键信息，如签名、日期和印章等。使得鉴定人员能够更清晰地观察和分析这些关键元素的细节特征。鉴定机构又利用光谱分析技术对合同中的墨水进行了检测。通过对墨水的光谱特征进行分析，鉴定人员发现合同中的墨水与原始样本的墨水成分存在显著差异，进一步引发了对合同真实性的质疑。为了更深入地了解合同的制作过程，鉴定机构还引入了3D打印技术。首先利用高精度扫描仪对合同进行扫描，生成了合同的三维模型。然后通过3D打印技术将模型实体化，使得鉴定人员可以从多个角度对合同进行观察和分析。这一过程中，鉴定人员发现了一些在二维图像中难以察觉的细节特征，纸张的纹理、墨水的渗透等，这些都为判断合同的真实性提供了重要线索。最后为了更全面地分析合同的真实性，鉴定机构还采用了虚拟现实技术。利用虚拟现实技术重建了合同签订时的场景，并结合监控视频等证据对场景进行还原。通过模拟实验和分析，鉴定人员发现合同签订过程中存在多处疑点和不符合常理的地方，进一步证实了合同是伪造的。

在这个案例中，新技术的应用为文书司法鉴定提供了有力支持。数字图像处理技术使得关键信息的提取和分析更为便捷；光谱分析技术为墨水的鉴别提供了科学依据；3D打印技术则使得合同的物理特征得以全面展现；而虚拟现实技术则帮助鉴定人员更好地还原了合同签订的场景和过程。这些新技术的综合应用不仅提高了鉴定的准确性和效率，还为司法公正提供了有力保障。

技术革新为文书司法鉴定带来了前所未有的发展机遇,新技术的应用不仅提高了鉴定的准确性和效率,还为解决复杂案件提供了新的思路和方法。然而新技术的应用也面临着诸多挑战,如技术标准的制定、鉴定人员技能培训等问题。在未来的发展中,需要不断探索和完善新技术在文书司法鉴定中的应用体系,以更好地服务于司法实践。

二、应用前景

随着信息技术的迅猛发展,新技术在文书司法鉴定中的应用前景日益广阔。这些技术不仅将改变传统的鉴定工作流程,还将为司法鉴定提供更加科学、准确的数据支持,有望进一步提升司法公正与效率。

(一)智能化与自动化趋势

随着信息技术的飞速发展,智能化与自动化已经成为现代科技进步的重要标志。在文书司法鉴定领域,智能化与自动化的趋势也日益显现,为司法鉴定带来了革命性的变革。智能化与自动化的应用不仅提高了鉴定的准确性和效率,还大大减轻了鉴定人员的工作负担,推动了司法鉴定工作的现代化进程。

智能化技术的应用主要体现在人工智能和机器学习等方面,这些技术通过大数据分析和深度学习,能够自动识别、解析和比对文书中的关键信息,从而实现自动化处理。例如在字迹鉴定中,人工智能可以通过学习大量字迹样本,自动识别出伪造或篡改的字迹,大大提高了鉴定的准确性和效率。此外人工智能还可以辅助鉴定人员进行文书内容的分析和解读,快速提取关键信息,为鉴定提供科学依据。自动化技术的应用则主要体现在鉴定流程的简化和优化上,传统的文书司法鉴定需要鉴定人员手动进行大量的数据处理和分析,工作量大且易出错。而自动化技术可以实现鉴定流程的自动化处理,减轻鉴定人员的工作负担,提高工作效率。通过自动化扫描和识别技术,可以快速将纸质文书转化为电子文档,便于后续的数据分析和比对。同时自动化技术还可以实现鉴定报告的自动生成和整理,大大节省了鉴定人员的时间和精力。智能化与自动化的趋势不仅改变了传统的鉴定工作流程，还为司法鉴定提供了更加科学、准确的数据支持。通过智能化技术，可以对大量文书数据进行深度挖掘和分析，发现隐藏在数据中的规律和特征，为司法鉴定提供更加全面、深入的证据支持。同时自动化技术可以实现鉴定流程的标准化和规范化，确保鉴定结果的公正性和可信度。

智能化与自动化的应用也面临着一些挑战和问题，技术的准确性和可靠性是智能化与自动化应用的关键。虽然人工智能和机器学习等技术已经取得了很大的进展，但仍然存在一定的误判率。在应用过程中需要不断对模型进行优化和调整，提高其准确性和可靠性。其次智能化与自动化的应用需要大量的数据支持，在数据采集、存储和处理过程中，需要确保数据的完整性、真实性和安全性。最后智能化与自动化的应用也需要考虑伦理和法律问题。在技术应用过程中，需要遵守相关法律法规和伦理规范，确保技术应用的合法性和正当性。

（二）多技术融合发展

多技术融合发展，顾名思义，是指将多种先进技术进行有机融合，形成互补优势，从而提高整体技术的效能和准确性。在文书司法鉴定中，多技术融合发展意味着将数字图像处理技术、光谱分析技术、人工智能与机器学习、3D打印与虚拟现实等多种先进技术进行融合，共同为司法鉴定提供更加全面、深入和精准的支持。多技术融合发展的意义在于，它能够充分发挥各种技术的优势，弥补单一技术的不足，提高鉴定的准确性和效率。同时多技术融合还有助于发现更多隐藏在文书中的信息，为司法鉴定提供更加科学、可靠的证据。多技术融合发展还推动了司法鉴定技术的创新和进步，为法治社会的建设提供了有力支持。

数字图像处理技术与光谱分析技术的融合，数字图像处理技术可以对文书进行高清重现和细节增强，使得鉴定人员能够更清晰地观察和分析文书中的关键信息。而光谱分析技术则可以对文书中的物质成分进行精确分析，为鉴定提供科学依据。将这两种技术融合应用，可以更加全面、深入地了解文书的物理特征和化学成分，从而提高鉴定的准确性和可靠性。

人工智能与机器学习技术的融合，人工智能与机器学习技术在文书司法鉴定中的应用已经越来越广泛。通过大数据分析和深度学习，人工智能可以自动识别、解析和比对文书中的关键信息，为鉴定提供有力支持。而将人工智能与机器学习技术与其他技术进行融合，可以进一步提高鉴定的智能化和自动化水平。

3D打印与虚拟现实技术的融合，3D打印技术可以精确复制关键文书或文书的局部特征，供鉴定人员细致观察和比对；而虚拟现实技术则可以重建文书被创作或发现时的场景，帮助鉴定人员更好地理解当时的环境和条件。将这两种技术进行融合应用，为司法鉴定提供更加真实、立体的证据支持。

随着科技的不断发展，多技术融合发展在文书司法鉴定中的应用将更加广泛和深入。未来期待更多的技术融合应用案例出现，为司法鉴定提供更加科学、准确的支持。同时多技术融合发展也将推动司法鉴定技术的创新和进步，为法治社会的建设提供有力保障。多技术融合发展也面临着一些挑战和问题，技术的融合应用需要专业的技术人员进行操作和管理，对技术人员的专业素养要求较高。其次，多技术融合发展也需要大量的资金投入和设备支持，对鉴定机构的实力和资源要求较高。此外多技术融合发展还需要考虑技术之间的兼容性和稳定性问题，确保融合后的技术能够发挥最大的效能。

（三）标准化与规范化

标准化是指在经济、技术、科学和管理等社会实践中，对重复性的事物和概念，通过制订、发布和实施标准达到统一，以获得最佳秩序和社会效益。在文书司法鉴定中，标准化意味着制定统一的鉴定方法、程序、技术指标等，以确保不同鉴定机构、不同鉴定人员在进行相同类型的鉴定时，能够得出一致或相近的结论。

规范化则是指在某个领域内，通过制定和执行一系列规则、导则或标准，使该领域的工作达到一定的质量要求和水平。在文书司法鉴定中，规范化主要体现在鉴定流程、鉴定文书的撰写、鉴定人员的管理等方面，旨在确保鉴定工作的有序进行，提高鉴定的透明度和公信力。

标准化与规范化在文书司法鉴定中的意义主要体现在以下几个方面：

（1）提高鉴定质量和效率：通过制定统一的鉴定方法和程序，减少鉴定过程中的主观性和随意性，从而提高鉴定的准确性和可靠性。同时规范化的流程管理也有助于提高鉴定工作的效率。

（2）确保鉴定结果的公正性：标准化与规范化能够确保不同鉴定机构、不同鉴定人员在进行相同类型的鉴定时，采用相同或相近的方法和程序，从而得出一致或相近的结论，减少人为因素对鉴定结果的影响。

（3）提升司法鉴定的公信力：通过实施标准化与规范化，增强公众对司法鉴定工作的信任度，提高司法鉴定的社会认可度。

标准化与规范化在文书司法鉴定中的实施路径：

（1）制定和完善相关标准与规范，制定和完善一系列与文书司法鉴定相关的标准和规范，包括鉴定方法、程序、技术指标、鉴定文书撰写要求等。这些标准和规范应基于科学研究和实践经验，确保其实用性和可操作性。

（2）加强鉴定人员的培训与管理，鉴定人员是文书司法鉴定的核心力量，他们的专业素养和技能水平直接影响鉴定的质量和效率。加强对鉴定人员的培训和管理，提高他们的专业素养和技能水平，确保他们能够熟练掌握和应用相关标准和规范。

（3）建立和完善质量管理体系，通过制定质量管理计划、设立质量管理岗位、开展质量监督检查等措施，确保鉴定工作的各个环节都符合相关标准和规范的要求。

（4）加强信息化建设，信息化建设是提高文书司法鉴定标准化与规范化的重要手段。通过建立电子化的鉴定管理系统、推广使用标准化的鉴定软件和工具等措施，提高鉴定的自动化和智能化水平，减少人为错误和主观因素的影响。

（5）建立和完善监督机制，包括对鉴定机构、鉴定人员和鉴定过程的全面监督，以及定期或不定期的质量检查和评估。通过监督机制的建立和完善，可以及时发现和纠正存在的问题和不足，推动文书司法鉴定工作的持续改进和提升。

新技术在文书司法鉴定中的应用前景广阔且充满挑战，随着技术的不断进步和创新，未来的文书司法鉴定将更加科学、准确和高效。同时关注新技术应用中的伦理、法律和社会问题，确保其在推动司法鉴定事业发展的同时，也能维护社会的公平正义。

第二节 鉴定过程中的伦理与法律问题

一、伦理问题

在文书司法鉴定的过程中，鉴定人员不仅面临着技术上的挑战，还需要应对一系列伦理与法律问题。这些问题直接关系到鉴定的公正性、合法性和社会信任度。

（一）保密义务与隐私权保护

保密义务是文书司法鉴定人员的基本职业操守之一。在鉴定过程中，鉴定人员会接触到大量涉及个人隐私的信息，如个人身份信息、家庭状况、财务状况等。这些信息一旦泄露，不仅会对被鉴定人造成不必要的困扰，甚至可能引发严重的法律后果。鉴定人员必须严格遵守保密义务，确保所有信息的安全性和机密性。保密义务还体现在对鉴定过程和结果的保密上，在鉴定结果公布之前，任何关于鉴定的信息都不应被泄露，以免影响司法的公正性和权威性。对于涉及商业秘密或国家机密的案件，鉴定人员更应提高警惕，严防信息外泄。

隐私权是每个人的基本权利之一，它保护个人生活不受无理侵扰，个人信息不被非法披露。在文书司法鉴定中，隐私权保护尤为重要。被鉴定人的个人信息、家庭情况、健康状况等都属于隐私范畴，这些信息如果被不当披露，将严重侵犯被鉴定人的隐私权。保护隐私权不仅是对被鉴定人个人尊严的尊重，也是维护社会稳定和司法公正的必要手段。如果鉴定人员随意泄露被鉴定人的隐私信息，将严重损害司法鉴定行业的公信力和社会形象。

（二）客观公正与利益冲突

客观公正是文书司法鉴定的基石，鉴定结果必须基于事实、科学分析和专业判断，而不受个人情感、偏见或外界压力的影响。客观公正的鉴定结果对于案件的公正裁决至关重要，它不仅关系到当事人的切身利益，更关系到司法体系的公信力和权威性。为了实现客观公正，鉴定人员需要具备扎实的专业知识、丰富的实践经验和敏锐的分析能力。同时他们还必须保持独立性和中立性，避免与任何一方当事人产生利益纠葛。

尽管鉴定人员努力保持客观公正，但在实际操作中，利益冲突的问题仍不可避免。利益冲突可能源于多个方面，如鉴定人员与当事人之间的个人关系、经济利益纠葛，或是鉴定机构与特定当事人之间的长期合作关系等。利益冲突对鉴定结果的公正性构成了严重威胁。当鉴定人员面临利益诱惑或压力时，他们会偏离客观公正的原则，作出有利于某一方当事人的鉴定结论。这种偏袒不仅损害了另一方当事人的合法权益，也破坏了司法鉴定的公信力和社会的公平正义。

（三）专业素养与职业操守

专业素养是文书司法鉴定人员必备的基本素质，包括扎实的专业知识、丰富的实践经验以及精湛的技术能力。文书司法鉴定涉及多个学科领域，如法学、文字学、痕迹学等，这就要求鉴定人员必须具备广博的知识储备和深厚的理论基础。除了理论知识，实践经验也至关重要，鉴定人员需要通过大量的实践案例来锻炼自己的观察和分析能力，以便在实际操作中迅速准确地识别和判断。随着科技的发展，新的鉴定技术和方法不断涌现，鉴定人员还需要具备创新精神和学习能力，及时跟上时代的步伐。

职业操守是鉴定人员必须坚守的道德底线，在文书司法鉴定中，鉴定人员往往面临着各种诱惑和压力，但无论何种情况，他们都必须保持清醒的头脑和坚定的立场，始终将公正、客观、真实作为自己的行为准则。职业操守不仅包括对个人行为的约束，更体现在对职业责任的担当。鉴定人员需要对自己的鉴定结果负责，确保每一份鉴定报告都经得起法律和历史的检验。同时还应该积极履行社会责任，为维护司法公正和社会稳定贡献力量。

在文书司法鉴定中，专业素养和职业操守是相互依存、相互促进的。一方面，专业素养的提升有助于鉴定人员更好地履行职业操守。具备扎实专业知识和丰富实践经验的鉴定人员，更能够抵御外界干扰，坚守职业道德。另一方面，职业操守的强化也有助于提升鉴定人员的专业素养。一个有着高尚职业道德的鉴定人员，会更加注重自我学习和技能提升，以更好地服务于司法鉴定事业。

（四）尊重与保护人权

在文书司法鉴定中，被鉴定人往往是案件的当事人或涉案人员，他们的个人信息、隐私和尊严都应当得到充分尊重和保护。鉴定过程中，如果不注重人权的尊重和保护，会导致被鉴定人的合法权益受到侵害，甚至引发社会舆论的质疑和批评。尊重与保护人权也是司法鉴定行业职业道德的重要体现，一个注重人权保护的鉴定机构或鉴定人员，会更容易获得社会的信任和认可，从而提升司法鉴定行业的整体形象和公信力。

1. 尊重与保护人权在文书司法鉴定中的实践

保护被鉴定人的隐私权和信息安全，在文书司法鉴定过程中，鉴定人员会接触到大量涉及被鉴定人隐私的信息。为了保护被鉴定人的隐私权，鉴定机构应建立完善的信息保密制度，确保被鉴定人的个人信息不被泄露。同时鉴定人员也应严格遵守保密规定，不得将鉴定过程中的敏感信息随意传播。

尊重被鉴定人的知情权和同意权，在进行文书司法鉴定前，鉴定人员应向被鉴定人充分说明鉴定的目的、方法和产生的结果，确保被鉴定人在充分了解的基础上做出自愿的决定。对于涉及被鉴定人身体或精神健康的鉴定项目，应事先征得被鉴定人的明确同意。

保障被鉴定人的申诉权和救济权，如果被鉴定人对鉴定结果有异议，有权提出申诉并要求重新鉴定。鉴定机构应建立畅通的申诉渠道，确保被鉴定人的申诉能够得到及时、公正的处理。同时对于因鉴定过程中的人权侵害行为造成的损害，被鉴定人也应有权寻求法律救济。

2. 加强尊重与保护人权的措施

为了进一步加强尊重与保护人权在文书司法鉴定中的实践，可以采取以下措施：

（1）加强职业道德教育，通过定期培训和考核，提高鉴定人员对尊重与保护人权重要性的认识，强化他们的职业道德意识。

（2）完善制度机制，建立健全的信息保密制度、知情同意制度和申诉救济制度，确保被鉴定人的各项权益得到充分保障。

（3）加强社会监督，鼓励社会公众和媒体对文书司法鉴定过程进行监督，对于违反人权保护原则的行为进行曝光和谴责。

（五）研究与创新的道德边界

研究与创新是推动人类文明发展的关键力量，无论是在医学、物理、化学、生物科学还是技术领域，持续的研究与创新都为我们带来了前所未有的便利与进步。它们不仅提高了人类的生活质量，还解决了许多曾经看似无解的难题。

随着科技的深入发展，研究与创新所涉及的道德边界逐渐变得模糊。一些前沿的科技研究，如基因编辑、人工智能等，虽然带来了巨大的潜力，但也引发了一系列伦理和道德问题。例如基因编辑技术可能被用于"设计婴儿"，这无疑是对人类自然繁衍和生物多样性的干预；而人工智能的发展也可能导致失业、隐私侵犯等问题。为了追求商业利益或学术声誉，有些研究者可能会采取不道德的研究手段，如数据造假、剽窃等。这些行为不仅损害了科学的真实性，也严重破坏了研究与创新的环境。

面对这些挑战，需要明确研究与创新的道德边界。包括：

（1）尊重生命与尊严：任何研究与创新都不应侵犯人类的生命和尊

严。例如在医学研究中，必须确保受试者的知情同意，并严格遵守伦理规范。

（2）保护隐私与安全：在大数据和人工智能的时代，个人隐私和数据安全变得尤为重要。研究与创新应确保个人数据的合法使用和保护。

（3）遵循科学诚信：研究者应坚守科学诚信，杜绝任何形式的学术不端行为。

（4）促进社会公正与福祉：科技研究与创新应致力于社会的整体福祉，避免加剧社会不公和差距。

除了明确道德边界，还需要建立和完善相关的监管机制。包括加强伦理审查、设立独立的监督机构、推动公众参与决策等。教育和培训也是关键，通过提高研究者和研究机构的伦理意识，确保他们在追求科技进步的同时，始终坚守道德的底线。

综上所述，伦理问题是文书司法鉴定过程中不可忽视的重要方面，鉴定人员应时刻牢记自己的职业操守和道德责任，以确保鉴定工作的公正性、合法性和社会信任度。相关部门也应加强对鉴定人员的伦理教育和监督，为司法鉴定事业的健康发展提供有力保障。

二、法律挑战

在文书司法鉴定的过程中，法律挑战是不可避免的一部分。随着技术的发展和法律环境的变化，鉴定人员需要不断更新自己的法律知识，以确保鉴定工作的合法性和有效性。

（一）法律法规的不断更新

在司法鉴定领域，法律法规的不断更新是一个显著且重要的挑战。随着社会的不断进步和科技的发展，法律体系也必须与时俱进，以适应新的社会环境和犯罪形式。这种更新不仅涉及到实体法的修改，还包括程序法的调整，以及新型犯罪形式的法律规制。

法律法规的更新是司法鉴定领域发展的必然要求，随着科技的进步，新型犯罪形式层出不穷，例如网络犯罪、电子数据篡改等，这些都需要法律进行及时的规制。随着人们对法律认识的深化，对于司法鉴定的要求也越来越高，促使法律体系必须不断完善，以满足社会对于司法公正和效率的期待。法律法规的更新对于司法鉴定实践具有深远的影响，新的法律法规往往对司法鉴定的程序、方法、标准等提出新的要求，鉴定人员必须时刻关注法律动态，及时调整鉴定策略，以确保鉴定结果的合法性和有效性。近年来我国相继出台了多部与司法鉴定相关的法律法规，包括《司法鉴定管理决定》、《司法鉴定机构登记管理办法》、《司法鉴定人登记管理办法》等，这些法规的出台不仅规范了司法鉴定机构的管理和运作，还对鉴定人员的资质、权利和义务进行了明确规定。

在具体实践中，法律法规的更新也带来了一系列挑战。一方面，鉴定人员需要不断学习新的法律法规，以确保自己的鉴定工作符合最新的法律要求。这要求鉴定人员具备较高的法律素养和学习能力，能够准确理解和运用新的法律法规。另一方面，法律法规的更新也可能导致原有的鉴定方法和标准不再适用，需要鉴定人员及时调整和改进。要求鉴定人员具备创新思维和解决问题的能力，能够在实践中不断探索和完善鉴定方法。此外法律法规的不断更新还对司法鉴定机构的管理和运作提出了更高的要求。司法鉴定机构需要建立完善的法律风险防范机制，以降低法律风险的发生概率。机构还需要加强对鉴定人员的培训和管理，提高他们的法律素养和专业技能，以确保鉴定工作的质量和效率。

（二）隐私权与数据保护的挑战

在当今这个信息化的时代，数据已成为一种重要的资源，与此同时，隐私权和数据保护的问题也日益凸显。特别是在文书司法鉴定过程中，由于涉及到大量的个人信息和敏感数据，隐私权和数据保护的挑战更是不可忽视。

隐私权是每个人的基本权利，它保护个人生活不受无理侵扰，个人信息不被非法收集、传播和使用。在文书司法鉴定过程中，为了查明事实真相，往往需要对相关人员的个人信息进行深入调查和分析。这就在一定程度上与个人的隐私权产生了冲突。如何在保证司法鉴定工作顺利进行的同时，又最大程度地保护个人隐私，是当前面临的一个重要挑战。数据保护也是一个不容忽视的问题，在司法鉴定过程中，涉及到的数据往往具有高度敏感性和保密性，一旦泄露，会对相关人员造成严重的损失。因此如何确保数据的安全性和完整性，防止数据被非法获取、篡改或滥用，是司法鉴定机构必须面对的重要任务。

（三）跨国合作的法律问题

在全球化的背景下，跨国合作已成为司法鉴定领域不可或缺的一部分。然而这种合作往往伴随着一系列复杂的法律问题，特别是在不同法律体系、司法制度和文化背景下进行合作时。跨国合作的法律问题不仅涉及程序性事项，还包括证据的可采性、法律效力以及国际合作协议的执行等多个方面。

跨国司法鉴定合作面临的最大法律问题之一是法律体系的差异，每一个国家都拥有各自独特的法律体系，这些体系在法律原则、法律规则和法律解释上存在显著差异。因此在进行跨国司法鉴定合作时，必须了解和适应不同国家的法律体系，以确保合作的合法性和有效性。包括对不同国家司法鉴定制度、程序、标准和要求的深入研究，以及与合作国家建立有效的沟通和协调机制。跨国司法鉴定合作还面临着证据的可采性和法律效力问题，由于不同国家对证据的种类、形式和采集方式有不同的规定，在跨国合作中，需特别注意证据的合法性和有效性。例如在某些国家，通过非法手段获取的证据被视为无效，而在其他国家则被视为有效。因此在进行跨国司法鉴定合作时，必须确保所收集的证据符合合作国家的法律要求，以避免证据被排除或法律效力受到质疑。

跨国司法鉴定合作还涉及到国际合作协议的执行问题，在跨国合作中，各国通常会签订国际合作协议来明确双方的权利和义务。然而由于法律体系和文化背景的差异，协议的执行会遇到各种困难和挑战。例如协议中的某些条款在某些国家无法得到有效执行，或者双方对协议的解释存在分歧。因此在签订和执行国际合作协议时，需充分考虑各种法律和文化因素，以确保协议的有效性和可执行性。

除了上述法律问题外，跨国司法鉴定合作还涉及到知识产权、数据保护、引渡等其他法律问题。例如在跨国司法鉴定过程中，会涉及到知识产权的归属和使用问题，需要与合作国家进行协商和解决。同时由于跨国司法鉴定往往涉及到个人数据和敏感信息的交换和处理，因此需要特别注意数据保护和隐私权的问题，以避免侵犯个人权利和违反数据保护法规。

（四）证据的可采性与证明力

在司法程序中，证据的可采性与证明力是至关重要的两个概念。它们直接关系到案件事实的认定以及最终的法律判决，特别是在文书司法鉴定中，这两点尤为重要。

证据的可采性，简而言之，就是证据能否被法庭接受并作为定案根据的资格。一个证据要被法庭采纳，必须满足一定的法律要求。在取证过程中必须严格遵守法定程序，确保证据的合法性；证据必须与案件事实具有关联性，能够证明案件的某一事实或情节；证据的形式也需符合法律规定，如书证、物证、证人证言等。在文书司法鉴定中，证据的可采性常常与鉴定的程序、方法以及鉴定结论的可靠性紧密相关。鉴定过程必须遵循科学、客观、公正的原则，确保鉴定结论的准确性和可信度。否则即使鉴定结论对案件事实具有证明价值，也会因鉴定程序或方法的问题而被法庭排除。

而证明力，则是指证据对案件事实的证明作用和价值。不同的证据，其证明力的大小和强弱也会有所不同。一般来说，直接证据的证明力要大于间接证据，原始证据的证明力要优于传来证据。在文书司法鉴定中，鉴定结论往往具有较高的证明力，因为它通常是基于科学的方法和专业的分析得出的。然而鉴定结论的证明力并非绝对，法庭在评估鉴定结论时，会综合考虑多种因素，如鉴定机构的权威性、鉴定人员的专业资质、鉴定过程的科学性以及鉴定结论的合理性等。此外如果对方当事人能提出有力的反驳证据或理由，也会影响鉴定结论的证明力。

在文书司法鉴定的过程中，法律挑战是多方面的，包括法律法规的不断更新、隐私权与数据保护的挑战、跨国合作的法律问题以及证据的可采性与证明力等。为了应对这些挑战，鉴定人员需要不断提升自己的法律素养，严格遵守法律法规，以确保鉴定工作的合法性和有效性。鉴定机构也应加强内部管理，建立完善的法律风险防范机制，以降低法律风险的发生概率。

第三节 应对未来挑战的策略

一、策略制定

随着科技的飞速发展和全球化的推进，文书司法鉴定领域正经历着前所未有的变革。新型材料的出现、数字化技术的应用、国际合作的加强等因素，都为文书司法鉴定带来了新的挑战。为了有效应对这些挑战，需要制定一套全面而富有前瞻性的策略。

（一）加强技术研发与应用

技术研发是提升文书司法鉴定水平的基础。在现代科技的支持下，可以探索更多先进的鉴定技术，如人工智能、大数据分析等。这些技术能够在海量信息中迅速筛选出关键线索，提高鉴定的精确度和速度。通过深度学习算法，可以训练模型来识别伪造文件或篡改痕迹，从而辅助鉴定人员做出更准确的判断。应用新技术是提高文书司法鉴定效率的重要手段，随着数字化技术的普及，越来越多的文件以电子形式存在。开发适用于电子文件的鉴定技术和工具，以便更高效地处理这些文件。例如利用自然语言处理和文本挖掘技术，自动提取和分析电子文件中的关键信息，减少人工审查的时间和成本。

除了技术和工具的研发，还应关注技术应用过程中的标准化和规范化问题。为了确保鉴定结果的可靠性和可比性，制定一系列的技术标准和操作规范。这些标准和规范应涵盖鉴定方法的选择、样本的采集与处理、数据分析与解读等方面。通过遵循这些标准和规范，确保不同实验室或鉴定机构之间的结果具有一致性，从而提高整个文书司法鉴定行业的公信力。加强技术研发与应用还需要注重人才培养和队伍建设，新的技术和工具需要专业的技术人员来操作和维护。因此应加大对鉴定人员的培训力度，提高他们的技术水平和应用能力；同时积极引进和培养具有创新精神和实践能力的人才，为技术研发和应用提供源源不断的智力支持。在加强技术研发与应用的过程中，密切关注科技发展的最新动态，及时调整和更新技术路线。随着科技的不断进步，新的鉴定技术和工具将不断涌现。保持敏锐的洞察力，及时捕捉这些新技术带来的机遇，为文书司法鉴定领域注入新的活力。

（二）完善法律法规与标准体系

完善法律法规是确保文书司法鉴定合法性和规范性的前提，虽然我国已经出台了一系列与司法鉴定相关的法律法规，但在实践中仍存在一些盲区和不足之处。因此需要对现有的法律法规进行细致的梳理和评估，及时发现并解决存在的问题。例如明确文书司法鉴定的法律地位、鉴定机构的资质要求、鉴定人员的职责和权利等，以确保鉴定活动在法律的框架内规范进行。建立健全的标准体系是提升文书司法鉴定质量和效率的关键，标准是指导鉴定实践的重要依据，也是衡量鉴定结果是否准确、可靠的重要尺度。积极推动制定和完善文书司法鉴定的相关标准，包括鉴定方法、鉴定程序、样本采集与保存、结果判定等方面的标准。同时还应注重与国际接轨，借鉴和吸收国际先进标准，提高我国文书司法鉴定的国际认可度和影响力。

在完善法律法规与标准体系的过程中，应注重以下几个方面的工作：一是加强立法的前瞻性和科学性。在制定和修改法律法规时，充分考虑科技进步对文书司法鉴定带来的影响，确保法律法规能够适应未来发展的需要。同时广泛征求行业内外专家和利益相关方的意见和建议，提高立法的科学性和民主性。二是强化法律法规与标准体系的执行和监督，完善的法律法规与标准体系需要得到有效的执行和监督才能发挥其应有的作用。建立健全的执行和监督机制,确保各项规定能够落到实处。例如设立专门的监管机构,对鉴定机构和鉴定人员的资质、行为等进行定期检查和评估,对违规行为进行严厉惩处。三是推动法律法规与标准体系的普及和宣传,只有让更多的人了解和掌握这些法律法规和标准体系,才能更好地保护当事人的合法权益,提高社会对文书司法鉴定的信任度。通过举办培训、讲座、研讨会等活动,加强对相关法律法规和标准体系的宣传和解读,提高公众的认知度和参与度。

(三)加强人才培养与队伍建设

基础教育是培养人才的第一步,从源头上抓起,加强司法鉴定相关专业的教育投入,提升教育质量。在高等教育阶段,鼓励更多高校开设司法鉴定相关专业,培养具备扎实理论基础和专业技能的优秀人才。同时对于已经进入行业的鉴定人员,要定期开展专业培训,使他们及时掌握最新的鉴定技术和法律知识,提升专业水平。注重实践能力的培养,文书司法鉴定是一项实践性很强的工作,必须注重鉴定人员的实践能力培养。通过建立实践基地、开展模拟鉴定等方式,为鉴定人员提供实践机会,让他们在实践中不断锤炼技能、积累经验。此外鼓励鉴定人员参与复杂案件的鉴定工作,通过实战锻炼提升他们的应对能力和专业素养。

建立健全激励机制,为了吸引和留住优秀人才,要建立完善的激励机制,包括物质激励和精神激励两个方面。在物质激励方面,提高鉴定人员的薪酬待遇,设立奖励基金,对在工作中表现突出的鉴定人员进行表彰和奖励。在精神激励方面,为鉴定人员提供更多的晋升机会和发展空间,让他们感受到职业成长的快乐和成就感。加强职业道德教育,文书司法鉴定是一项关乎公正、公平的重要工作,鉴定人员的职业道德水平直接关系到鉴定结果的公正性和可信度。因此必须加强职业道德教育,培养鉴定人员的职业操守和责任意识。通过开展职业道德讲座、组织道德实践活动等方式,提升鉴定人员的道德素养和职业操守。加强队伍之间的交流与合作,文书司法鉴定涉及多个领域和专业知识,需要不同背景的专家共同参与。鼓励队伍之间的交流与合作,促进知识共享和经验传承。通过建立学术交流平台、组织合作项目等方式，加强队伍之间的沟通与协作，共同推动文书司法鉴定领域的发展与进步。

（四）推动国际合作与交流

在全球化日益加速的今天，国际合作与交流在各个领域都显得尤为重要，文书司法鉴定领域也不例外。推动国际合作与交流，不仅有助于我国文书司法鉴定技术的提升，还能增强我国在国际上的话语权和影响力。因此必须将国际合作与交流作为提升文书司法鉴定水平、推动行业发展的重要途径。

国际合作与交流能够为我们带来先进的技术和经验，文书司法鉴定是一个不断发展的领域，新的技术和方法层出不穷。通过国际合作与交流，及时了解并引进国外的先进技术，提高我国文书司法鉴定的准确性和效率。同时还可以学习借鉴国外的管理经验和制度设计，完善我国的文书司法鉴定体系。国际合作与交流有助于提升我国文书司法鉴定的国际认可度，随着我国经济的快速发展和对外开放的深化，越来越多的涉外案件需要文书司法鉴定。如果我国的文书司法鉴定能够得到国际社会的广泛认可，那么在处理涉外案件时就能更加顺利地进行国际合作，提高案件处理的效率和公正性。

为了有效推动国际合作与交流，可以采取以下措施：第一，加强与国际文书司法鉴定机构的合作。与国外知名的文书司法鉴定机构建立合作关系，共同开展研究、交流技术和经验，推动双方共同进步。此外还可以邀请国外的专家来我国进行交流访问，为我国的文书司法鉴定人员提供培训和指导。第二，积极参与国际文书司法鉴定组织的活动。我们可以通过参加国际会议、研讨会等活动，展示我国的文书司法鉴定技术和成果，增强国际社会对我国文书司法鉴定的了解和认可。同时在国际组织中积极发声，参与制定国际文书司法鉴定标准和规范，提升我国在国际上的话语权。第三，推动国际文书司法鉴定合作项目的开展。可以与国外机构共同申请科研项目或开展技术合作项目，共同研究解决文书司法鉴定领域的难题。通过合作项目的开展，可以促进国内外技术和资源的共享，推动我国文书司法鉴定技术的创新和发展。

应对未来文书司法鉴定的挑战需要我们从技术研发、法律法规、人才培养和国际合作等多个方面入手，制定全面而富有前瞻性的策略。通过实施这些策略，能够有效提升文书司法鉴定的准确性、公正性和效率，为法治社会建设提供有力支持。

二、实践建议

随着科技的迅猛发展，特别是信息技术和人工智能的广泛应用，文书司法鉴定工作正迎来前所未有的变革。为了有效应对这些变革带来的挑战，并充分利用新技术提升鉴定工作的质量和效率，

（一）加强技术研发与应用融合

1. 加大科技研发投入：随着大数据、人工智能等技术的飞速发展，文书司法鉴定领域应加大对这些前沿技术的研发投入。通过建立专业的研发团队或与高校、科研机构合作，不断探索新技术在文书司法鉴定中的应用。

2. 构建智能化鉴定系统：利用人工智能技术，构建智能化鉴定系统。该系统能够自动识别和提取文书中的关键信息，辅助鉴定人员进行快速准确的判断。同时系统还可以根据历史鉴定数据和案例库进行自我学习和优化，不断提高鉴定的智能化水平。

3. 推动技术创新与鉴定实践的深度融合：技术创新不应仅停留在理论层面，更应与实际鉴定工作紧密结合。鉴定机构鼓励鉴定人员积极参与技术研发，将他们的实际需求和经验反馈到技术研发中，实现技术创新与鉴定实践的深度融合。

4. 建立技术交流与共享平台：通过建立技术交流与共享平台，促进不同鉴定机构之间的技术交流和资源共享。不仅可以避免重复研发造成的资源浪费，还能加速先进技术和方法的推广和应用。

5. 注重人才培养与引进：技术的研发和应用离不开高素质的人才队伍。鉴定机构应重视人才培养和引进工作，通过定期培训和学术交流等

方式，提高鉴定人员的专业素养和技术水平。积极引进具有相关技术背景的专业人才，为技术研发和应用提供有力支持。

6. 完善技术标准和规范：随着新技术的不断涌现和应用，相关的技术标准和规范也需要不断更新和完善。鉴定机构应积极参与相关技术标准的制定和修订工作，确保新技术在文书司法鉴定中的合规应用。

(二) 完善标准化与规范化建设

1. 制定和完善鉴定标准

制定和完善一系列文书司法鉴定的相关标准，标准涵盖鉴定方法、操作流程、质量控制等多个方面，确保每一次鉴定都有明确的指导和依据。同时这些标准还应根据科技发展和实践需求进行定期更新和修订，以保持其时效性和适用性。

2. 强化标准化培训和宣传

有了完善的鉴定标准后，还需要通过广泛的培训和宣传来确保这些标准得到有效执行。鉴定机构应定期组织内部培训，提高鉴定人员对标准的理解和应用能力。此外通过各种渠道向外界宣传鉴定标准，提升公众对文书司法鉴定标准化的认知和信任。

3. 建立严格的质量控制体系

除了制定标准和加强培训外，还需要建立一套严格的质量控制体系来确保鉴定结果的准确性和可靠性。包括定期对鉴定设备进行校准和维护，对鉴定过程进行全程监控和记录，以及对鉴定结果进行复核和验证等。通过这些措施，最大程度地减少人为因素和设备因素对鉴定结果的影响。

4. 加强行业监管和评估

确保标准化和规范化建设的有效实施，还需要加强行业监管和评估。相关部门定期对鉴定机构进行检查和评估，确保其符合相关标准和规范。同时建立投诉和申诉机制，及时处理公众对鉴定结果的异议和投诉。

5. 推广信息化管理系统

随着信息技术的发展，信息化管理系统在文书司法鉴定中的应用也越来越广泛。通过推广信息化管理系统，实现鉴定流程的自动化、数据化和可追溯化，从而提高鉴定效率和质量。同时信息化管理系统还可以对鉴定数据进行统计和分析，为标准化和规范化建设提供数据支持。

6. 加强国际合作与交流

在全球化的背景下，加强国际合作与交流也是完善标准化与规范化建设的重要途径。通过与国际同行分享经验、交流技术，推动我国文书司法鉴定领域的进步和发展。同时借鉴国际上的先进标准和规范，结合我国实际情况进行改进和创新。

（三）强化人才队伍建设

1. 提升专业素养和技能水平

重视鉴定人员的专业素养和技能水平提升，鉴定机构应定期组织内部培训、外部进修以及专业研讨会等活动，使鉴定人员能够及时掌握最新的鉴定技术和方法。同时鼓励鉴定人员参与国内外学术交流，拓宽视野，提升专业素养。

2. 引进和培养高端人才

为提升整体队伍水平，积极引进和培养高端人才。通过与高校、科研机构等建立合作关系，吸引具有深厚学术背景和丰富实践经验的专家加入。同时也要注重从内部培养潜力人才，为他们提供成长和发展的机会。

3. 建立激励机制和考核机制

合理的激励机制能够激发鉴定人员的工作积极性和创新精神，鉴定机构应设立明确的晋升通道和奖励制度，对表现优秀的鉴定人员给予物质和精神上的双重奖励。同时建立科学的考核机制，对鉴定人员的工作质量、专业素养、创新能力等方面进行全面评价，以此为依据进行奖惩和晋升。

4. 加强团队协作和沟通能力

文书司法鉴定工作往往需要团队合作完成，因此加强团队协作和沟通能力也至关重要。鉴定机构定期组织团队建设活动，增强团队凝聚力。

培养鉴定人员的沟通技巧和协作精神，确保在鉴定过程中能够高效合作，共同解决问题。

5. 注重职业道德和操守培养

文书司法鉴定工作的特殊性质要求鉴定人员必须具备高尚的职业道德和操守。鉴定机构应加强对鉴定人员的道德教育，强调诚信、公正、保密等职业准则的重要性。通过实际案例分析和模拟演练等方式，提升鉴定人员在面对诱惑和压力时坚守职业道德的能力。

6. 建立人才储备库

为了应对人才流失和突发情况，建立人才储备库是必要的。通过与高校、职业培训机构等建立合作关系，发现和培养潜在人才。对已经离开但仍有意愿回归的优秀鉴定人员保持联系，以便在需要时能够及时召回。

（四）推动行业协作与信息共享

1. 建立行业协作机制

为加强行业间的协作，应建立起完善的行业协作机制。包括定期召开行业交流会议、成立行业协会或联盟等，为不同鉴定机构提供一个交流与合作的平台。通过这些活动，各机构可以分享经验、探讨问题，并共同研究解决方案，从而提升整个行业的鉴定水平和服务质量。

2. 促进信息共享与流通

信息共享是推动行业协作的重要手段，通过建立统一的信息共享平台，各鉴定机构可以及时上传和获取最新的鉴定技术、案例分析和行业动态等信息。这不仅有助于减少信息壁垒，还能提高鉴定工作的效率和准确性。同时通过大数据分析等技术手段，还可以挖掘出更多有价值的行业信息，为鉴定工作提供有力支持。

3. 制定统一的数据标准和接口

为实现信息的无障碍流通，应制定统一的数据标准和接口，这将有助于各鉴定机构之间的信息系统实现互联互通，便于数据的交换和共享。通过标准化建设，可以降低信息交流的成本，提高协作效率。

4. 加强与政府部门的沟通与合作

政府部门在推动行业协作与信息共享方面发挥着关键作用，鉴定机构应主动加强与政府部门的沟通与合作，争取政策支持和资源倾斜。同时政府部门也应建立完善的监管机制，确保信息共享的合法性和安全性。

5. 培养信息共享意识

要在行业内普及信息共享的重要性，培养鉴定人员的信息共享意识。通过培训、宣传等方式，让鉴定人员充分认识到信息共享对于提升鉴定水平、推动行业发展的重要意义。只有建立起全员参与的信息共享文化，才能真正实现行业内的信息流通与协作。

6. 保护信息安全与隐私

在推动信息共享的同时，必须高度重视信息安全与隐私保护。鉴定机构应建立完善的信息安全管理制度，采取加密、备份等技术手段确保信息在传输和存储过程中的安全性。同时要严格遵守相关法律法规，尊重和保护个人隐私权。

面对未来科技发展和法律环境的变化，文书司法鉴定领域必须采取积极有效的应对策略。通过加强技术研发与应用融合、完善标准化与规范化建设、强化人才队伍建设以及推动行业协作与信息共享等实践建议的实施，有效提升文书司法鉴定的整体水平和质量，为司法公正和效率提供更为坚实的支撑。这些建议也为文书司法鉴定行业的持续健康发展指明了方向。

结　　语

当我们完成对《司法鉴定理论与实践多维研究》的撰写时，深感这一探索之旅的充实与意义。司法鉴定，作为法治社会的重要支柱，承载着公正与真相的追求。我们通过多维度的研究，不仅系统梳理了司法鉴定的基础理论，还深入探讨了科技与法律的交融，揭示了司法鉴定在现代社会中的重要作用。

在这个过程中，我们被司法鉴定的复杂性和精微性所吸引，同时也为司法鉴定在实践中所面临的挑战所震撼。正是这些挑战，激发了不断探索和创新的动力。我们希望通过本书的研究，能够为司法鉴定领域的发展贡献一份力量，推动其向更加科学、规范的方向发展。此外也要感谢在这个过程中给予支持和帮助的所有人，感谢学者们的指导，感谢同行们的交流，感谢读者们的关注。正是有了你们的支持和鼓励，我们才能够坚持下来，完成这部著作。

最后希望《司法鉴定理论与实践多维研究》能够成为司法鉴定领域的一部重要参考书籍，为读者提供全面、深入的知识和启示。同时也期待更多的学者和专家加入到司法鉴定的研究中来，共同推动这个领域的进步和发展。让我们携手前行，为法治社会建设贡献力量！